KB071585

NCS

National
Competency
Standards

창의적 사고기법으로
접근하기 ── |최윤주·안성수 저|

학지사

들어가며

NCS라는 거대한 변화를 맞아 우리는 다음 중 하나를 선택해야 한다.

첫째, 변화의 능동적 주체가 될 것인가?
둘째, 변화를 단순히 수동적으로만 받아들일 것인가?
셋째, 변화 자체를 거부하고 회피할 것인가?

NCS는 단기적으로 취업을 위한 목표설정과 동시에 중·장기적으로 경력개발의 합리적 방향을 가르쳐 준다. 우리는 NCS를 통해 스펙 위주의 사회에서 벗어나 기업의 발전과 개인의 삶의 질을 높이는 능력중심사회로 나아갈 수 있다. NCS라는 새로운 변화 앞에서 능동적 주체가 된다면 이 책은 자신이 바라는 직무 분야에서 성공을 이루고 삶의 질을 높이길 원하는 사람들에게 친절한 보물지도가 될 것이다.

NCS와 함께 창의적 사고기법(Creative Problem Solving: CPS)을 말할 필요가 있다. 창의적 사고기법은 여러 가지 상황이나 환경의 관계를 알고 적절한 해법을 찾아가는 '생각의 틀'로서 끊임없는 자기인식과 자기계발을 이루는 사고기법이다. 이 사고기법은 역량을 발휘해야 하는 여러 직무상황에서 문제해결에 꼭 필요한 것으로, 이 책에서는 CPS를 통해 NCS를 설명하고자 한다.

이 책을 읽게 될 독자는 누구인가

우리는 누구나 변화를 강조하지만, 변화의 선두에 서는 것은 두려워한다. 다른 누군가가 먼저 시행착오를 겪고 나서 안정된 분위기가 돼서야 그 일에 참여하려고 한다. 몇몇 사람은 "NCS는 또 뭐예요? 그런 새로운 용어는 잠시 후 사라질 신조어가 아닐까요? 어설프게 알려고 덤비는 것보다 차라리 가만히 모르는 척하고 그냥 있는 편이 좋아요."라고 말할 수 있다. 겪어 보지 못한 것에 대해 두려움을 갖는 것은 당연한 반응이다. 하지만 NCS는 다양한 분야에서 개발되었고 또한 현재 개발 중인 시스템으로 앞으로 다가올 변화에 있어서 반드시 함께해야 할 요소다.

이 책을 통해 얻을 수 있는 유익은 독자에 따라 매우 다양할 것이다. 책의 내용을 이해하고 그 이론을 확장하기 위해 직접 본인의 과제를 작성하면서 즉시 적용해 볼 수 있다. 스스로에게 질문해 보자. '진정으로 변화에 관심이 있는가?' '남들과는 다른 나만의 진로를 선택하고 싶은가?' 'CPS로 문제를 해결하고 싶은가?' '확실한 해결점이 없는 문제에 대해 평상시 고민하는가?' '나만의 사고기법으로 만든 새로운 해결책을 시도해 보았는가?' '변화에 적응하기 위해 다른 사람들을 도와줄 만한 아이디어나 기술을 가지고 있는가?' '역량을 개발할 수 있는 자신만의 방법이 있는가?' '개인적이고 전문적인 분야에서 새로운 도전을 원하는가?' 이러한 질문 중 세 개 이상에 긍정적인 답을 한다면, 이 책에서 의미하는 생각의 틀을 삶의 모든 현장에 적용해 볼 수 있을 것이다.

이 책의 지향점: NCS의 완전한 이해와 활용을 위해서 'CPS(창의적 사고기법)'가 필요하다

　NCS는 단순히 채용이나 고용만을 의미하는 것이 아니다. NCS는 고용과 교육의 변화에 따른 노동시장의 큰 패러다임의 변화로 '5 · 31 교육개혁'(1995년)에서 비롯된 신자유주의 집대성에서 그 의미를 찾을 수 있다. NCS는 기업에서 단순한 채용을 위해 정책적으로 만든 시스템이 아니기 때문에 이 책은 NCS의 정확한 개념을 알고, 적용방법을 알리는 것에 목표를 둔다. 진로와 취업을 고민하는 사람들에게 CPS라는 사고과정의 관점에서 NCS에 접근하도록 안내해서 진로에 대한 고민이 시작되는 순간부터 문제해결 사고기법으로 경력을 개발해 갈 수 있도록 한다.

　저자 최윤주는 CPS와 관련된 박사학위 논문을 쓰고, Gerard J. Puccio, Marie Mance, Mary C. Murdock의 『*Creative Leadership*(창의적 리더십)』을 공역하였다. 창의적 리더십을 대학생들에게 강의하면서 그들이 실제적 삶에 대한 문제를 인식하는 것조차 힘들어한다는 것을 알게 되었다. 스스로의 문제를 해결할 수 있는 사고기법에 대해 매우 낯설어한다는 사실도 발견하였다. 저자 안성수는 한국 HR진단평가센터 NCS컨설팅 사업본부 수석컨설턴트로 활동하고 있다. 단순히 또 다른 스펙이나 시험이 아니라 스스로의 진로의 방향을 찾고 경력을 자기 주도적으로 개발할 수 있는 도구의 하나로서 NCS를 여기에서 소개하고 있다.

　급변하는 경제상황에 따라 막연하게 취업에 대한 불안감을 느끼며 과도한 스펙 쌓기에만 열정을 쏟는 청년들이 대부분이다. NCS는 진로와 취업을 고민하는 모든 사람들에게 새로운 돌파구가 되어 주는 희망적 메시지가 될 것이다. 따라서 이 책을 통해 함께 고민할 수 있는 사항을 다음과 같이 제시한다.

• 독자는 '일 현장'에서 원하는 직무능력을 직업인의 역량으로 발휘할 수

있다.

- 독자는 본인이 원하는 진로 분야의 방향을 선택하고, 개발해 나갈 수 있다.
- 독자는 '생각의 틀'을 활용하여, 다양한 정보와 가치를 공유할 수 있다.
- 독자는 직업인으로서 삶의 질을 높이기 위해 전 생애적 경력개발을 디자인할 수 있다.

이 책은 CPS라는 관점으로 NCS를 관찰하였다. NCS를 이해하기 위해 CPS를 언급하는 것은 사고기법, 문제의 원리, 성공 전략을 효과적으로 융합시킬 수 있기 때문이다. CPS를 통해 현장에서 발휘할 수 있는 개인의 행동 기술어를 핵심역량의 주요 개념으로 발전시켜 나가고 개인의 핵심역량이 조직에 도움이 되는 상황으로 이끌 수 있을 것이다. 또한 NCS라는 개념을 CPS로 소개하면서, 본인의 문제를 진단하고 해결할 수 있는 구체적인 방법에 대해 언급할 수 있을 것이다. 급변하는 환경의 변화에 적응하고 실용적인 결과를 추구하기 위해 CPS를 강조한다.

숭실대학교 언론홍보학과 김연경은 CPS를 활용하여 NCS를 이해하는 과정의 사례를 기록하였다. 진로와 취업을 함께 고민하는 한 대학생의 사례를 통해, NCS를 알기 전과 후를 비교하여 살펴볼 수 있을 것이다.

NCS를 정확하게 이해하고 창의적 사고기법을 활용하면 핵심역량을 강화할 수 있다. 사회가 원하는 직무역량을 가진 인재로 성장하고자 한다면 다음 사항을 시도해 보자.

- 직무상황을 인식하고 분석하면서 복잡한 일 현장에서 문제해결의 접근법을 찾아보자.
- 변화를 받아들이고, 다양한 해결책을 찾기 위한 사고능력을 키우자.
- 자료를 수집하면서 복잡한 직무상황을 진단하고 문제를 해결하는 과정을 생각해 보자.

- NCS가 제시하는 직무능력기준을 알고, 직업생활을 하는 데 본인과 조직의 목표성취를 위한 직무역량 개발에 대하여 생각해 보자.
- 직업기초능력에 제시되어 있는 사항을 적극적으로 발전시켜 국가가 제시하는 직무능력기준에 만족하는 인재가 되도록 노력하자.

이에 대한 세부적인 방법론으로, 창의적 문제해결(CPS)의 관점에서 다음의 사항을 시도해 보길 권한다. 이는 앞으로 이 책에서 전개할 CPS사고기법의 단계들이다.

- 다양한 자료, 정보, 지식을 활용하면서 본인의 문제를 진단해 보자.
- 본인의 핵심역량을 발견하여 비전을 세워 보자.
- 현실과 목표지점과의 차이를 발견하여 해야 될 과제를 기록해 보자.
- 창의적인 방법으로 실현할 수 있는 아이디어를 최대한 많이 생성해 보자.
- 실행할 수 있는 해결책을 선택하되, 성급한 판단은 최대한 자제하자.
- 변화에 따른 문제점을 파악하여 '지원 가능요소'를 활용하고, '방해요소'를 극복해 보자.
- 본인의 재능을 다양한 방법으로 표현할 수 있도록, 다른 사람들의 지식을 공유해 보자.
- 모든 개인이 잠재력을 최대한 발휘할 수 있도록 분위기를 조성해 보자.
- 다양한 영역에서 전문적인 활동이 실행되도록 도전해 보자.

차례

제2부　CPS 과정으로 NCS 접근하기

제1부

NCS 바로 알기

제1장

NCS란 무엇인가

NCS는 국가가 제정한 직무능력표준이다. NCS는 특정 직업에 대한 직무능력을 누구나 알고 수행하며 인정받을 수 있게 체계화된 시스템이다. 기업은 NCS 기준에 의거하여 필요한 인재를 채용하고, 개인은 직업을 선택하고 경력을 개발함에 있어 자신에게 필요한 직무역량을 준비할 수 있다. NCS는 현재의 채용시장에서 많이 발생하는 기업과 구직자 간 미스매치를 줄이는 데 기여할 것이다. NCS 기반 직무역량 분류는 단순히 직업의 종류를 나타내는 것이 아니라, 직무를 실제로 어떻게 수행해야 하는가를 제시하고 있다. 따라서 NCS의 기본구조를 알게 된다면 직업을 탐색하거나 진로를 설정하는 데 자신만의 가치 있는 진로방향을 정할 수 있을 것이다. 이와 같은 관점에서 NCS를 정확하게 살펴보도록 하자.

1. NCS 도입배경

청년층의 첫 번째 일자리가 전공과 일치하지 않는 비율이 어느 정도일까? 4년
제 대학교는 80.7%, 전문대학은 87.1%, 전문계 고등학교는 68.1%(한국노동연구
원, 2013)에 달한다. 대졸신입사원을 재교육하여 기업에서 일할 수 있는 인재로
성장시키기까지 1년 6개월 이상의 시간이 걸리고, 1인당 5,960만 원의 비용이 든
다(고용노동부, 2015). 또한 취업에 따른 불안감을 스펙으로 보충하려는 심리적
압박감은 점점 극대화되고 있다. 대졸 청년의 경우, 휴학을 한 경험이 무려
42.7%(통계청, 2012)이고, 그 비율은 점점 높아지고 있다. 과잉학력, 스펙 취득의
고비용, 최초 취업 시기 지연, 대기업 중심의 심각한 취업 경쟁률 등의 문제로 인
력양성을 위한 국가적 · 경제적 비용이 증가되고 있는 상황이다.

NCS는 2002년 교육부와 고용부의 협력으로 개발이 시작되었다. NCS의 개발
목적은 '스펙위주사회'에서 '능력중심사회'를 만들고자 하는 것이다. '국가직무
능력표준', 즉 NCS(National Competency Standards)는 단순히 교육이나 고용의 문
제가 아닌, 국민의 삶의 질 향상이라는 측면에서 개인의 생활에 전반적인 파급
력이 있는 주제로 인식되어야 한다.

우리나라의 노동시장은 '학벌중심 사회'라 표현될 만큼 학벌이 채용이나 승
진, 또는 직업선택에 많은 영향을 미치고 있다. 우리나라 교육 시스템의 문제는
학벌이 다른 나라에 비해 너무 중요시되고 있다는 점이다. 1980년까지만 해도
우리나라의 대학 진학률은 20~30% 정도에 지나지 않았다. 그 당시에는 대학만
나오면 원하는 기업에 취업하는 것이 큰 문제가 되지 않았다. 1995년을 전후로
대학교육 확대를 위해 대학설립 후 신고만 하면 되는 '대학설립 준칙주의' 제도
로 고급인력들이 다수 배출되었다. 외환위기 전에는 7~8%의 경제성장률 덕분
에 채용시장에서의 공급과 수요는 원활하게 이루어졌다. 그러나 2008년 대학진
학률은 83.5%를 나타내며 노동시장에서의 학벌에 대한 눈높이 미스매치가 발생

하였다. 즉, 채용시장에 고학력노동자들의 과잉공급이 이루어진 것이다. 외환위기 시기에는 일시적 요인이 크게 작용하였지만, 최근에는 사회 전반의 누적적·구조적 요인으로 청년실업률이 심각한 상황이다. 청년이 희망하는 양질의 일자리 창출은 정체된 반면, 높은 대학진학률(2014년 70.9%)에 따른 고학력자 공급은 여전하여 청년의 취업난을 심화시키고 있다.

한편, 교육과정과 산업현장에서의 직무가 따로 존재하여 일과 학습의 불일치 현상이 심화되었다. 학과개편, 교과과정은 산업현장의 변화에 따른 직무분야에 발 빠르게 대응하지 못하고 있다. 학벌중심 사회는 교육만의 문제로 대두된 것이 아니다. '지식위주의 교육'으로 대졸학력 구직자가 원하는 양질의 일자리가 부족하게 되었다. 즉, 노동시장 측면에서 공급은 많은데 수요는 그만큼 늘어나지 않고 있다.

이러한 취업난의 대안으로서 NCS가 도입되었지만 취업난의 완벽한 해법을 제시해 주는 만병통치약은 아니다. 또한 NCS를 앞세워 취업을 위한 사교육이 조장되어서도 안된다. NCS는 자신의 능력을 산업사회에서 요구하는 핵심역량으로 키워 나갈 수 있도록 안내하고 이끄는 도구다. 따라서 스스로 원하는 직업에서 요구되는 역량을 정확하게 알고 준비하는 데 NCS 시스템을 활용해야 한다. NCS를 통해 자신이 원하는 직업이나 직무분야에서 필요로 하는 직무역량과 관련된 지식, 기술, 태도를 조합하여 포트폴리오로 미리 만들 수 있다.

NCS라는 개념을 정확히 알고, 국가주도의 직무능력 표준화 시스템을 짧은 시간에 이해하기란 어려움이 따를 수 있다. 자기진로나 경력개발에 NCS를 어떻게 활용해야 하는지에 대한 '생각의 틀(사고기법)'이 필요하다. 왜냐하면 NCS는 개인이 직업을 가지고 그것을 중·장기적인 경력목표를 수행하는 가장 분명하고 체계적인 '경력개발경로(career path)'를 나타내기 때문이다. 여기서 경력개발경로는 단지 채용에 국한된 내용이 아니라, 교육, 훈련, 승진, 임금, 자격 등 직업인으로 가져야 할 전반적인 경력개발을 의미한다.

이러한 의미로, 정부는 '능력중심사회 만들기'를 국정과제의 핵심으로 지정했다. 이 점은 앞으로 취업시장을 포함한 노동시장 전반에 건설적 변화를 이끌게 될 것이다. 즉, 국가가 각 산업부문과 현장에서 필요한 직무요구 능력의 종류와 수준을 표준화하여 전 국민 대상 '능력중심사회'를 구현하기 위함이다.

2. NCS 개요

NCS(National Competency Standards)는 2014년부터 본격적으로 떠오른 새로운 이슈다. 방대한 직업(직무)정보를 국가주도로 누구나 이해할 수 있고, 쉽게 접근 가능하도록 '직업 및 직무 정보 시스템'을 구현한 것이다. NCS란 사회전반에 파급효과를 가져오는 사회 시스템의 질적 개선을 위한 제도라고 할 수 있다. NCS가 바라본 능력중심사회의 핵심은 이론중심의 교육과 학력, 스펙중심의 입사원서 준비를 가르치는 사교육 시장의 패러다임을 바꾸고 직무능력 중심의 채용과 승진 문화를 바탕으로 실천할 수 있는 신뢰받는 교육풍토를 만드는 것이다. 어쩌면 과도한 행동주의 교육의 부활이 아닐까 염려하는 교육학자도 있을 것이다. 하지만 NCS가 모든 교육내용을 수용할 수 있는 시스템이 아님은 명백하다. 따라서 산업체가 요구하는 직무교육을 적용하면서 개발되어 가는 중이라는 점을 강조하고 싶다. NCS는 일자리 중심의 개념으로 특정 학문의 타당성이나 실용성을 평가하는 기준이 아니다.

현재 개발자들이 가지는 NCS의 공통된 특징을 간단히 정리하면 다음과 같다.

- NCS는 교육현장과 산업현장을 연결할 수 있는 다리 역할을 한다. 일자리 중심의 교육과정으로 현장 위주의 교수학습을 요구한다. 현장의 일은 존재하지만, 그것을 교육이나 훈련할 수 있는 기회가 불충분하다.
- NCS는 인재를 선발하고 채용할 수 있는 기준이다. 현장에서 요구하는 명확한 직업능력을 개인이 미리 보유할 수 있도록 안내한다.

- NCS는 학력이 아니라 직종의 차이를 고려한 능력을 검증하여 보상과 승진을 할 수 있도록 이끄는 인사관리의 기준이다.
- NCS는 개인이 선택한 직종에서 부족한 능력단위를 확인하여 보완할 수 있고, 다양한 경력개발 경로를 만들어 갈 수 있다.
- NCS는 국가역량체제(NQF)와 연동됨으로써 학력, 자격, 경력의 등가성을 확인하여 인력이동의 기준을 성립할 수 있다.
- NCS는 가급적 모든 직종에 요구되는 지식, 기술, 태도를 국가기관에서 표준화하여 제시한 것이다.

　유럽의 선진국들은 장기간 현장 전문가들이 모인 SC(산업별 협의체, Sector Council)가 중심이 되어 직무능력표준을 개발, 관리하고 있다. 우리나라는 호주의 사례를 벤치마킹하여 NCS와 NCS 학습모듈을 동시에 개발하는 working group을 구성하였다. working group이란 현장 종사자, 교육훈련 전문가, 자격 전문가, 직무 분석가, 학습모듈 전문가, SC 관계자, 고용주 등으로 구성된다. 이러한 working group에 참여한 인적네트워크의 형성이 산학협력을 위한 유기적 협력으로 확장될 것으로 기대된다(나승일, 2013).

　NCS는 현장의 산업계와 함께 개발, 수정·보완, 연계하여 신자격 설계, 채용, 승진, 배치, 자격부여, 교육훈련과정 설계 및 실행의 전반적인 내용을 포함하고 있다. 「자격기본법」 제2조에 명시된 '산업현장에 직무를 수행하기 위하여 요구되는 능력, 즉 지식과 기술과 태도를 국가가 산업부문별 수준별로 체계화한 것'이다.

　직무를 수행하기 위하여 요구되는 능력은 무엇일까? 그것은 바로 '역량(competency)'이다. 역량의 의미는 '직무요구능력'에 대변하는 지식을 포함하여 기술과 태도까지 포함한다. 현재의 '스펙중심사회' '학벌중심사회'에서는 지식, 기술, 태도 중 지식의 평가 비중을 높게 두었다. 따라서 직업인으로서 진정한 의미의 직무능력 평가와 개발이 이루어지려면, 지식 이외에도 기술과 태도의 전체적 활용과 평가가 이루어져야 진정한 의미의 '능력중심사회'에서의 '직무능력'이 실현되는 것이다.

NCS기반의 채용시스템이란 기존의 점수화로 대표되는 스펙보다는 산업현장에서 실제로 일을 잘할 수 있는 역량을 기준으로 채용문화가 점진적으로 바뀌는 것을 의미한다. 누구나 실제 자신의 취업이나 전문성을 위해 필요한 교육을 받아 전문성을 쌓고 입시위주의 소모성 경쟁을 탈피하는 것이 NCS가 추구하는 철학이다. 현재 공기업을 시작으로 NCS기반의 채용 시스템이 구축되고 있다. 입사서류는 직무중심, 수행경험중심으로 표현되고, 직무와 관련 없는 자격증이나 어학, 학위는 배제된다. 자기소개서나 직무능력소개서(경험기술서, 경력기술서)도 기업과 구직자가 더욱 현실적으로 매칭될 수 있도록 구체화하였다. 수많은 기회비용을 소비하는 일회성 시험이나 전형의 당락 여부가 아니라 보다 장기적인 목표를 수행하기 위하여 우리나라 국민이라면 누구에게나 통용될 국가직업능력표준이 바로 NCS다.

따라서 NCS는 현재까지 제시된 그 어떤 기준보다 범위가 넓고 통합적이며 구조적이며 체계적이다. NCS는 궁극적으로 기업과 구직자의 미스매칭을 줄여 나가는 도구다. 이러한 미스매칭이 줄어들수록 개인은 보다 합리적인 노력으로 취업과 경력에 있어서 성장이 가능하며, 기업은 재교육 비용 등과 같은 비용을 획기적으로 줄이고 필요한 인재를 적시에 공급받아 기업 본연의 경쟁력 향상에 힘쓰게 될 것이다. 즉, NCS가 통용되고 합의된 사회는 사회 전체의 비용을 줄이고, 궁극적으로 직업인으로서 삶의 질을 높일 수 있다.

3. NCS 활용범위

NCS의 활용범위는 기업, 교육기관, 자격검정기관, 개인으로 분류될 수 있다. 단순히 생각하면 구직자와 기업 사이의 채용을 위한 기준 정도로 생각하기 쉽지만 실제 NCS의 활용은 단순히 기업과 구직자의 채용 이상으로 광범위하다. 이러한 사실은 단순히 채용방식의 변화가 아니라 직업사회 패러다임의 변화를 이끌 것이라는 인식이 더 정확하다. 어느 한 곳의 일방적 노력이나 추진만으로는 패러다임의 변화를 이끌 수 없다.

개인이 직업인으로서 성장함에 있어 네 가지 활용범위를 생각할 수 있다. 학교와 같은 교육기관에서 능력과 자질을 쌓고 기업에 들어가 경력개발을 하는 것과 과정마다 자격 수준을 취득하여 개인의 성취도를 공식적으로 검증하는 것, 즉 개인과 교육기관, 기업, 자격검정기관 등 네 가지 측면에서 NCS를 적극 활용, 적용할 수 있다. 이를 따로 나누어 보면 교육을 전담하는 교육기관과 직업인으로서 취업을 하는 기업, 마지막으로 자격을 검정하는 자격검정기관이 있다. NCS 활용범위에 대한 설명은 [그림 1-1]과 같다.

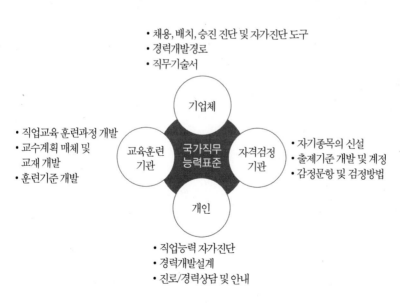

[그림 1-1] NCS 활용범위

출처: 강순희(2015). NCS 정책전문가 고급과정.

- **기업에 대한 활용방안:** 구직자는 NCS의 활용범위의 주체인 기업에서의 활용방안에 가장 많은 관심을 가질 것이다. 기업체는 NCS의 직업수행 능력 기준을 적용하여 채용이나 승진, 배치 등 인사정책에 이용하고 나아가 조직원의 공정하고 효율적인 평가를 위해 적용하게 된다. 게다가 기업체의 인사관리 측면뿐만 아니라 NCS는 효율적인 인재관리를 위하여 직원들의 진로나 직무상담 또는 경력개발 등 인재중심의 인적 관리를 가능하게 해주는 강력하고 표준화된 도구이자 시스템이다. 사실 이러한 직업, 직무시스템을 구축하고자 하는 것은 대기업이 아닌 이상 비용이나 개발 측면에서 쉬운 일이 아니다. 앞으로 기업체에서는 중견기업이나 중소기업에 이르기까지 NCS를 명확하고 공정한 인재관리, 경력개발 및 교육훈련의 기준으로 적용할 것이라 예상된다.

- **교육기관을 통한 활용방안:** 교육기관은 평생교육 시대로 들어선 교육 시스템 환경의 변화를 받아들여, 정규교육 기관과 여러 종류의 사회교육 기관을 통틀어 의미한다. 개인이 학교를 졸업하고 취업을 하더라도 그것이 본인의 사회생활을 좌우할 최종학력이 아니다. 직업이나 직무에 맞는 지식과 기술을 평생에 걸쳐 습득하는 것이 NCS가 추구하는 방향이다. 이는 오직 취업만을 위한 소모적인 스펙경쟁을 극복하고 개인의 행복과 발전을 기대할 수 있는 '능력중심사회'의 실현과 연결된다.

  교육 시스템의 전반적 변화는 어느 한 주체만 노력해서는 절대 이루어질 수 없다. 특히 실업계 고교 이상의 수준에서 '일 환경'의 직무와 일치되는 교육과정의 변혁이 요구된다. 공교육기관에서는 당장 교재의 변경, 교육과정 및 커리큘럼 변경의 장비와 자재 확보, 교육기준 정립 등 총체적인 변화가 요구될 것이다. NCS는 2014년부터 특성화고등학교, 마이스터고등학교, 일부 전문대학교를 중심으로 확대 시행되고 있다. 이러한 교육과정의 변화는 'NCS 기반 학습모듈'을 활용할 수 있다. 이와 관련된 활용 제도는 4장에서 자세하게 설명할 것이다.

- **자격검정기관을 통한 활용방안**: 자격검정기관은 자격과 관련하여 시험을 진행하고 출제, 채점하고 자격을 부여하는 기관이다. NCS에서 자격검정기관의 역할은 '능력중심의 사회' 건설을 위해 기업이나 개인이 판단하기에 타당하고 현실적인 자격체계의 기준을 만드는 것이다. 기업이나 기관마다 다른 기준을 이용하거나 인증하게 된다면, 개인이나 기업에 큰 혼란을 초래하기 때문이다. NCS는 단순히 지식을 뛰어넘어 경험과 경력, 실제 직무에서 필요한 역량을 기반으로 현실적인 자격체계를 추구하고자 한다. 그러나 아직까지는 자격체계와 정규교육 시스템 간의 호환성이 부족한 실정이다. 예를 들어, 일반대학교 화학공학기사를 취득했다고 하여 학점이 면제되거나 적립방법이 있는 것은 아니다. 따라서 개인의 직업능력을 극대화하고 사회적 유용성이 높은 '신자격제도'가 필요하다.

- **개인을 통한 활용방안**: 개인을 통한 활용방안은 매우 광범위하다. 교육훈련, 기업체, 자격검정기관 세 주체는 매우 유기적인 관계를 가진다. NCS는 개인에게 이러한 시스템 내에서 교육을 받고 경력을 개발하며 개인의 직업적 목표 성취 기준을 높이는 틀을 제공한다. 개인이 직업준비나 경력개발을 함에 있어 명확하고 분명한 기준과 방향을 제시하고 있다. 또한 직업지도, 직업준비 혹은 진로개발과 진로설정에 있어 매우 효율적인 방법론을 개인에게 제시하고 있다. 예를 들어, 스스로 선택하는 진로나 직무를 막연하게 준비하는 것이 아니라 어떤 지식과 기술을 연마하고 어떤 자격증을 취득하고, 어떤 교육과정을 선택할지 보다 분명하게 알 수 있다. 개인이 직업인으로서 성공하기 위한 방법이나 방향은 매우 다양할 것이다. 개인은 기업이 원하는 수준이나 역량을 구체적으로 준비할 수 있다. 이러한 NCS의 활용은 잠재역량을 개발하여 눈에 보이는 성과가 나타나도록 이끌 것이다.

NCS 기반 교육기관의 실례를 살펴보자. 올해 2015년부터 NCS의 적용은 시범기관을 중심으로 본격적으로 시작되었다. 고용노동부와 교육부, 한국산업인

력공단, 한국직업능력개발원의 협력으로 추진되고 있다. 2014년부터 시작된
NCS의 적용은 점진적으로 확대되고 있다. 이에 대한 내용을 〈표 1-1〉과 같이
정리할 수 있다.

〈표 1-1〉 NCS 주요활동 현황

학교 교육	고등학교 교육과정	-2015. 9. 교육과정 총론 -2016. NCS 기반 통합형(문 · 이과) 교육과정 도입
	특성화 마이스터고교	-2014. NCS 시범 특성화고 3개교 14년 신입생부터 교과과정 적용 -2016. 전국 특성화고 전면 적용
	전문대학	-2014년까지 78개 특성화 전문대학 NCS 교육과정 적용 -2015년 86개교 확대 예정 -2016년 90개교 확대 예정 -2017년 100개교 확대 예정
	4년제 대학교	-대학형 일학습병행제 운영지원 -2015년 14개 대학교로 대학생 대상 일학습병행제 확대 -IPP(Industy Professional Practice) 기업연계형 장기현장실습 제도
직업 훈련	훈련과정	-2014년까지 227개 민간 훈련기관, 1,052개 훈련과정 적용 -2014년까지 폴리텍대학 34개 캠퍼스, 전 훈련과정 도입 -2017년까지 민간, 공공 전 훈련과정에 NCS 적용 예정
	일학습병행제	-2015년 현재 2,079개 기업 참여, 3,197명 학습근로자 참여 -2015년 약 3,000개 기업 참여(예상) 약 2만 명 학습근로자 예상 -2017년 약 1만 개 기업 참여(예상) 약 7만 명 학습근로자 예상
평생 학습	학점은행제	-교육기관과 협력하여 다양한 학습과 자격을 학위인정에 적용 예정 -NCS 기반 전공 및 교과목, 커리큘럼 확립하여 적용 예정
자격 제도	기존자격	-NCS 기반 종목 및 출제기준 개편(진행 중)
	신자격	-산업계 주도로 NCS 기반 자격체계, 평가내용, 평가방법, 교육훈련 등 연계 추진(진행 중) -2015년 현재 17개 자격분야 개발 진행/예정 중
경력 인정	RPL제도 (선행학습평가 인증제)	-직무경험, 경력에 의거한 학력인정 제도 개발 진행 중

출처: 강순희(2015). NCS 정책전문가 고급과정.

4. '국가직무능력표준' 사이트 활용하기

  NCS와 관련된 내용과 최신정보는 국가직무능력 공식사이트인 www.ncs.go.kr을 참고해야 한다. 지금부터는 해당 사이트에서 가장 많이 참고하고 주의를 기울여야 할 메뉴를 중심으로 간단히 살펴보겠다. 여기에서의 내용은 2015년 5월 31일 기준, 국가직무능력 공식사이트인 www.ncs.go.kr을 참고한 내용이다.

  국가직무능력표준 사이트(www.ncs.go.kr)는 다음과 같은 포털화면으로 NCS에 대한 전반적인 내용이 구성되어 있다. 회원 가입하여 개인에게 필요한 여러 가지 정보를 선별적으로 이용하길 바란다.

[그림 1-2] 국가직무능력표준 사이트-포털화면

출처: 국가직무능력표준 사이트(www.ncs.go.kr).

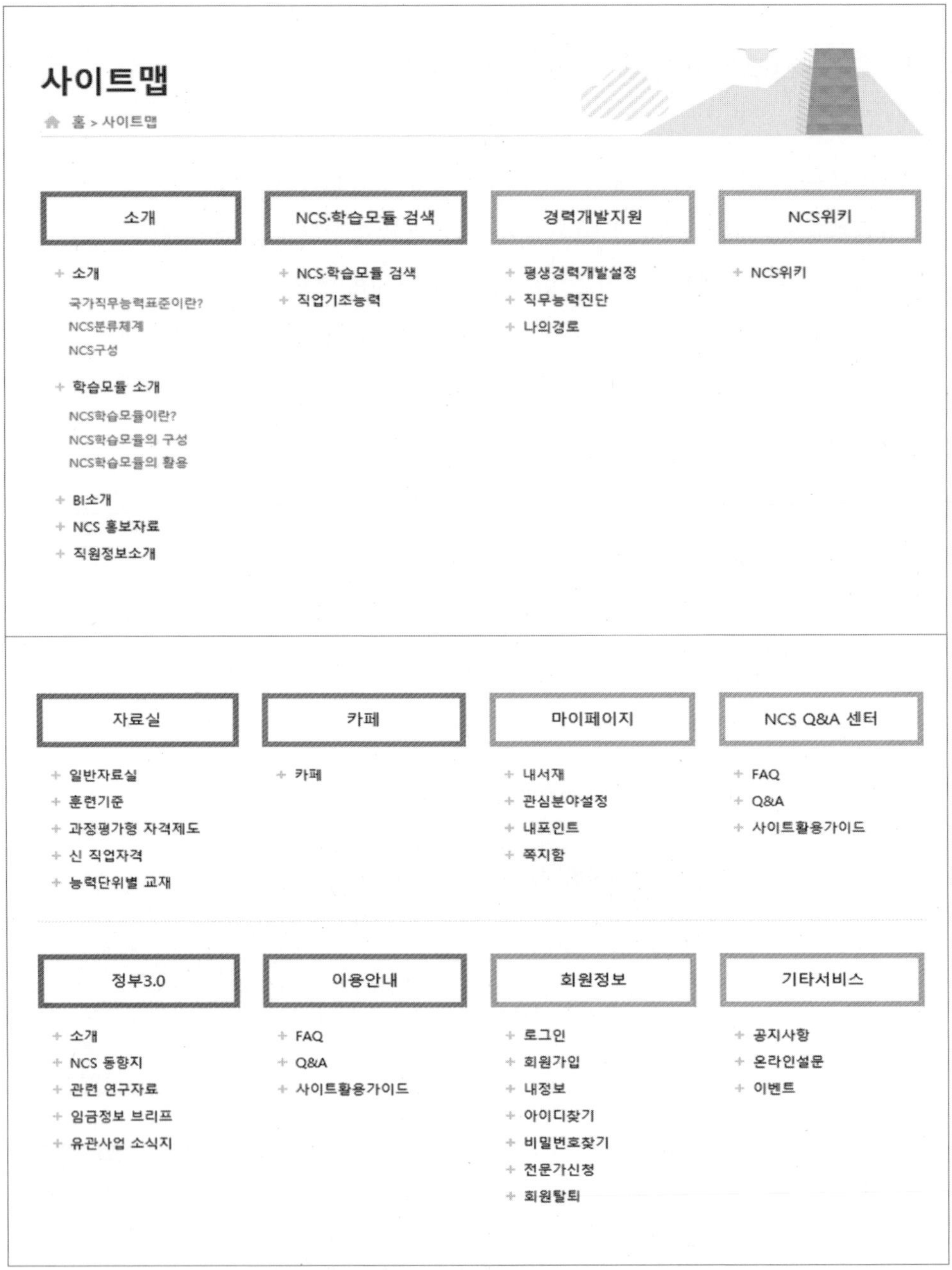

사이트맵

🏠 홈 > 사이트맵

소개

+ 소개
　국가직무능력표준이란?
　NCS분류체계
　NCS구성

+ 학습모듈 소개
　NCS학습모듈이란?
　NCS학습모듈의 구성
　NCS학습모듈의 활용

+ BI소개
+ NCS 홍보자료
+ 직원정보소개

NCS·학습모듈 검색

+ NCS·학습모듈 검색
+ 직업기초능력

경력개발지원

+ 평생경력개발설정
+ 직무능력진단
+ 나의경로

NCS위키

+ NCS위키

자료실

+ 일반자료실
+ 훈련기준
+ 과정평가형 자격제도
+ 신 직업자격
+ 능력단위별 교재

카페

+ 카페

마이페이지

+ 내서재
+ 관심분야설정
+ 내포인트
+ 쪽지함

NCS Q&A 센터

+ FAQ
+ Q&A
+ 사이트활용가이드

정부3.0

+ 소개
+ NCS 동향지
+ 관련 연구자료
+ 임금정보 브리프
+ 유관사업 소식지

이용안내

+ FAQ
+ Q&A
+ 사이트활용가이드

회원정보

+ 로그인
+ 회원가입
+ 내정보
+ 아이디찾기
+ 비밀번호찾기
+ 전문가신청
+ 회원탈퇴

기타서비스

+ 공지사항
+ 온라인설문
+ 이벤트

[그림 1-3] 국가직무능력표준 사이트-사이트맵

출처: 국가직무능력표준 사이트(www.ncs.go.kr).

[그림 1-3]은 모든 메뉴가 나타난 사이트맵이다. NCS 관련 자료실을 클릭하면 현재 개발 중인 NCS의 무료 배포자료를 볼 수 있다. 특히 마이페이지(회원가입 시) 경우, 사이트 내에서 선택한 자료를 '내서재([그림 1-5])'에 저장, 보관할 수 있다. 이외 구직자 입장에서 NCS학습모듈, 직업기초능력, 직무능력진단, 평생경력개발설정 등의 메뉴를 효율적으로 이용해 볼 것을 추천한다. 처음에는 NCS Q&A센터 중 'FAQ' 코너를 참조한다면 큰 도움이 될 것이다.

사이트 맵의 메뉴는 포털화면의 메뉴판에서 선택하여 필요한 내용을 검색할 수 있다.

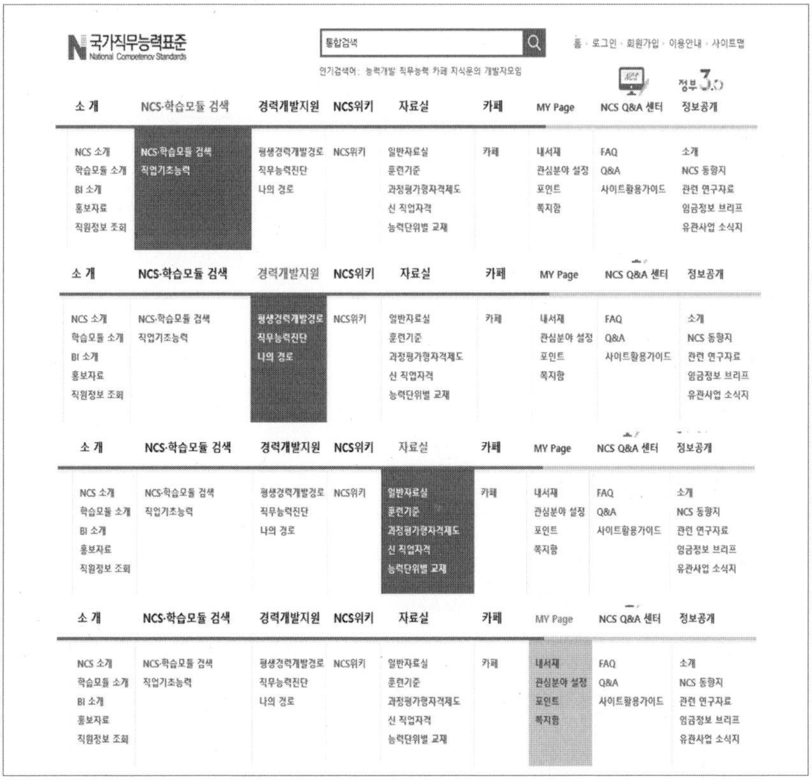

[그림 1-4] 국가직무능력표준 메뉴구성

출처: 국가직무능력표준 사이트(www.ncs.go.kr).

[그림 1-4]의 메뉴구성에서 알 수 있듯이 NCS의 영역별 카테고리를 선택해서 제공서비스를 이용하면 된다. 다만, 개발현황에 따라 선택 직무가 개발보류나 미완성일 경우, 공란일 수 있으니 이를 유의하기 바란다.

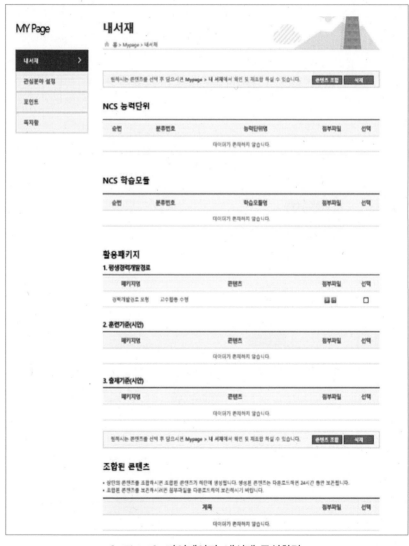

[그림 1-5] 마이페이지-내서재 구성화면

출처: 국가직무능력표준 사이트(www.ncs.go.kr).

사이트에서 유용한 기능 중의 하나인 '마이페이지'의 '내서재'는 필요한 자료를 개별적으로 선별하여 보관할 수 있는 공간이다. 여기서 아래 부분을 보면 '조합된 콘텐츠' 항목이 있는데, 이는 두 가지 이상의 참조문서를 사이트 내에서 자동으로 하나의 출력문서로 구성할 수 있는 서비스다. 필요한 NCS자료나 콘텐츠를 선별적으로 추출하여 하나의 문서나 콘텐츠로 활용할 수 있다.

만약 NCS를 처음 접한다면, NCS에 대한 전반적 내용이나 의문점을 모아 놓은

[그림 1-6] NCS QnA센터-FAQ 코너

출처: 국가직무능력표준 사이트(www.ncs.go.kr).

FAQ 코너를 참고하도록 한다. NCS 개발진들이 선별한 질문과 답변이므로 해당 코너의 내용을 쉽게 이해할 수 있다. 다음으로 다양한 NCS 관련 자료를 선택, 활용할 수 있다. [그림 1-6]은 구직자 입장에서 가장 관심이 많은 '능력중심채용'과 'NCS 이슈' 두 항목을 예시로 들고 있다.

[그림 1-7]은 직업기초능력 관련 내용이다. 직업기초능력은 10개의 영역이 있으며 하위 모듈까지 포함한다면 34개 모듈로 구성되어 있다. 하위 모듈은 해당 영역을 클릭하면 그 내용이 세부적으로 나타난다. 현실적으로 기업마다 요구하는 직업기초능력 영역은 다를 수 있다. 본인에게 필요한 직업기초능력에 대한 내용에 대하여 학습자용 자료(PDF나 E-Book으로 제공)를 참고하길 바란다. 일반적으로 '학습자용 자료'는 구직자와 같은 서비스 이용자 대상 매뉴얼이며, '교수자용 자료'는 NCS 관련 개발자나 관리자를 위한 자료다. 두 자료의 내용은 큰 차이가 없으며, 사례나 세부적 이론의 내용에 가감이 있을 뿐이다.

[그림 1-7] 직업 능력 검색하기

출처: 국가직무능력표준 사이트(www.ncs.go.kr).

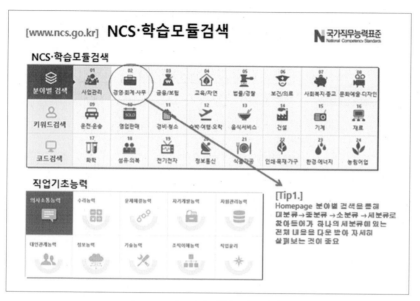

[그림 1-8] NCS 학습모듈 검색

출처: 국가직무능력표준 사이트(www.ncs.go.kr).

[그림 1-8]은 학습모듈에 관한 내용이다. 누구나 알기 쉽게 분야별, 키워드, 코드 등 다양한 방법으로 내용을 검색할 수 있다. 다만, 콘텐츠를 원활하게 사용하기 위해서는 본인의 직무영역을 NCS 분류체계에서 정확하게 찾을 수 있어야 한다. NCS 기반의 채용공고문에 코드명을 포함하여 직무를 제시하고 있으므로 이와 같은 기본정보를 참고하여 사이트를 활용할 수 있다.

[그림 1-9]는 NCS분류에 의거한 직무능력 진단을 위한 콘텐츠다. NCS의 대분류, 중분류, 소분류, 세분류, 그리고 NQF의 수준을 선택하여 해당 자료를 확인할 수 있다. 이는 구직자 또는 재직자의 입장에서 자가 진단할 수 있는 자료다. 직무에 대한 '표준직무 해설'이 세부적으로 나와 있으므로, 이러한 자료를 기준으로 취업준비, 전직, 승진이나 배치를 미리 대비할 수 있다.

[그림 1-9] 직무능력 진단

출처: 국가직무능력표준 사이트(www.ncs.go.kr).

[그림 1-10]은 '평생경력개발경로' 관련 콘텐츠다. '직무능력진단'과 연계하여 개인의 경력개발에 대한 NCS 기반의 경력로드맵을 이해하고 설정하는 데 유용하다. 콘텐츠의 이용은 NCS 분류하에 대분류, 중분류, 소분류 세 가지 요건을 선택하면 '팝업화면'으로 각 분야의 평생 경력개발 내용을 볼 수 있다. NCS 분류에 근거한 직무분야에 대하여 NQF 기준에 해당하는 관련 직무와 수준이 입체적으로 표현되어 있다. 특히 다양한 관련 서브메뉴는 직무에 대한 통합적인 메뉴구성으로 누구나 알기 쉽게 NCS 및 NQF 체계 내에서 중·장기 경력설정이 가능하도록 구성되어 있다. 관련 콘텐츠는 개발진행 또는 보완에 따라 시점별로 업그레이드될 경우가 있으므로, 직무와 관련된 내용을 수시로 탐색하도록 한다.

이상으로 국가직무능력표준 사이트(www.ncs.go.kr)의 대표적 메뉴와 내용에 대해서 살펴보았다. 하지만 언급된 내용 이외의 방대한 내용과 서비스가 제공되고 있고, 사이트의 콘텐츠와 서비스는 지속적으로 개발되고 있다. 구직이나 경

[그림 1-10] 평생개발 경로

출처: 국가직무능력표준 사이트(www.ncs.go.kr).

력개발을 원하는 모든 사람은 지속적으로 방문하여 본인에게 맞는 콘텐츠와 서
비스를 이용하기 바란다.

　'능력중심채용'과 관련하여 'www.ncs.go.kr/onspec/main.do' 사이트가 제
공되고 있다. NCS기반의 채용프로세스에 관련된 'NCS기반 채용공고문'부터
'NCS기반 입사서류 작성' 및 'NCS기반 구조화 면접전형' 등 다양한 내용의 정

보가 제공되고 있다. 특히 자료실의 경우 채용프로세스에 대한 자료가 제공되고 있으므로 구직이나 전직을 원하는 사람은 [그림 1–11]에서와 같이 www.ncs.go. kr/onspec/main.do(능력중심채용 사이트)를 활용할 수 있다.

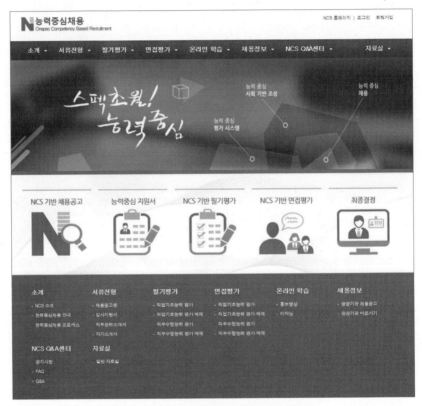

[그림 1–11] 능력중심채용 사이트 포털화면
출처 : 국가직무능력표준 사이트(www.ncs.go.kr/onspec/main.do).

생각해 볼 문제

1. NCS의 정의가 무엇인지 정확한 의미를 살펴보자. 능력과 역량의 차이점은 무엇인가?

2. NCS의 도입배경을 생각해 보고 자신의 의견을 정리해 보자. 기업과 기관, 개인 등의 관점에 따라 가치는 다를 수 있지만, 각 주체의 지향점이 모여 '능력중심사회'가 될 것이다. 이러한 사항에 대하여 자신의 의견이나 생각을 정리하고 토론해 보자.

3. NCS 파급효과 중 교육적 측면을 생각해 보자. 공교육과 평생교육 측면에서 NCS는 교육시스템에 어떤 변화를 가져올 것인가?

4. 현재 NCS 기반으로 개발, 연계 시행되는 일학습병행제, 과정평가 신자격제도, RPL제도 등의 의미와 개요를 파악하고 나의 진로계획이나 과정에 있어 활용하거나 검토할 만한 NCS 기반 제도를 확인해 보자.

5. NCS 포털사이트(www.ncs.go.kr)의 메뉴와 제공 콘텐츠 및 서비스를 실제 활용할 수 있도록 하자.

6. NCS 능력중심채용 사이트(www.ncs.go.kr/onspec/main.do)는 NCS 기반 '능력중심채용프로세스' 관련 공식 사이트다. 이 사이트의 내용을 참고하여 취업전략을 설계해 보자.

제2장

NCS 구조

NCS는 국가수준의 직무능력표준으로 어떤 특정 직업에 필요한 핵심직무 능력을 체계화한 시스템이다. 기업은 해당 직무에 필요한 인재를 채용할 것이고 개인은 직업을 선택하고 경력을 개발하는 데 필요한 직무역량을 찾아 준비해야 한다. 이러한 과정은 취업시장의 미스매칭 현상을 현저히 낮춰 줄 것이다. 지금까지는 직종을 직업 자체에만 의미를 두며 분류하였다. 그러나 NCS기반 분류는 해당 직업이나 직무를 성공적으로 수행하기 위한 구체적 직무능력의 필요성을 강조한다.

NCS의 기본구조를 이해한다면 직업을 탐색하거나 진로를 설정함에 있어 자신에게 필요한 직무역량을 정확히 알 수 있을 것이다. 즉, NCS의 방대하고 다양한 정보를 활용하여 실제 본인에게 필요한 부분의 자료나 정보를 탐색할 수 있다. 정확한 NCS의 이해를 위해서는 무엇보다 NCS 구조를 아는 것이 중요하다. 여기에서는 NCS의 기본적 개요를 바탕으로 NCS 구조에 대하여 살펴볼 것이다.

1. NCS 구조

1장에서 설명한 NCS는 국가기준의 직무능력 분류기준이라고 할 수 있다. NCS의 분류란 대분류, 중분류, 소분류, 세분류, 능력단위, 능력단위요소로 구분된다. 대분류는 산업에 대한 분류로 24개로 제시되고 있다. 중분류, 소분류는 각각의 산업에 존재하는 직업의 종류이다. 일반적으로 의미하는 직업군들이 중분류, 소분류에 포함된다. NCS의 중분류는 80개 부문, 소분류는 238개 부문으로 나누고 있다(2015년 6월 기준). NCS는 현재 개발 보완 중이므로, 앞에 서술한 분류의 개수는 변경될 가능성이 높다.

세분류는 어떤 직업을 구성하는 직무분야를 의미한다. NCS는 세분류를 지금까지 887개로 나누고 있다(2015년 6월 기준). 세분류 이하 능력단위, 능력단위요소로 나뉘게 되는데, 이는 각 직무를 구성하는 데이터시트에 상세히 표현되어 있다. 다시 말하면 전체 857개의 세분류에서 제시한 NCS 직무의 구분 속에 '지식' '기술' '태도'의 능력단위가 있다. 따라서 이러한 직무의 분류도를 이해한다면 직업의 선택이나 경력개발을 할 수 있는 체계적 준비가 가능할 것이다.

NCS는 '산업 및 직무(직업) 부문'과 '능력단위' '능력단위요소'로 구성되어 있다. 모든 능력단위요소의 기준은 '지식' '기술' '태도'로 표현되는 세 가지 역량으로 제시되었다. 하지만 단순히 '능력(단위요소)'을 '지식' '기술' '태도'로 표현할 수 있을까? 이러한 이유로 NCS에서는 '수행준거'와 '적용범위(작업상황)' '평가지침' '직업기초능력'을 함께 설명하고 있다. 이러한 설명은 직무와 직무능력을 표현하는 유용한 개념이다.

'수행준거'는 '어떤 과업을 행동으로 수행할 때 기대하거나 의도하는 수행결과'를 의미한다. 예를 들어, 재무회계 담당자는 '예산관리'를 할 때, 각 부서의 사업별 예산소요금액을 파악, 정리할 수 있는 능력을 갖추어야 한다. 이때 재무회계 담당자가 '예산관리' 직무를 수행하기 위해서 '유관부서의 사업별 소요예산

〈표 2-1〉 NCS 분류표 예시

대분류	중분류	소분류	세분류
계	80	238	887
1. 사업관리	1	2	5
2. 경영 · 회계 · 사무	4	11	27
3. 금융 · 보험	2	9	35
4. 교육 · 자연과학 · 사회과학	3	5	13
5. 법률 · 경찰 · 소방 · 교도 · 국방	2	4	15
6. 보건 · 의료	2	7	34
7. 사회복지	3	6	16
8. 문화 · 예술 · 디자인 · 방송	3	9	63
9. 운전 · 운송	4	7	26
10. 영업 · 판매	3	7	17
11. 경비 · 청소	2	3	6
12. 이용 · 숙박 · 여행 · 오락 · 스포츠	4	12	42
13. 음식서비스	1	3	9
14. 건설	8	26	109
15. 기계	10	29	115
16. 재료	2	7	34
17. 화학	4	11	32
18. 섬유 · 의복	2	7	23
19. 전기 · 전자	3	24	72
20. 정보통신	3	11	58
21. 식품가공	2	4	20
22. 인쇄 · 목재 · 가구 · 공예	2	4	23
23. 환경 · 에너지 · 안전	6	18	49
24. 농림어업	4	12	44

※대분류 24개, 중분류 80개, 소분류 238개, 세분류 887개로 구성(2016년 4월 기준)

출처: 직무능력표준 사이트(www.NCS.go.kr).

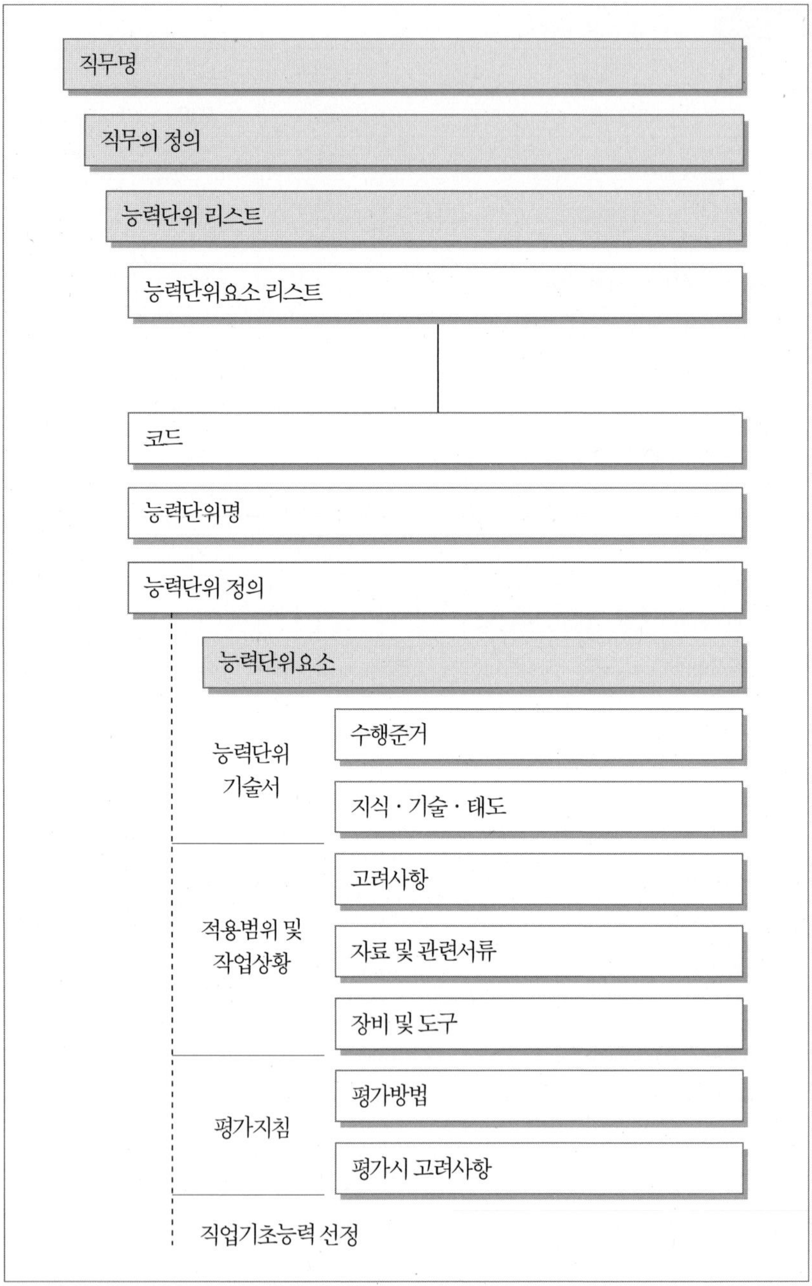

[그림 2-1] NCS분류표 예시

출처: 한국직업능력개발원(2013). NCS학습모듈 개발 및 활용.

파악/분석할 수 있음'은 수행준거가 될 수 있을 것이다. '수행준거'는 재무회계 담당자의 직무능력을 판단할 수 있는 행동의 기준이다.

'적용범위 및 작업상황'은 실제 어떤 산업현장, 직업환경에서 적용할지를 표현한 것이다. 예를 들어, 같은 '시장분석능력'이라도 산업별, 직무별 정의가 다를 수 있다. 또한 '평가지침'은 '수행준거'의 평가를 어떻게 해야 할 것인지 그 기준을 정하는 것이다. NCS를 활용한 직무능력 평가제는 학력이나 불필요한 스펙이 아니라 현장의 요구에 맞는 인력의 객관적 평가를 위해 도출된 것이다. 직무의 기준을 평가하기 위해 직업기초능력이 필요하다. 직업기초능력이란 모든 산업에서 기업체의 특성, 직급, 성별 등에 관계 없이 직무를 성공적으로 수행하기 위한 필수 능력을 의미한다. 이는 8장, 9장에서 자세히 설명할 것이다.

지금까지 언급한 내용을 일부 글로벌 기업이나 대기업들은 자체적으로 개발하여 직원을 채용할 때나 승진, 배치할 때 적용해 왔다. 하지만 각 개별기업의 기준이 나라 전체에 모두 적용될 만큼 보편적이지 않을 수도 있기 때문에, 국가에서는 '산업부문별, 수준별 기준'을 정립하여 이를 NCS라 제시하였다. 따라서 NCS는 국가에서 산업별, 직업별, 직무별로 분류된 공신력이 있는 직무능력 표준 시스템이다.

2. NCS 구조 이해를 위한 몇 가지 개념

NCS는 '산업 및 직무(직업) 부문'과 '능력단위' '능력단위요소'로 구성되어 있다. 각 능력단위요소 기준은 '지식' '기술' '태도'로 표현되는 역량의 3대 요소로 나누어서 제시할 수 있다. NCS 구조에서 자주 언급되는 개념은 '수행준거'와 '적용범위(작업상황)' '평가지침' '직업기초능력'이다. NCS의 능력은 '직업기초능력'과 '직무수행능력' 두 가지로 구분된다. '직업기초능력'은 어느 직업을 가지든 기본적으로 필요한 능력을 의미하고, '직무수행능력'은 실제 어떤 직무를 수행하였을 때 필요한 '수행준거'에 근거하여 제시한 직무능력을 의미한다. 따라서 전자는 주로 신입사원에게 많이 적용이 될 것이고 후자는 최소한의 직무경험을 가진 직업인에게 적용이 가능할 것이다.

　보통 NCS코드는 10개의 코드와 4개의 서브코드로 구성되어 있다. '1234567890_12v1' 형태를 살펴보자. 여기서 앞단의 10개 자리를 유의해서 보면 모두 아라비아 숫자로 표기되며 제일 처음 두 자리는 '대분류', 그다음 두 자리는 각각 '중·소분류', 그다음 두 자리는 '세분류'이며, 마지막 두 자리는 '능력단위'를 의미한다. 그리고 언더바 뒤의 두 자리는 개발년도, v 이후 숫자는 버전에 관련된 사항이다. 이와 관련된 내용은 [그림 2-2]와 같다.

0101010101_14v1							
01	01	01	01	01	_	14	v1
대분류	중분류	소분류	세분류	능력단위	_	개발연도	버전

[그림 2-2] NCS 능력단위 분류번호(코드) 체계
출처: 국가직무능력표준 사이트(www.ncs.go.kr).

　참고로, NCS 코드는 외부적으로는 이와 같이 표현되지만 실제 NCS 개발자는 이 코드에 더하여 능력단위요소 코드까지 표현하게 된다. 따라서 우리가 접하는 일반적 NCS 문서에서는 능력단위까지 알 수 있다.

3. 직업기초능력과 직무수행능력

1) 직업기초능력

'직업'은 직(職)과 업(業)이 합하여 형성된 의미다. 업(業)은 산업을 나타내는 넓은 의미이며, 일반적으로 NCS 분류체계에서 대분류에 해당된다고 볼 수 있다. 직(職)은 구체적인 일의 종류이고, NCS 분류체계에서 '중분류'와 '소분류' 정도에 해당된다. 예를 들어, 식품산업의 개발직에서 일한다면, 식품산업이 업종이고 개발직무는 직종이다. 직무는 업보다는 직과 연결될 수 있다. 직업기초능력이란 직무를 수행함에 있어 직업의 종류와 관계없이 공통적으로 필요한 역량을 의미한다. 의사소통능력, 조직이해능력, 수리능력, 자기개발능력, 기술능력, 대인관계능력, 직업윤리 등 10가지 기초역량으로 구분되어 있다. 하위 모듈까지 포함한다면 34개 영역이 있다. 이러한 직업기초능력은 누구나 직업인으로서 가져야 할 기초역량이다. 따라서 NCS 기반의 채용이나 경력개발에 있어서 직업기

〈표 2-2〉 직업기초능력 요약

영역	하위 모듈
의사소통능력	의사표현력, 경청능력, 문서이해능력, 문서작성능력, 기초외국어능력
자원관리능력	시간자원관리능력, 예산관리능력, 물적자원관리능력, 인적자원관리능력
문제해결능력	사고력, 문제처리능력
정보능력	컴퓨터 활용능력, 정보처리능력
조직이해능력	국제감각능력, 조직체제이해능력, 경영이해능력, 업무이해능력
수리능력	기초연산능력, 기초통계능력, 도표분석능력, 도표작성능력
자기계발능력	자아인식능력, 자기관리능력, 경력개발능력
대인관계능력	팀웍능력, 리더십능력, 갈등관리능력, 협상능력, 고객서비스능력
기술능력	기술이해능력, 기술선택능력, 기술적용능력
직업윤리	근로윤리, 공동체 윤리

출처: 국가직무능력표준 사이트(www.ncs.go.kr).

초능력은 반드시 필요한 채용의 한 단계로서 존재한다. 이에 비해 직무수행능력은 어떤 특정한 산업이나 직무에 한하여 필요한 역량을 의미한다. 따라서 직무수행능력은 직업기초능력의 영역보다 좀 더 산업의 특성에 특화된 요구역량으로 표현되는 것이 특징이다.

2) 직무수행능력

'직무'란 어떤 일을 수행함에 있어서 필요한 책임 또는 수행해야 할 일이다. 직무를 수행하려면, 먼저 직무가 무엇인지 알고 그에 필요한 능력을 명확히 파악해야 한다. NCS 기반에서의 직무란 넓은 의미에서 직업분류를 뜻한다. 직업분류는 특정영역에서 필요한 능력의 집합이다. 능력이 모여 직무에 필요한 요구역량이 된다. 어떤 직업, 직종이라도 하나의 능력만 요구하는 경우는 없다. 거의 대부분 직업의 직무는 많은 능력을 복합적으로 요구하고 있다. 능력이란 '할 수 있다' '할 수 없다'라는 표현으로 명확하게 구분된다. NCS에서 능력은 경험학습으로서 숙달된 행동으로 자리매김할 수 있다.

공기업의 NCS 기반 채용에서 4년제 대졸 신입사원의 경우, 전형의 한 단계로 직업기초능력을 평가하고 있다. 이는 단순히 지원자의 지식검정이 아니라 지원하는 직무에 얼마만큼 성향이 맞고 자질이 부합되는지 판단하는 것이다. 현장에서 필요한 직무를 수행함에 있어 얼마나 적합한지 NCS를 통해 측정할 수 있다. 따라서 지식 위주의 접근보다는 주어진 상황이나 문제에 대하여 어떤 생각으로 접근해야 하는지가 가장 중요한 요소다. NCS가 추구하는 인재상은 단순히 지식형 인재가 아니라 직무에 필요한 역량을 소유한 사람이다. 따라서 충분한 직무역량을 갖춘 사람이 되기 위해서는 직무분석을 철저히 하고 본인에게 필요한 역량을 꾸준히 개발해야 한다.

4. 능력단위와 능력단위요소

NCS는 단순히 직업의 종류나 일의 구분을 의미하는 것이 아니다. 어떤 행동이 모여 성과를 나타낼 수 있는 능력의 단위가 되고 그러한 능력이 모여 직무능력으로 정리된다. 이와 같은 직무능력이 모여 직무, 직업, 산업으로 구성된다. 따라서 이렇게 순차적인 구성을 표준화하여 제시하기 때문에 가장 기초적인 단계부터 개인은 자신의 경력개발을 위한 실질적 방향을 잡을 수 있다. NCS 기반의 매뉴얼은 단순히 일의 종류나 진행내용만 있는 것이 아니라 NQF에서 지정한 행동수준을 명시하고 있다.

NQF(National Qualifications Framework)는 국가역량체계로서 일의 종류뿐 아니라, 숙련도의 수준을 체계적으로 표현한 것이다. NCS의 주체는 '일' 또는 '직무'이고, NQF의 주체는 '사람'이라고 할 수 있다. 외국의 예를 들어 보면 이러한 능력단위에 대한 연구와 활용은 직무중심의 노동시장이 잘 형성된 유럽이나 호주와 같은 곳에서 이미 사회적 합의가 이루어져 운용되고 있다. 정부에서 NCS기반의 능력중심 사회를 추구하는 이유는 누구나 합리적으로 공감할 수 있는 기준을 확립하기 위함이다. 그렇다면 능력단위와 능력단위요소는 행동이라 표현되는 외형적 움직임만을 강조한 구조라고 볼 수 있을까? 평가의 측면에서 외형적으로 보이는 행동이 능력단위나 능력단위요소로 표현된다. 그러나 단위별 요소를 자세히 살펴보면 사고능력에 기반을 둔 단위 행동의 표현임을 알 수 있다.

5. 수행준거

NCS 구조에서 수행준거란 직무역량을 판단함에 있어서 평가의 기준을 의미한다. 앞에서 능력단위에 대한 사항을 살펴보았다. 수행준거란 성과를 얻기 위해 능력단위요소를 일목요연하게 서술한 부분이다. 즉, 어떤 성과를 내기 위한 수행의 기초가 되는 부분이다. 예를 들어, 기타로 어떤 음악을 연주한다고 가정해 보자. 이때 기타 연주자는 악보를 읽을 수 있어야 한다. 그 악보의 선율에 따라 기타의 현을 튕겨, 듣는 이에게 악보에서 표현하고자 하는 곡의 음율을 전달하는 것이다. 따라서 기타 연주를 잘하기 위해서는 악보 읽기, 악보의 기호대로 연주하는 것과 같은 수행준거를 세울 수 있다. 악보가 표현하고자 하는 곡을 기타의 음율로 상대에게 전달하는 것이 바로 수행준거다.

이와 비교하여 능력단위는 어떤 일을 수행하기 위한 항목의 나열이다. 수행준거는 해당 직무를 수행함에 있어 성취여부를 판단할 수 있는 행동기준이다. 따라서 수행준거는 서술문 형태로 기술된다. 하지만 단순한 서술문이 아니라, 각 직무마다 전문적이고 함축적으로 서술되어 있고 종사자가 명확하게 기술되어 있다. 수행준거는 어떤 일을 할 수 있느냐 없느냐가 아니라 어떤 상황에서 무슨 성과를 낼 수 있느냐의 결과를 나타내는 것이다. 따라서 상황에 대한 분석 및 판단 그리고 해결방법의 결정과 수행이 수행준거에서 제시하는 기준(criteria)이다. 이러한 과정에서 진단하고 평가할 수 있는 사고기법이 요구된다.

이상으로 NCS 구조와 관련하여 몇 가지 개념을 살펴보았다. 단순히 NCS 구조의 개념을 정의하는 것이 중요한 것이 아니다. NCS의 표준을 이해하고 준비하기 위해 '나에게 어떤 능력이 요구되는가?'라고 스스로 생각하면서 준비하는 것이 중요하다. 개인이나 기업 또는 교육기관의 입장에서 NCS를 정확히 인식하고 적용하려는 사고능력이 필요하다. 따라서 직무수행에 있어서 '수행행동'을 평가하는 NCS 기반의 채용에서 '직업기초능력'에 대한 관심이 높아질 수밖에 없다. 이는 직업구분 이전에 직업인의 자질을 평가하는 것이기 때문이다.

주어진 상황에서 개인이 어떻게 행동해야 하는지 그리고 그 행동이 타당한 것인지 알아보는 것이다. 즉, NCS는 '직무상황에 대하여 적절한 문제해결을 위해 어떻게 행동하여야 하는지 그 방법을 찾고 성과를 창출하는 일련의 사고활동'을 요구한다. 문제해결을 위해서는 여러 가지 자료와 정보를 정확하게 파악하고 분석하여, 최적의 해결방안을 강구하고 실행해야 한다.

생각해 볼 문제

1. 직업의 의미와 능력, 역량의 의미를 고려하여 본인의 역량에는 어떠한 것이 있는지 정리해 보자.

2. NCS에서 적절한 자기계발 및 경력개발을 위해서는 현재를 중심으로 과거와 미래를 고려하여야 한다. 본인의 역량을 과거/현재/미래의 관점에서 각각 구분하여 표현해 보자.

3. 신입직원의 경우 직업기초능력의 평가 비중이 높아질 것이다. 이때 직업기초능력의 10가지 영역과 관련된 실제 경험 사례를 바탕으로 본인의 수행능력에 대하여 발표해 보자.

제3장

NQF 개요

NQF(National Qualification Framework)는 국가역량체계를 의미한다. 산업현장의 직무수준을 교육(학위), 자격증, 직업훈련 이수, 직무경험 등의 가치라는 국가차원으로 평가한 체계다. NQF는 다양한 관점과 이해를 조정하면서 보완과 수정작업을 지속적으로 하는 중이다. 직업이나 직무의 종류에 따라 NQF의 체계는 다를 수 있기 때문이다. 따라서 직업이나 직무에 대한 산업현장의 요구에 따른 판단 기준은 다양할 수 있음을 유의해야 한다.

'능력중심사회'를 지향하는 NCS의 가치관은 NQF의 기준을 현재의 정규교육기관 졸업수준과 대체, 비교할 수는 없다. NQF는 기존 학벌위주의 교육과 채용시장의 개선과 극복을 위한 것이다. 나아가 NCS라는 국가단위의 역량체계가 국제적 역량체계(TQF)로 호환되어 활용될 수 있어야 한다. 따라서 여기에서는 NQF의 기본적 의미와 NQF와 TQF의 노동시장에 대한 시사점을 살펴보겠다.

1. NQF 개요

NQF(National Qualification Framework)는 국가역량체계다. NCS는 특정한 직무에 필요한 능력의 종류를 의미하므로 엄격히 말하면 등급이나 수준의 개념은 없다. 그래서 NCS의 직무능력을 좀 더 수준별로 분화하고 체계화한 것이 NQF라고 할 수 있다. NQF는 NCS가 추구하는 목표인 능력중심 사회를 완성하기 위한 기본 체계에 해당된다. 학벌위주의 사회는 대부분 지식중심이기 때문에, 실제 산업현장에서 필요한 직무역량과 정규교육은 미스매칭되어 왔다. 이것은 기업, 학교, 개인에게 많은 비용을 초래한다. 정규교육과 직무역량과의 미스매칭은 사회 전체의 고비용 저효율로 나타나기 때문에 극복해야 할 당면과제가 되었다.

실제 직무를 습득할 수 있는 방법은 다양하게 존재한다. 정규학교 교육뿐 아니라 각종 자격제도 및 직업훈련 등 많은 방법이 있다. 서구의 선진국에서는 교육시스템이 공교육 기관뿐 아니라 평생교육 시스템으로 확립되어 있다. '능력중심사회의 NQF'는 누구나 학교교육뿐만 아니라 다양한 교육의 습득으로 기존의 전문대, 4년제, 석사, 박사에 이르기까지 경력개발의 사회적 출구를 만드는 것이 목표다. NQF는 교육시스템과 경력개발시스템의 다양성과 신뢰성의 표준을 제시하는 것으로 이는 노동시장의 모든 주체에게 통용될 수 있는 기준이 정립됨을 의미한다. NQF를 활용하면 취업 자체를 위한 경력이 아니라 누구나 믿을 만한 기준을 가지고 자신의 로드맵을 구조화, 체계화할 수 있다.

NQF는 1등급에서 8등급까지 존재한다. 하지만 주의할 점은 산업의 특성이나 직무의 성격, 난이도에 따라 NQF의 등급이 다르게 이루어진다는 것이다. 예를 들어, 4년제 대학을 졸업하면 학과에 관계없이 무조건 4년제 대졸이 되겠지만, NQF는 졸업장의 의미보다 더 실용적이고 세분화하여 차등적용할 수 있음을 강조한다.

2. NQF 구성

NQF는 여러 산업현장의 전문가가 협의하고 논의하여 수준을 결정하고 해당 직무에서 요구하는 명확한 정의와 지식, 기술 등의 경력과 역량을 1~8 수준으로 명확하게 기준을 두고 있다. NQF 체계의 구성은 인사평가나 연봉시행 등의 인력관리에 표준으로 활용할 수 있다. 각 직무마다 다를 수 있지만 대체적으로 3년 정도의 경력이면 상위 수준으로 올라가는 구조다. 통상적으로 4, 5단계는 4년 대졸, 6, 7단계는 석사급, 7, 8단계는 박사급 경력으로 간주된다. 일률적인 기준이 아니므로 참고로만 인식하기 바란다. 모든 직업이 1단계부터 8단계까지 있는 것은 아니다. 예를 들어, 연구개발 직무와 미용과 같은 기능적 직무가 모두 8단계로 구분되는 것은 아니다.

NQF의 수준체계는 '직무역량 중심'이다. NCS에서 직무역량을 정의하고 분

〈표 3-1〉 국가역량체계의 수준체계

수준	항목	내용
8수준	정의	해당분야에 대한 최고도의 이론 및 지식을 활용하여 새로운 이론을 창조할 수 있고, 최고도의 숙련으로 광범위한 기술적 작업을 수행할 수 있으며 조직 및 업무 전반에 대한 권한과 책임이 부여된 수준
	지식기술	해당분야에 대한 최고도의 이론 및 지식을 활용하여 새로운 이론을 창조할 수 있는 수준
		최고도의 숙련으로 광범위한 기술적 작업을 수행할 수 있는 수준
	역량	조직 및 업무 전반에 대한 권한과 책임이 부여된 수준
	경력	수준 7에서 2~4년 정도의 계속 업무 후 도달 가능한 수준
7수준	정의	해당분야의 전문화된 이론 및 지식을 활용하여, 고도의 숙련으로 광범위한 작업을 수행할 수 있으며 타인의 결과에 대하여 의무와 책임이 필요한 수준
	지식기술	해당분야의 전문화된 이론 및 지식을 활용할 수 있으며, 근접분야의 이론 및 지식을 사용할 수 있는 수준
		고도의 숙련으로 광범위한 작업을 수행하는 수준

	역량	타인의 결과에 대하여 의무와 책임이 필요한 수준
	경력	수준 6에서 2~4년 정도의 계속 업무 후 도달 가능한 수준
6수준	정의	독립적인 권한 내에서 해당분야의 이론 및 지식을 자유롭게 활용하고, 일반적인 숙련으로 다양한 과업을 수행하여, 타인에게 해당분야의 지식 및 노하우를 전달할 수 있는 수준
	지식기술	해당분야의 이론 및 지식을 자유롭게 활용할 수 있는 수준
		일반적인 숙련으로 다양한 과업을 수행할 수 있는 수준
	역량	타인에게 해당분야의 지식 및 노하우를 전달할 수 있는 수준
		독립적인 권한 내에서 과업을 수행할 수 있는 수준
	경력	수준 5에서 1~3년 정도의 계속 업무 후 도달 가능한 수준
5수준	정의	포괄적인 권한 내에서 해당분야의 이론 및 지식을 사용하여 매우 복잡하고 비일상적인 과업을 수행하고, 타인에게 해당분야의 지식을 전달할 수 있는 수준
	지식기술	해당분야의 이론 및 지식을 사용할 수 있는 수준
		매우 복잡하고 비일상적인 과업을 수행할 수 있는 수준
	역량	타인에게 해당분야의 지식을 전달할 수 있는 수준
		포괄적인 권한 내에서 과업을 수행할 수 있는 수준
	경력	수준 4에서 1~3년 정도의 계속 업무 후 도달 가능한 수준
4수준	정의	일반적인 권한 내에서 해당분야의 이론 및 지식을 제한적으로 사용하여 복잡하고 다양한 과업을 수행하는 수준
	지식기술	해당분야의 이론 및 지식을 제한적으로 사용할 수 있는 수준
		복잡하고 다양한 과업을 수행할 수 있는 수준
	역량	일반적인 권한 내에서 과업을 수행할 수 있는 수준
	경력	수준 3에서 1~4년 정도의 계속 업무 후 도달 가능한 수준
3수준	정의	제한된 권한 내에서 해당분야의 기초이론 및 일반지식을 사용하여 다소 복잡한 과업을 수행하는 수준
	지식기술	해당분야의 기초이론 및 일반지식을 사용할 수 있는 수준
		다소 복잡한 과업을 수행하는 수준
	역량	제한된 권한 내에서 과업을 수행하는 수준
	경력	수준 2에서 1~3년 정도의 계속 업무 후 도달 가능한 수준
2수준	정의	일반적인 지시 및 감독하에 해당분야의 일반지식을 사용하여 절차화되고 일상적인 과업을 수행하는 수준
	지식기술	해당분야의 일반지식을 사용할 수 있는 수준

		절차화되고 일상적인 과업을 수행하는 수준
	역량	일반적인 지시 및 감독하에 과업을 수행하는 수준
	경력	수준 1에서 6~12개월 정도의 계속 업무 후 도달 가능한 수준
1수준	정의	구체적인 지시 및 철저한 감독하에 문자이해, 계산능력 등 기초적인 일반지식을 사용하여 단순하고 반복적인 과업을 수행하는 수준
	지식기술	문자이해, 계산능력 등 기초적인 일반지식을 사용할 수 있는 수준
		단순하고 반복적인 과업을 수행하는 수준
	역량	구체적인 지시 및 철저한 감독하에 과업을 수행하는 수준

출처: 국가직무능력표준 사이트(www.ncs.go.kr).

류하였다면, NQF는 그 직무역량의 높낮이를 체계적으로 분류한 것이다. 따라서 NQF의 수준은 곧 역량의 수준 차이라고 말할 수 있다. 최근 여러 미디어정보를 접하다 보면 '역량중심의 채용'이라는 표현을 자주 접한다. 하지만 현재 기업별로 정의하는 역량은 '각 기업에서 고 성과자의 행동특성을 기반으로 자체적으로 규정'한 경우라서 기업이나 기관마다 다를 수 있다. 따라서 구직자는 기업에 따라 개별적으로 '필요역량'을 준비해야 한다. 역량의 규정이 아직까지는 국가가 아닌 대기업 위주의 선별적 진행이 이루어지다 보니 중소기업 등과 같은 경우는 일률적으로 적용, 활용하는 데에 한계가 있었다.

　이러한 점을 고려해 본다면, 일반 기업에서 입사지원서, 자기소개서 등을 기입하는 것이 어려울 수 있다. 따라서 국가주도로 제정된 수준체계인 NQF가 구축되어 보편적으로 통용된다면, 누구나 표준화된 수준의 기준 아래 진로를 설정하고, 취업준비 및 경력개발을 준비할 수 있다. 즉, 직무의 수준과 경력을 획득하면 국가에서 보증하는 직무수준이 된다. 기존에는 이러한 기준이 없거나 기업마다 달라서 이직, 전직을 할 때 명확한 기준이 없었지만, NCS, NQF의 표준이 적용된다면 누구나 자신의 수준을 체계적으로 관리하고 계획할 수 있다.

3. NCS와 NQF 관계

NCS의 개발 의도에는 산업(industry)과 직무의 유형(skill type)뿐만 아니라 직능의 수준(skill level)까지 고려하였다. 통상 산업과 직무의 종류는 NCS 분류에 의거하며 직무능력의 수준은 NQF에서 규정한 1단계에서 8단계까지 이르는 표준등급으로 구분된다. 물론 산업이나 직업마다 특수성이 다양할 수도 있지만 단순히 직업분류의 의미가 아닌 기술의 수준을 명확하게 제시함으로써 전공을 습득하는 시기부터 취업, 승진, 전직, 이직 등 중·장기적 목표나 방향성을 가지고 준비할 수 있다. 해당산업의 전문가들이 포함된 개발진들이 체계적으로 산업을 분류하고 산업별 연관성을 고려하여 전체 분류시스템을 개발하였다. 따라서 개인은

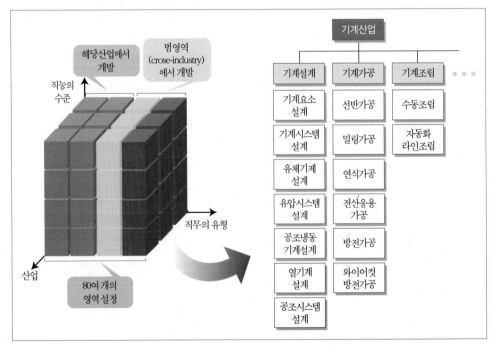

[그림 3-1] NCS 개발 모델링 도해

출처: 한국산업인력공단(2011). 직무능력표준 개발매뉴얼.

진로설정이나 직업선택을 함에 있어 한 가지 직무만을 고려하는 것이 아니라 동종 산업의 유관직무나 다른 분야 산업의 동일직무를 검토해 볼 수 있다.

NCS는 '국가기준의 직무능력표준'이므로 직업적 장기목표를 설정하는 데 필요한 가장 중요한 도구 중의 하나가 될 것이다. [그림 3-1]은 산업(industry), 직무의 유형(skill type), 직능의 수준(skill level)이라는 세 축으로 구분된 모델의 개념을 설명하고 있다. 여기서 X축을 직무의 유형, Y축을 산업, Z축을 직능의 수준이라 가정한다면, XY평면은 NCS, XY평면에 3차원 축인 Z축이 포함된 것이 NQF를 의미한다.

4. NQF, RQF, TQF의 관계

NCS나 NQF 제도가 가장 잘 확립된 지역은 유럽이다. 과거 '길드'라는 조합이 중세시대부터 등장할 만큼 '직업의 발달' 또는 '직무의 발달'이 두드러진 곳이 유럽지역이다. 유럽은 오랜 역사와 경험을 바탕으로 NQF를 효과적으로 활용해 왔다. 예를 들어, EU는 사실상 단일 경제공동체를 뜻한다. 만약 독일에서 프랑스로 전직을 할 경우 유럽 전체에 통용될 만한 직무수준이 존재한다면 노동인력의 이동이 매우 용이하고 효과적일 것이다. 물론 언어나 문화적 장벽은 존재한다. 그러나 본인이 거주하는 지역에서 인정받는 직무역량이나 직무경력이 다른 지역이나 나라에서도 동일하게 인정을 받는다면 개인에게나 기업, 혹은 사회 전체의 경제적 효율성을 높이는 효과가 있을 것이다.

이미 유럽이나 호주연방은 이와 같은 노동시장 형태를 보이고 있다. 하지만 이러한 노동시장의 형성은 단기간 내 인위적으로 만들어진 것이 아니라 오랜 시간 시행착오를 겪으면서 변화하고 발전된 역사를 가지고 있다. 이러한 국가 간 자유로운 노동시장 이동을 위해서는 국가수준의 NQF를 넘어 RQF(Regional Qualification Framework)수준 또는 국가 간 역량체계라 볼 수 있는 TQF(Transnational

Qualification Framework)체제가 마련되어야 할 것이다. RQF는 동아시아, 동남아시아와 같은 지역별 블록경제권에서 활용될 수 있다. 유럽과 호주연방의 경우 EQF(European Qualification Framework)이며 호주연방의 경우 AQF(ASEAN Qualification Framework)라고 한다. EQF는 유럽연합에서 적용되고 있으며, AQF는 호주연방, NZQF는 뉴질랜드에서 적용되고 있고 AQF는 NZQF와 EQF와의 조정을 꾀하고 있다.

노동시장의 패러다임은 지속적으로 개발, 확대 활용되는 NCS, NQF 시스템을 근거로 변화될 것이며, 머지않은 미래에는 해외 노동인력의 국내유입과 국내의 노동인력이 해외시장으로 진출할 경우 RQF 시스템이 개발되어 활용될 것이다 (조정윤, 오혁제, 2013).

5. NQF와 노동시장의 이해

노동시장의 인사관리는 직무중심 혹은 연공중심이라는 두 가지 관점으로 이루어진다. 우리나라의 산업이 전문화됨에 따라 인사관리가 직무중심으로 변해가는 과도기에 있지만, 유럽에 비하면 아직 연공중심의 관리가 전반적으로 많이 운영된다. 따라서 유럽에서와 같이 자유로운 노동인력의 이동이 이루어지기 힘들 수 있다. 근본적으로 연공중심은 근무기간이 가장 중요한 요소로 한 곳에 오래 근무하는 것을 전제조건으로 한다. 각 기업마다 독특한 승급기준이 존재한다. 그런데 기업중심의 개별화된 승급기준은 직무중심이 아니라 근속연한이 중심이 되기 때문에 객관적이고 합리적인 직무역량의 수준으로 인정받기에는 한계가 있다. 이에 비하여 NQF는 직무역량을 기반으로 수준을 체계화함으로써, 사람중심의 노동시장보다는 직무중심의 노동시장에 더 가깝다고 볼 수 있다.

직무중심의 노동시장을 오랫동안 확립한 유럽에 비해서 우리나라는 아직 NQF의 전반적인 적용을 위해 해결해야 될 문제가 많고, 각 산업부문의 표준안도 갱신, 수정 개발해야 한다. 하지만 이러한 NQF의 점진적인 확립은 경직된 노동시장을 유연하게 만들고 노동인력의 이동을 자유롭게 할 수 있다. 또한 고용을 위해 누구나 쉽게 접근할 수 있는 사회적 구조로 확립될 것이다.

반드시 일치하지는 않으나 일반적인 관점에서 본다면, NQF(국가 직무역량체계), RQF(지역 간 직무역량체계), TQF(국가 간 직무역량체계)가 포함하는 지역적 개념의 범위를 열거하면, SQF(Sectoral Qualifications Framework) < NQF(National Qualifications Framework) < RQF(Regional Qualifications Framework) < TQF (Transnational Qualifications Framework)로 나타낼 수 있다. 여기서 SQF는 어떤 산업에 있어 필요하거나 요구되는 역량체계를 산업별 협회나 유관기관 주도하에 구축한 체계를 의미한다. SQF, NQF, RQF, TQF는 순차적 연관관계를 가진다. 즉, SQF가 모여 NQF 체계를 이룬다. NQF 체계를 기반으로 다국가 간 국제표준체계를 만든 것이 바로 TQF다. 따라서 산업별 역량체계가 구축이 된다면 연관된 산업별 SQF를 연결하고 국가단위의 모든 산업을 종합하여 NQF를 구축할 수 있다. 현재 우리나라에서 국가역량체계라 명시하는 NQF는 결국 산업별 역량체계(SQF)의 전체집합이라 할 수 있다.

NCS는 SC(산업별 협의체, Sector Council)라는 산업별 협의체의 전문가 및 NCS, NCS 학습모듈 전문가가 포함되어 개발되고 있다. 보통 SC는 관련 산업의 협회와 같은 이해집단인 경우가 많으므로 산업별 이해에 따라 이견이 있을 수도 있다. NQF는 SQF의 조합으로 구성되어 있으며, TQF는 NQF나 SQF 또는 RQF의 조합으로 이루어진다. 통상적으로 RQF는 다수의 NQF를 포함하고 있지만, TQF가 반드시 RQF의 조합이라고 단정지어 말할 수는 없다.

선진국의 경우 SC가 중심이 되어 역량체계를 만드는 경우가 많다. 이는 산업별 집단의 역사가 깊고, 자생적인 사회적 합의가 통용되고 형성되었다는 것을 의미한다. 이에 비해 우리나라는 산업체가 중심이 되어 역량체계를 만드는 과정이라고 할 수 있다(나승일, 2013). 현재 우리나라에서 추진 중인 국가역량체계는 NQF이지만, 언젠가는 글로벌 경쟁이 지속되는 무한경쟁 시대에서, 우수한 인재

들이 외국에 나가 정당한 대우와 권리를 누릴 수 있게 RQF, TQF의 이행이 수반
되어야 할 것이다.

　노동인력이 국내외로 자유롭게 이동하기 위해서는 TQF라는 국제표준이 필
요하다. 국가 간 역량체계는 한 국가에만 해당되는 것이 아니기 때문에 각 당사
국 간 충분한 협상을 필요로 할 것이다. 따라서 해당 국가들의 여러 문화적, 법적
제도나 법률에 근거하여 공통된 표준체계(TQF)가 구축되어야 한다.

　현재 우리나라의 NCS는 유럽과 호주연방 등의 선진국에서 정착된 시스템을 벤
치마킹하였다. 해외사례의 간단한 내용을 [그림 3-2]과 같이 설명할 수 있다. [그
림 3-3]는 호주의 직무역량 구성체계를 설명하고 있다. 그리고 [그림 3-4]는 유럽
스코틀랜드의 직무역량체계인 SCQF(Scottish Credit & Qualification Framwork) 관련 내
용이다. 우리나라의 NQF와 비교하여 참고할 수 있다.

- 유럽과 오세아니아 등의 선진국을 중심으로 산업인력의 현장적합성 제고와 국가 간 이동 촉진을 위해서 국가 직무능력표준 제도 시행
- 유럽연합은 유럽 국가 간에 통용될 수 있는 유럽자격체계(European Qualfications Framework: EQF)를 도입 중

 영국

- NOS(National Occupational Standards)
  직무수행에 필요한 사항을 구체화해 놓은 것으로 중등교육 이후 직업능력개발을 위해 활용
- QCF(Qualifcation and Credit Framework)
  직업자격 및 교육자격의 연계와 다양한 학습경험을 자격으로 인정하는 틀로 활용

 ILO(국제노동기구): International Labor Organization

- RMCS(Regional Model Competency Standards)
  숙련인력의 국가 간 이동을 촉진하기 위해 도입 논의 중
- RMQF(Regional Model Qualifications Framework)
  국가 간 직무능력과 자격의 상호인정을 위하여 제안

 프랑스

- RNCP(Repertoire National des Certifications Professionnelles)
  학교교육과 직업교육의 학습 결과를 연계하는 데 활용, EQF와의 연동을 추진

 호주

- NCS(National Competency Standards)
  특정 산업현장에서 근로자가 갖추어야 할 능력을 체계화한 것으로 교육훈련과정(training package) 개발의 기초 자료로 활용
- AQF(Australian Qualification Framework)
  학교, 직업훈련기관, 고등교육 분야의 단일화된 국가 자격체계로 근로자의 평생학습 촉진과 다양한 경력경로개발에 기여

 뉴질랜드

- NCS(National Competency Standards)
  산업계가 요구하는 직무능력을 체계화한 것으로 교육훈련과정 개발 및 운영의 기초자료로 활용
- NZQF(New Zealand Qualification Framework)
  NCS와 자격의 관리 도구이며 다양한 학습결과를 인정하는 기준으로 활용

[그림 3-2] NCS 개발 및 활용 관련 해외 사례

출처: 한국산업인력공단(2013). 국가직무능력표준 개발추진현황.

호주

- 호주의 직무능력표준은 Unit를 기본단위로 하며, 각 Unit는 Unit에서 추출된 요소, 수행기준, 범위, 증거지침 등으로 구성
- 자격과 학위를 연계하여 표준을 개발
- 표준별 하위 약 20개 능력단위로 세분화
- 표준과 학습모듈을 구분하지 않고 training package로 개발
- 능력단위별 K,S,T(A)를 비교적 상세히 개발

〈능력단위 구성체계〉

Unit 코드	능력단위별 코드번호
Unit 제목	능력단위의 성과를 간략하게 제시
적용분야	능력단위가 적용되는 산업분야나 맥락을 간략하게 제시, 자격이나 관련법령과의 관련성도 제시하기도 함
선행능력단위	본 능력단위 이전에 갖춰야 하는 능력단위 목록
Competency Field	훈련패키지 안에서 직무유형과 관련하여 일련의 능력단위를 재구분하는 경우에 제시
Unit Sector	훈련패키지 안에서 산업분야와 관련하여 일련의 능력단위를 재구분하는 경우에 제시
요소(Elements)	표현 가능한, 측정 가능한 행동 또는 성과 제시
수행기준	−능력단위요소의 성취(달성) 여부를 제시하기 위해 필요한 행동수준 −능력단위요소별로 제시
기초역량	직무수행을 위해 필수적인 기초능력을 제시
조건범위	직무수행에 영향을 줄 수 있는 다양한 작업환경이나 조건을 명시
Unit Mapping Information	유사한 능력단위 코드 및 제목을 명시

[그림 3-3] NCS 개발 관련 호주 사례

출처: 한국산업인력공단(2013). 국가직무능력표준 개발추진현황.

스코틀랜드

- 스코틀랜드 역량체계를 정립하고, 자격 간 호환성 강화, 이전 학습경험 지원을 위해 SCQF(Scottish Credit and Qualification Framework) 도입
- SCQF 수준은 12단계로 구성되며, 수준은 교육과정 등의 복잡 정도에 따라 결정(1SQF credit은 10시간의 학습을 의미)

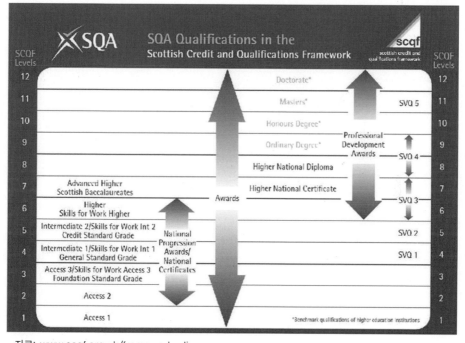

자료: www.scqf.org.uk/framework-diagram

[그림 3-4] NCS 개발 관련 스코틀랜드 직무역량체계

출처: 한국산업인력공단(2013). 국가직무능력표준 개발추진현황.

생각해 볼 문제

1. NQF가 의미하는 바는 무엇인가? NQF의 체계(시스템)가 나의 직업활동이나 경력개발에 어떠한 방향으로 작용될지 생각해 보자.

2. NQF가 학벌위주의 사회, 스펙위주의 사회에 대하여 어떤 의미를 가지고 있는지 정규교육기관과 평생사회교육, 직업교육의 관점에서 토론해 보자.

3. 노동시장의 국제화에 따라 NQF, RQF, TQF의 개념을 이해하고 우리나라도 동아시아 블록경제에서 RQF, TQF로 노동시장의 패러다임이 변화된다면, 경력개발을 어떻게 준비해야 하는지 생각해 보자.

4. 개인의 경력개발 목표를 설정함에 있어 NQF가 제시하는 가치를 토론해 보자.

5. NQF가 단지 경력이나 직무경험, 또는 자격이나 기타 사항에 대하여 공교육 대체의 목적이 아님을 상기하고, NQF가 우리나라 사회에서 보편적으로 적용, 활용될 경우 지금의 학벌중심의 문화에 어떤 영향을 미칠 수 있는지 토론해 보자.

제4장

NCS 활용

진로나 직업선택에 있어서 NCS를 어떻게 활용할 수 있을까? 학교를 졸업하고 첫 직장에 들어가는 것, 또는 첫 직장의 직업에 대해서 고민하는 경우가 많다. 직업과 진로 문제와 관련하여 NCS는 여러 가지 시사점을 주고 있다. NCS는 직업의 가치와 필요한 직무를 중심으로 스스로 진로를 선택하는 데 올바른 방향으로 안내할 것이다. NCS를 구성하는 여러 가지 개념과 시스템은 취업이라는 한 가지 목적을 위한 것만은 아니다. 사회구성원 모두의 삶의 질을 높이고 사회 전체가 가치와 생산성을 높일 수 있는 '능력중심사회'를 만드는 것에 있다. 즉, 점수화로 표현되는 스펙의 경쟁을 통해 자신의 진로가 결정되는 것이 아니라 내가 좋아하는 일을 선택하고, 이에 필요한 직업능력을 국가에서 표준화한 기준으로 확인할 수 있다. NCS가 추구하는 능력중심사회는 개인의 가치와 비전이 실현되는 사회로 Over Spec이 아닌 On Spec을 지향한다. 여기서는 이러한 NCS 시스템의 여러 특징을 살펴보고, 능력중심사회의 일원이 되기 위하여 NCS를 활용하는 여러 방안에 대하여 알아보겠다.

1. 직업선택의 활용

직업의 일반적인 사전적 의미는 개인이 사회에서 생활을 영위하고 수입을 얻을 목적으로 한 가지 일에 종사하는 지속적인 사회활동이다. 여기서 중요한 것은 '한 가지 일에 종사한다는 것'과 '지속성을 가진 사회활동'이라는 점이다. 따라서 직업을 선택하는 것은 개인의 삶의 방향을 정하는 것과 동일한 의미로 삶의 길이라 표현할 수 있다. 그러므로 직업은 자신의 흥미와 적성, 그리고 가치관에 맞아야 한다.

NCS는 단순히 직무능력의 표준을 의미하는 것이 아니라 직업을 선택하고 진로를 설정하여 경력을 개발하는 모든 과정에 도움을 준다. 각 개인의 행복과 가치를 실현함에 목적을 두면서 '능력중심사회 실현'이라는 국정과제의 실천적 도구로 활용된다. 이러한 NCS의 가치와 철학이 있음에도 불구하고, NCS는 일부 사람들에게 단지 새롭다는 이유로 또 다른 스펙 개념의 불청객으로 받아들여질 수 있다.

직업선택과 진로설정의 관점에서 NCS가 이른바 '막연한 스펙'이 아니라는 점을 두 가지로 설명하고자 한다. 첫째, NCS는 실제 산업현장에서 그동안 연마한 지식과 기술을 활용, 수행하여 관찰 가능한 성과로 보여 주는 방법을 제시한다. 개인이 선택한 직업마다 성과를 보여 주는 구체적인 방법은 다르지만, 자신만의 직업선택과 진로설정에 따라 다양한 길을 찾아야 한다. 따라서 일반적으로 누구나 준비해야 하는 막연한 스펙과 구분이 될 것이다. 둘째, NCS는 질 중심(quality-based)의 표준을 추구한다. 개인이 얼마나 자신에게 맞는 직업선택이나 진로설정을 할 수 있을까? 또는 개인을 평가할 때 얼마나 많은 능력이나 역량의 종류를 가지고 있는지 판단할 수 있을까? 이러한 다양성이 직업선택의 전제조건일 것이다. 일률적인 능력의 점수가 아니라, NCS 시스템에서 직무역량의 성취도 수준이 강조되어야 한다.

한 분야에서 지속적인 전문성을 가지고 발전하였다면, 사회는 그것을 체계적으로 관리, 평가받을 수 있는 시스템을 제공해야 한다. 즉, 다양한 경력을 공식적으로 인정해 주는 사회가 되어야 할 것이다. 이러한 이유로 NCS가 활용되는 사회라면, 막연한 스펙경쟁에서 벗어나 개인마다 다양성이 인정되는 질 중심의 직업사회가 가능해질 것이다. 따라서 NCS는 직업선택과 진로설정을 좀 더 합리적으로 개인에게 맞는 구체화된 기준을 제시하는 시스템이다. 지금은 NCS가 시작단계라 정착하는 동안 시행착오가 생길 수 있다. 하지만 시간이 흐를수록 산업의 변화와 발전, 직업과 직무의 분화나 통합, 그리고 기업이나 개인의 요구에 따라 합리적인 직업선택 시스템으로 발전할 것이다. 단순히 직무평가의 질을 높이는 것 뿐 아니라 직업선택과 진로설정의 방향을 합리적으로 제시하는 역할을 할 것이다.

2. 교육과정의 활용

NCS의 중요한 목표 중 하나는 NCS 기반의 학습모듈을 개발하여 점진적으로 적용하는 것이다. 다만, 모든 교과분야에 NCS를 적용할 수는 없다. 고용이 가장 중요한 문제가 되고 있는 시점에서 NCS 기반의 학습모듈을 적용하여 실제 기업이 원하는 현장형 인재를 지속적으로 양성해야 한다. NCS 시스템 개발 중, 학습모듈 개발은 NCS 기반의 교육과정을 만들기 위한 설계다. 이러한 내용은 [그림 4-1]과 같다.

[그림 4-1]과 같이 NCS 개발을 기준으로 학습모듈을 개발하여 교육과정이 생성되고 있다. 범사회적 공감대를 형성하고 국가기준의 합리적인 표준안을 근거로 제시해야 하므로 교육부, 고용노동부, 한국직업능력개발원, 한국산업인력공단 등이 조율과 협의를 거쳐 개발하고 있다. Working Group은 NCS 개발진으로 기관의 연구개발자뿐만 아니라 현장전문가, 산업체 근무자 등으로 구성된다. 원하는 인재상이나 직무상을 반영할 수 있고 이렇게 형성된 Working Group의 네

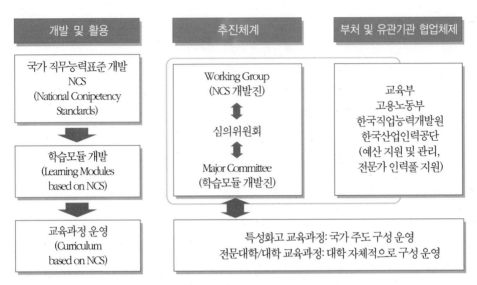

[그림 4-1] NCS 학습모듈 개발 운영체계

출처: 한국산업인력공단(2013). 국가직무능력표준 개발추진현황.

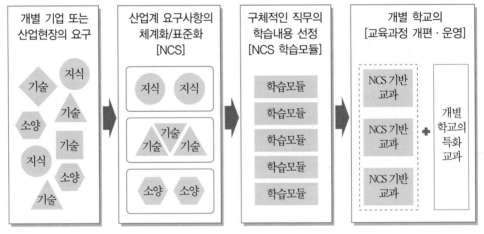

[그림 4-2] 산업현장의 요구와 NCS 기반 학습모듈과의 관계

출처: 한국산업인력공단(2013). 국가직무능력표준 개발추진현황.

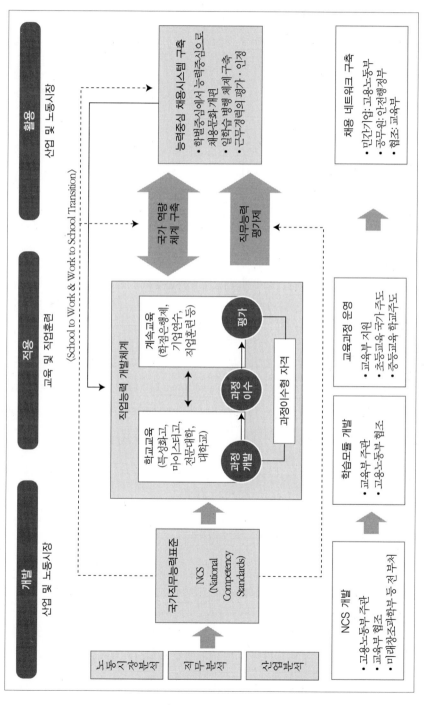

[그림 4-3] NCS 학습모듈 개발, 적용, 활용 도식

출처: 한국산업인력공단(2013). 국가직무능력표준 개발추진현황.

트워크를 산학협력으로 확장할 수 있다.

따라서 학습모듈의 개발은 향후 사회에 진출할 학생들을 대상으로 스펙위주의 경쟁이나 입시위주의 소모적 경쟁이 아니라 개인이 원하는 진로에 따른 현실성 있는 교육의 진행으로 전파될 예정이다. 2015년부터 일부 특성화 고등학교와 전문대학에 적용되고 있다.

[그림 4-2]와 같이 개별기업이나 산업현장의 다양한 요구를 체계화할 수 있다. 실제 기업과 같은 산업현장에서 필요한 구체적인 직무를 학습내용으로 선정하여 교육과정으로 적용하는 것이 'NCS 기반 학습모듈'의 과정이다.

[그림 4-3]은 'NCS 기반 학습모듈'에 대한 개발, 적용, 활용에 대한 전체적인 도식도다. NCS는 학교교육(정규교육)과 계속교육(사회교육 또는 평생교육)에 영향을 미치고, NQF, 즉 국가역량체계 속에서 능력중심채용시스템을 구축함으로써, 학교와 채용시장의 사회적 협업 구도를 만들 수 있다. NCS 개발은 고용노동부와 교육부, 미래창조과학부 등 전 부처와 연결하여 진행되었으며, 학습모듈은 과업의 특성상 교육부 주관, 고용노동부 협조로 이루어진다. 고등학교는 국가주도로, 대학교는 대학교 주체별로 교육과정이 운영된다. 결국 이러한 통합적인 교육시스템의 질적 개선은 고용시장의 채용네트워크와 맞물려 구직자와 기업 모두 상생하고 협조할 수 있는 사회시스템을 만들게 될 것이다.

3. 경력개발에 활용

NCS는 단순히 취업이나 구직의 단계가 아닌 채용시스템을 포함한 우리 사회의 건전한 변화를 추구한다. NCS 시스템이 우리 사회 전반에 긍정적으로 적용이 된다면 개인의 경력개발은 더욱 명확해질 것이다. 소수의 전문가나 컨설턴트만이 제공할 수 있는 정보가 아니라 누구나 언제 어디서든 해당 홈페이지를 방문하면 국가에서 제시하고 보증해 주는 경력개발을 간편하게 정리할 수 있다.

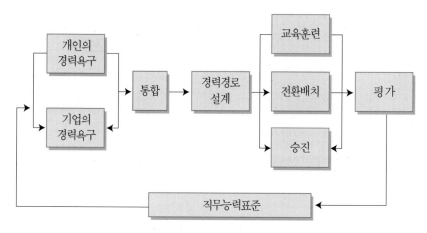

[그림 4-4] NCS 기반 경력개발 도해

출처: 한국산업인력공단(2013). 국가직무능력표준 개발추진현황.

[그림 4-4]에서 보는 바와 같이, 경력개발에 대한 요구는 개인과 기업으로 구분된다. 개인과 기업의 경력욕구를 통합하여 경력경로를 설계해야 하는데, 이때 경력경로 설계를 위한 명확한 직무나 역량의 기준이 요구된다. 만약 통용될 수 있는 기준이 없다면, 중·장기적 경력설계를 하기가 어려울 것이다. 이러한 경력설계는 교육이나 승진, 또는 부서배치 등 조직의 인사평가에 적용될 것이다. [그림 4-4]에서는 하나의 조직에서 구현되는 개인 경력설계의 간단한 도식이라 표현이 되어 있지 않지만, 직장을 바꾸거나 전직을 하는 경우에도 이와 같은 경력개발의 순서도에 부합될 것이다.

여기에서 평가는 대체로 지금 속한 조직에서의 평가이지만, 전직이나 이직을 하는 경우는 전 조직 차원의 평가일 수도 있음을 유의하자. 이러한 모든 과정이 직무능력표준, 즉 NCS 시스템에 의해 관련되고 피드백을 받을 수 있다. 예를 들어, 기계분야의 기계가공 분야를 NCS 틀에 따라 경력개발을 하고 싶다면 [그림 4-5]와 같이 간단히 정리할 수 있다.

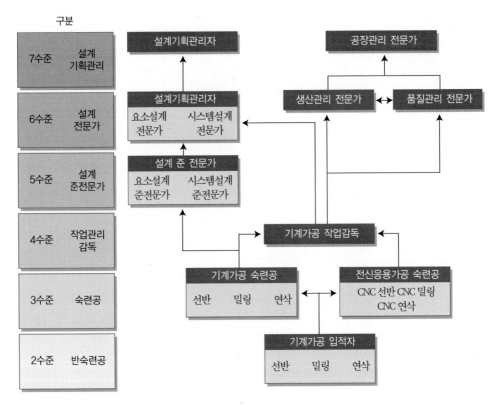

[그림 4-5] 기계분야 경력개발 모형 예시(NCS 기반)

출처: 한국산업인력공단(2013). 국가직무능력표준 개발추진현황.

[그림 4-5]에서 2수준의 반숙련공부터 7수준의 설계전문 및 기획 관리자까지의 경력개발 계통을 한눈에 볼 수 있다. 물론 실제 NCS 기반의 경력개발정보는 이보다 다양하고 방대한 정보를 제공한다. 이러한 과정이 반드시 정규교육기관의 학위와 연계되는 것은 아니다. 산업이 고도화되고 인당 생산량이 높아질수록 채용하고자 하는 인원은 축소되고 역으로 채용하고자 하는 인재의 기준은 높아진다. 이러한 현상으로 취업경쟁률은 높아질 수밖에 없다.

경쟁률이 높아지면 고용의 주체인 기업은 수평적 스펙을 평가하게 되는데, 이 때문에 구직자는 직무역량을 위한 준비가 아니라, 막연한 스펙준비를 할 수밖에 없다. 하지만 구직자 입장에서는 시간과 비용을 들여 노력함에도 불구하고 원하는 기업에 취업을 하지 못하는 경우가 많다. 반대로 기업은 적시에 필요한 인재 수급이 힘들다고 표현한다. 이러한 문제를 해결하기 위하여 NCS는 구직자, 기업 사이의 불균등한 미스매칭을 개선하는 가교 역할을 할 것이다. 특히 개인의 진로준비나 경력개발에 있어서 Over Spec이 아닌 '일 현장'에서 필요한 On Spec을 제시하여, 직업을 찾고자 하는 구직자 누구나 원하는 직무에 종사할 수 있도록 구체적으로 도움을 줄 것이다.

4. NCS 기반의 채용 개요

NCS 기반 채용프로세스는 기존의 입사지원서, 인·적성검사 및 필기시험과 면접에 이어지는 방식을 개선하였다. '능력중심의 NCS 기반 입사서류' 및 직무역량 평가를 위한 직업기초능력 평가, 직무수행능력 평가와 NCS가 제시하고 있는 직무역량을 평가하기 위한 면접으로 구성된다. 기존의 채용과정의 평가요소는 각 회사마다 다양한 기준이 존재하겠지만, NCS 기반 채용은 각 기업의 기준과 더불어 국가표준의 직무역량을 효과적으로 평가하기 위함이다.

[그림 4-6]과 같이, 'NCS 기반의 능력중심채용'에서의 가장 중요한 평가요소는 '직업기초능력'과 '직무수행능력'이다. 직무역량 평가를 위한 선발도구는 NCS 기반의 이력서, 직무능력소개서(경험, 경력 기술서), 자기소개서로 구성되어 있으며 직업기초능력, 직무수행능력과 관련된 여러 가지 유형의 면접 및 평가로 이루어진다. 이와 같은 평가요소 및 선발도구를 앞에서 설명한 NCS 구성요소와 비교하면 [그림 4-7]과 같이 정리할 수 있다.

[그림 4-7]에서 알 수 있듯이 NCS 분류체계에 따른 직무분류체계와 NCS의 직무수행정보 및 NCS 환경분석에 관한 내용을 NCS 기반의 입사서류 및 면접전형 평가도구로 활용할 수 있다. NCS 직업기초능력의 경우 총 10가지 영역(하위영역

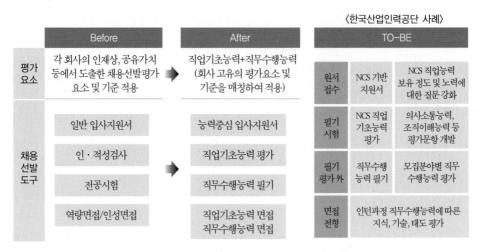

[그림 4-6] NCS 기반 능력중심채용을 위한 평가요소 및 선발도구

출처: NCS 기반 능력중심 채용방안(고용노동부/기획재정부/산업인력공단, 2015. 1. 19.).

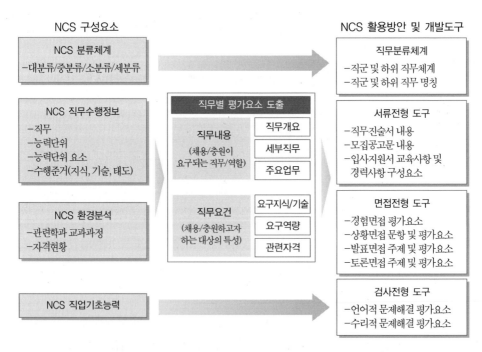

[그림 4-7] NCS 구성요소와 NCS 활용방안 및 개발도구

출처: NCS 기반 능력중심 채용방안(고용노동부/기획재정부/산업인력공단, 2015. 1. 19.).

	능력중심 채용유형 I	능력중심 채용유형 II	능력중심 채용유형 III
채용방식	일반공채	직군별 채용	직무별 채용
NCS기반 평가도구	직업기초능력	직무수행능력 (중·소분류 NCS) 직업기초능력	직무수행능력 (세·능력단위별 NCS) 직무수행능력 (중·소분류 NCS) 직업기초능력

[그림 4-8] NCS 기반 능력중심채용의 유형

출처: NCS 기반 능력중심 채용방안(고용노동부/기획재정부/산업인력공단, 2015. 1. 19.).

포함 34개 세부영역) 중 채용직무나 채용기업의 특성에 따라 선별하여 필기전형 평가가 이루어질 수 있다.

[그림 4-8]은 능력중심채용유형의 세 가지를 제시한 것으로, 여기서 일반공채, 직군별 채용, 직무별 채용으로 구분된다. NCS 기반 평가도구는 채용직무에 따라 직무역량의 수준으로 나타난다. 첫 번째 I형은 대부분의 신입직이나, 직무에 대한 구체적인 경험이 필요 없는 일반직에 적합하다. II형은 I형보다는 직무에 부합되는 역량이나 경험을 더욱 자세하게 요구한다. 이공계인 경우에는 채용유형 II에 속할 가능성이 높다. III형의 경우 아주 세부적인 직무역량이나 경험을 요구하는 경우로 대부분 면허 관련 직무 혹은 일정 수준 이상의 경력(직무경험)이 반드시 필요하다. 보통 경력직 채용일 경우에 많이 고려되는 유형이다.

전반적인 NCS 기반 채용프로세스의 거시적 관점은 [그림 4-9]와 같다. 즉, NCS가 추구하는 능력중심 사회를 위한 'NCS 기반 능력중심채용'은 그 과정이 독립적으로 존재하는 것이 아니다. 국가역량체계(NQF)와 신자격제도, 일학습병행제도, 각종 직업훈련을 위시한 평생교육시스템, 또는 승진이나 전직과 같은 인사관리 전반 그리고 학교를 포함한 전반적 교육제도 시스템에 이르기까지 노

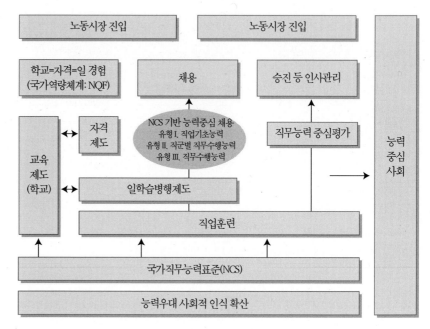

[그림 4-9] 'NCS 시스템'에서 '능력중심채용'의 위치

출처: 고용노동부, 한국산업인력공단(2015). NCS 기반 능력중심 채용가이드북.

동시장 관련 사회와 연결되어 있음을 알 수 있다.

NCS 기반의 채용도구에 대해서 간단히 살펴보겠다. 입사서류, 직무역량평가 (시험), 면접전형 세 가지가 있다. 첫째는 NCS 기반의 입사지원서(이력서)다. 직무와 관련 있는 정보를 중심으로 기술해야 한다. 예를 들면, 전공학과 중심의 기술이 아니라, 전공과목 중심의 기술이 중요하다. 둘째는 NCS 기반 직무역량평가다. 이는 [그림 4-8]과 같이 직업기초능력과 직무수행능력 단위로 나누어 시행된다. 특히 직업기초능력 평가는 기존 대기업의 인·적성 테스트와 유사한 측면이 있지만, 상황중심의 문제해결능력을 평가하는 것이 가장 큰 특징이다. 셋째는 역량중심 면접이다. 면접 평가항목이 직무와 관련된 역량을 중심으로한 수행준거를 미리 평가항목에 구체적으로 표시하여 면접 시 지원자를 평가하는 방식을 취한다.

NCS 기반 채용은 기관이나 기업의 특성에 따라 다르게 진행될 것이지만, 기본적인 정보와 내용에 대해서는 www.ncs.go.kr/onspec/main.do을 방문하면 NCS 기반 채용에 대한 체계적이고 정확한 자료를 살펴볼 수 있다. 특히 개인의 직업경력개발에 대한 포괄적인 정보를 바탕으로 구직자는 보다 안정적인 직업준비와 진로설정을 위한 최적화된 경력을 개발할 수 있을 것이다. NCS 기반의 경력개발 및 채용 관련 정보는 www.ncs.go.kr를 활용하여 자신에게 필요한 것을 선별하여 꾸준하게 살펴보기를 추천한다.

특히 2015년부터 적용되는 공기업 채용과 관련된 '직업기초능력' '직무수행능력' 'NCS 기반 입사서류 작성'과 같은 실제 구직준비에 필요한 정보가 잘 제시되어 있다. 또한 '직업기초능력' '직무수행능력'의 출제기준과 출제문제 샘플이 정리되어 있다. NCS 기반의 채용시장은 능력중심의 합리적인 채용시장과 노동시장의 형성과 성장에 기여할 것이다. NCS 기반 채용에 관련된 직업기초능력 및 평가에 관련된 사항은 8장과 9장, 'NCS 기반 채용 공고문' 'NCS 기반 입사서류' 등의 사항은 16장을 참고하길 바란다.

생각해 볼 문제

1. 직업선택에 있어서 NCS의 의의와 활용방법을 알아보자. 자신의 진로목표와 직업목표를 NCS의 표준과 경력개발에 따른 NQF의 수준에 대하여 체계적인 계획을 세워 보자.

2. NCS 기반 채용이 시행된다면, 구체적으로 자신의 어떤 점을 변화시켜야 하는지 살펴보도록 하자. 이전의 채용프로세스와 NCS 기반의 채용프로세스의 차이점을 알고, 극복해야 할 장애요소가 무엇이 있는지 예측해 보자.

3. 전공에 대한 커리큘럼을 살펴보고, 목표로 하는 진로나 직업(직무)에서 Over Spec을 확인하자. 또한 On Spec으로 지원할 때, 직업이나 직무에서 꼭 필요한 요건은 어떤 것이 있는지 NCS 사이트에서 필요한 정보를 찾아보자.

제5장

NCS 관련제도

NCS는 단지 취업이나 학교교육에만 관련된 사항이 아니다. 한 개인의 전 생애에 걸친 사회생활을 어떻게 할 것이고 인생의 로드맵을 어떻게 설계해야 할 것인가에 대한 변화와 혁신을 의미한다. 2002년부터 NCS는 기관 및 학계와 산업계가 협력하여 체계적으로 개발해 왔다. 특히 최근 2년 동안 NCS는 더욱 구체적인 체계를 갖추어 확산될 단계에 접어들었다. '박근혜 정부'의 핵심 국정과제 중 하나인 '능력중심사회 만들기'는 사회와 기업 그리고 개인이 나아가야 할 하나의 비전을 의미한다[고용노동부 직업능력 정책국(2015). 2015년도 직업능력정책 방향].

NCS는 현장중심의 교육환경과 인프라 완성으로 기업과 국민이 모두 성장할 수 있는 현장형, 직무형 인재양성에 그 목적이 있다. 따라서 NCS와 관련된 제도가 도입되어 확장, 적용 중이다. 여기에서는 NCS 기반의 직업능력정책 중 대표적인 정책인 '일학습병행제' 중심으로 살펴볼 것이다. 또한 현재의 산학협력체계와 비교하여 진일보한 제도인 Uni-Tech(전문대학 중심)제도와 IPP(4년제 대학 중심)를 살펴볼 것이다. NCS 기반의 '능력중심사회'를 구축함에 있어서 고등교육기관과 산업현장의 제도의 구축이 어떻게 발전되고 적용 가능한지 알아보겠다.

1. 일학습병행제 개요

'일학습병행제'란 일과 학습을 동시에 병행하는 것이다. 기존의 교육기관과 취업이 따로 가는 두 개의 트랙이 아니라, 하나의 과정 속에 학교교육과 기업채용이 동시에 이루어짐을 의미한다. 현장형 인재를 육성하여 청년층 구직자를 기업이 채용함과 동시에 교육기관과 함께 직업교육 및 훈련을 진행한다. 이러한 과정을 위해 표준화된 자격기준에 따라 평가하여 직업에 대한 자격을 부여할 수 있는 제도가 필요하다.

여기서 의미하는 교육훈련이란 단순히 견학이나 인턴과 같은 개념이 아니다. 교육은 '사실상의 채용'을 전제로 하여 '학생'이 아닌 '근로자'의 신분으로 '직무에 필요한 실무적 교육과 훈련을 받는 것'을 의미한다. 일학습병행제는 기업이 요구하는 현장형 핵심인재를 양성하기 위하여 만든 제도이기 때문에 기업과 구직자가 모두 만족할 수 있는 구조를 갖추게 된다.

기업의 관점에서는 신규채용에 대한 위험부담을 예상할 수밖에 없다. 기업이 필요로 하는 인재의 '요구역량'과 취업을 준비하는 인재의 '핵심역량'이 미스매칭되기 때문이다. 예를 들어, 청년구직자의 경우 흔히 말하는 8종 스펙이 있다. 즉, 학위(학벌), 학점, 어학점수(토익 등), 어학연수, 자격증, 공모전(수상), 인턴경험, 봉사활동 등이라고 한다(대통령 직속 청년위원회, 2014). 이러한 과도한 스펙경쟁은 결국 청년구직자에게 졸업유예, 휴학, 사교육비 증가라는 부담을 가지게 하였다. 채용을 원하는 기업입장에서는 실무와 직무가 동떨어진 인재가 들어와서 결국 중·장기적으로 비용의 발생과 경쟁력 약화를 초래하는 현상에 직면하게 된다.

이러한 상황이 누적된 청년실업의 문제를 해결하기 위해서는 실업문제를 단순히 취업률 저하로만 인식하고 취업률 수치만을 높이려 해서는 한계에 부딪힐 수밖에 없다. 국가 인적자원의 미스매칭으로 인한 사회 전체의 비용 증가를 줄이는 방향으로 종합적 검토가 요구된다. 기업은 과도한 재교육비용의 투자와 인재확보의 실패로 인한 대외경쟁력이 하락하고, 구직자는 많은 교육과 훈련의 비용이 들었지만 취업을 하지 못하거나 적성에 맞지 않는 직업을 마지 못해 구하는 사태가 벌어질 수도 있다. 이에 따라 NCS 기반의 대표적 정책인 '일학습병행제'는 앞에서 제기한 문제점을 극복하기 위한 효율적인 제도가 될 것이다.

현장교사는 NCS 기반의 교육훈련과정을 가르치고 부족한 이론적 부분은 외부 교육기관에 의뢰하여 보완할 수 있다. 결국 '일학습병행제'는 실무교육(OJT)과 이론교육(Off-JT)이 균형을 맞추면서 진행된다. 과정을 산업계가 평가하여 그에 합당한 NQF 기준 자격이 부여되는 제도다. 기존의 '산학협력'은 학생의 신분으로 단기간에 실습을 하면서 일을 경험하는 것을 전제로 하였다.

하지만 '일학습병행제'는 기업에 근로자로 채용되어 자신의 정당한 노동가치을 인정받으면서 기업의 유능한 경력자와 전문가로부터 도제식 현장교육을 받는 시스템이다. 실제 과정을 마친 대상자의 경우 기존 정규교육기관에서 교육받은 학생과는 다르게 직무적합성이 높은 현장형 인재가 될 확률이 높다. 아울러 기업에서 생산하고 있는 제품이나 장비 등에 숙련됨으로써 자신의 지식과 능력을 실제적으로 향상할 수 있다.

2. OJT와 일학습병행제의 관계

OJT(On the Job Training)는 직장 내 교육을 의미한다. 이에 반대되는 개념이 Off-JT(Off the Job Training)다. 현재 학생들이 기업에 단기간 파견되어 현장을 경험하는 현장경험과 OJT는 어떤 차이가 있을까? 간단하게 표현하자면 소속감의 차이다. 즉, 학생으로서 기업에 가서 교육훈련을 받는 것인가 아니면 직원의 신분으로 그 회사의 선임자나 전문가에게 도제식 수업을 받는가의 차이점이라 볼 수 있다.

Off-JT는 직원의 신분으로 기업 내에서 받기 어려운 이론 등을 정규교육에 한하여 외부 교육기관을 통해 교육받는 시스템이다. OJT는 선임자가 후임자를 가르치는 형태로 '부하교육' 차원의 의미다. 즉, 맨투맨 현장교육을 의미한다. 단순히 지식이나 기술이 아니라 경험과 업력의 경륜까지 전수하는 과정이다. 따라서 일학습병행제는 'NCS 기반의 한국형 도제교육훈련'이라고 표현할 수 있다 (www. bizhrd.net).

이러한 도제식 교육훈련이 적합한 분야는 특성화고등학교, 마이스터고등학교, 전문대학 위주가 될 것이다. 따라서 정부는 2015년 3월부터 고용부와 교육부가 적극 협의하여 산학일체형 도제학교(9개교)를 운영하기로 했다(직업능력정책 방향 2015, 고용노동부). 또한 이를 확대하여 2016년에는 51개교를 추가 적용하여, 총 60개교로 확대 지정하였다(고용노동부 보도자료 2015. 10. 20.). 앞으로 이와 같은 한국형 도제식 교육훈련기관은 전면적으로 확대될 예정이다.

앞서 소개한 '일학습병행제'는 고용이 확정되어 기업이 원하는 직무형 현장인재를 공급하기 위한 제도다. '일학습병행제'는 단순히 스펙만 쌓으면 될거란 착오와 기업의 재교육에 대한 손실, 이를 기반으로 한 국가경쟁력 하락을 동시에 개선할 수 있다. 물론 제도의 특성이나 효용성을 논하자면, NCS 기반의 기술 전문분야에 적합한 영역이기 때문에 현재 4년제 대학생들이 희망하는 사무직 분야의 적용과 관련해서는 개선이 필요한 실정이다. 하지만 일학습병행제의 전반적 확대는 무분별한 스펙경쟁을 낮추어 삶의 질 향상에도 도움이 될 것이다.

3. 일학습병행제 적용

지금까지 '일학습병행제'의 전반적인 의의와 OJT의 개념 및 '일학습병행제'와의 관계에 대하여 설명하였다. 이제부터는 제도의 특성과 내용에 대하여 살펴보겠다. '일학습병행제'는 전문대학뿐만 아니라 특성화고등학교, 4년제 대학교

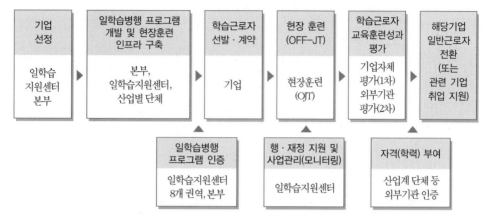

출처: 한국산업인력공단(www.hrdkorea.or.kr).

[그림 5-1] 일학습병행제 진행도

까지 폭넓게 적용될 예정이다. 기업에 소속되어 현장직무교육을 받는 사람을 일반근로자와 대비하여 학습근로자라 칭하고 있다. 여기서 중요한 것은 근로자 신분이라는 것이다. 학습근로자 신분일 때 일반근로자와 비교하여 고용과 관련된 차별이나 구별은 전혀 없다. 또한 일정 교육과정을 이수하였을 때 특별한 제한 조건이 아니라면 일반근로자로 신분이 전환된다. 이는 고용의 질을 높임과 동시에 개인 삶의 질을 높이는 계기가 된다. 실무에 통용되는 현장교육을 별도의 비용 없이 임금을 받으면서 진행할 수 있는 것이 일학습병행제다. 일학습병행제의 활용현황을 고등학교, 전문대학, 4년제 대학으로 나누어 살펴보자.

1) 고등학교 '일학습병행제도' 적용

올해부터 9개 특성화고에서 산학협력형 한국식 도제학교를 운영하기 시작하였다. 특성화고 학생의 경우 늦어도 2학년 때부터는 적용된다.

〈표 5-1〉 **한국식 도제학교(일학습병행제) 실시 고등학교(2015년)**

주간정시제(기업 3일, 학교 2일) 적용 5개 고등학교 인천기계공고, 경기시화공고, 광주공고, 광주전자고, 대구공고
구간정시제(기업-학교, 1주 또는 1~2개월 교대) 적용 4개 고등학교 안성두원공고, 창원기계공고, 경북자동차고, 광양실업고

출처: 고용노동부 직업능력정책국(2015). 직업능력정책 방향.

대기업이나 중견기업은 기업자체 내 교육훈련장이 있지만 대부분의 중소기업은 교육훈련장을 구비하지 못하고 있다. 하지만 제도의 특성상 현장인력의 안정적 공급을 가장 원하는 대상층이 시설 장비가 부족한 중소기업군이므로 이러한 점을 고려하여 거점 공동훈련센터를 고려해야 한다. 따라서 중소기업의 현장훈련을 지원하기 위해서는 지역별, 산업별 거점 공동훈련센터를 마련하여 Off-JT로 활용할 수 있다.

이러한 교육거점인 공동훈련센터에서 해당분야 전문가(명장)나 전문교원이 실습 교육을 실시하고 기업 내 교육인 OJT와 연계하는 것이다. 학교와 기업, 공동교육기관의 네트워크가 잘 갖추어져야 제도의 효율성을 높일 수 있다. 교육체계의 중심은 국가산업단지 기준으로 지역별, 산업별 특성에 맞게 설계되어야 한다. 졸업생뿐만 아니라 재학생들도 기업과 연계하여 실질적 직무교육과 실습을 함으로써 현재 우리 사회에 문제시되고 있는 여러 가지 스펙의 병폐, 사교육의 문제 등을 원천적으로 방지할 수 있을 것이다. 고등학교 대상 '일학습병행제도'는 이미 독일에서 도제교육 시스템으로 확립된 제도다. 이러한 독일식 3원화 시스템을 〈표 5-2〉와 같이 정리할 수 있다. 고등학교(특성화고)와 기업(현장) 그리고 공동훈련센터(장소)의 세 가지 교육방법이 조화를 이루게 된다.

〈표 5-2〉 3원화 도제교육 시스템 개요도(독일식 시스템)

교육 방법	이론교육	실습교육	현장교육
교육장소	강의실/교실 (교실수업/이론교육) -특성화고, 전문대 직 업학교 등	기업 내 자체 교육훈련장 (규모가 큰 기업) 거점훈련센터(공동) (교육여건이 다소 부족한 중 소기업 등)	기업(현장)

출처: 고용노동부 직업능력 정책국(2015). 2015년 직업능력 정책 방향

2) 전문대학 일학습병행제도 적용

특성화된 전문대학에 진학을 하는 이유는 직무와 관련된 실무형 교육이 상대적으로 4년제 대학의 이론식 교육보다 취업에 유리하기 때문이다. 하지만 NCS 기반으로 교육체계를 적용하면 좀 더 통합적인 교육시스템을 설계할 수 있는데 그 중의 하나가 전문대학을 대상으로 개발한 Uni-Tech 육성사업이다. Uni-Tech 육성사업은 고등학교, 전문대, 기업을 연계한 통합교육 시스템이다. 즉, 고등학교(예를 들면, 특성화고)와 전문대에서 직무교육을 강조하고 기업에서 현장교육을 이수하여 궁극적으로 기업이 원하는 현장형 인재를 양성하는 제도다.

또한 정규교육과정으로 산출되는 교육기간의 단축을 시도해 볼 수 있다. 상급학교 진학을 위한 입시로부터 자유로워져 고등학교와 전문대학의 교육기간을 4~5년으로 통합 관리하는 것이다. 이러한 제도의 근본적인 목적은 숙련된 인재를 양성하는 것이다. 이와 관련하여 유럽의 경우를 살펴보면, 2010년 기준 저숙련 31%, 중·고급숙련 69% 정도가 노동시장에 필요하지만 2020년의 경우 저숙련 16%, 중·고급숙련 84%로 인력수요의 급증을 예측하고 있다. 물론 유럽의 경우 우리나라보다 직무중심의 노동시장 형성이 더 확립되어 있어서 우리나라와는 산술적 비교가 힘들 것이다. 다만, 산업이 발달할수록 노동시장은 저숙련자보다는 중·고급숙련자의 채용이 지속적으로 확대될 것을 예측할 수 있다.

Uni-Tech 운영은 고등학교 때부터 입시를 위한 기회비용을 축소하고 실제

기업이 필요한 숙련된 인재를 양성할 수 있다. 이에 따라 우리나라도 취업보장형 제도인 Uni-Tech사업을 2015년 16개 이내 고등학교와 전문대학을 선정하여 시범 운영할 계획이며 2016년부터는 더욱 확대 적용할 예정이다.

〈표 5-3〉 Uni-Tech 운영 특성

Uni-tech 교육과정의 운영 특성
① 고등학교, 전문대학, 기업(현장)을 오가며 통합적으로 교육 실시
② 고교별 다양한 운영방식 도입으로 훈련과정 구성(주간정시제 또는 구간정시제 등)
③ 고등학교 3학년 경우, 전문대에 출석하여 전문대 시설이용 교육 실시   (직업교육 위탁과정 연계)
④ 입시부담 없이 채용확정형 교육으로 시간과 노력 단축
⑤ 조기입직(방학 등 활용하여 1년 정도 조기 사회진출)의 장점 확보

출처: 고용노동부 직업능력정책국(2015). 직업능력정책 방향.

3) 4년제 대학단계 IPP 일학습병행제 시범사업

IPP(Industry Professional Practice, 장기현장 실습형)는 기업연계형 장기현장실습제도다. 한국기술교육대학교가 2012년부터 시범적으로 대학생 취업경쟁력의 실질적인 향상을 위해 체계적으로 도입하기 시작하였다. 그 결과, 한국기술교육대학교 IPP 출신 졸업생들의 취업률이 14% 이상 높게 나타났다. 대학생이 재학단계부터 기업의 현장실습을 강화하고 이론적 교육을 대학에서 충실히 이수하여 기업이 실질적으로 요구하는 현장형 인재로 성장할 수 있었기 때문이다. 2015년 4월에 14개 대학교가 선정되어서 IPP를 운영하고 있다. 졸업을 앞둔 3~4학년을 대상으로 4~10개월 동안 체계적인 IPP시스템을 적용하게 된다. 표준운영모델의 예시는 〈표 5-4〉와 같다.

〈표 5-4〉 4년제 IPP 사업 운용 예시

───────── 〈표준 운영모델〉 ─────────

• 3~4학년: Semester-based Quarter제 운영(IPP: 4개월~1회, 1~2회 실시)
  3학년: 적성ㆍ진로 탐색, 전공역량 강화 / 4학년: 취업연계, 취업역량 강화

〈학제시스템(예시)〉

구분	2학년	3학년				4학년			
	겨울	1학기	여름	2학기	겨울	1학기	여름	2학기	겨울
A-Track	–	수업	전공 계절학기	4개월	2개월	수업	전공 계절학기	4개월	–
B-Track	전공 계절학기	4개월	2개월	수업	전공	4개월	–	수업	–

출처: 고용노동부 직업능력정책국(2015). 직업능력정책 방향.

〈표 5-4〉에 나타난 바와 같이, 본격적인 취업준비를 염두에 두어야 하는 3, 4학년 시기에 3학년은 진로 및 전공역량 강화, 4학년은 취업연계 및 취업역량 강화 등으로 구성되어 있다. 이 기간 학생은 본인의 취업진로에 맞는 지식과 경험을 체계적으로 쌓아 갈 수 있다. 특히 학기와 방학 기간을 적절하게 이용함으로 실질적 취업준비에 효율성 있게 대처할 수 있는 것이 특징이다.

2015년부터 시작되는 IPP형 일학습병행제 시범 운영대학교는 각 지역의 거점으로 선정이 되었으며 2016년 이후부터는 더 많은 수의 대학교에 확대 적용할 예정이다. 2015년 기준으로, 일부 시행되는 대학교의 경우 긍정적 반응을 보이고 있다. 학생들은 잉여스펙을 쌓기 위해 기회비용을 들이지 않아도 되고, 기업은 준비된 직무인재를 확보하는 제도이므로 학생과 기업 모두 만족할 수 있는 구조가 될 것이다. 학생과 기업의 요구가 일치되어 내년부터 지속적으로 확대 적용될 예정이다.

〈표 5-5〉 2015년 기준 IPP시범 운영대학교 리스트

지역	대학교명	협약기업(개)	참여재학생(명)
서울/경기도	가천대학교, 서울과학기술대학교, 숙명여자대학교, 인천대학교, 인하대학교, 한성대학교	85, 46, 65 58, 58, 53	150, 150, 150 150, 150, 150
충청남북도	공주대학교, 순천향대학교, 한국교통대학교	53, 69, 53	165, 160, 150
경상남북도	대구대학교, 대구한의대학교, 동의대학교	55, 60, 86	165, 160, 150
전라남북도	목포대학교	55	150
강원도	강원대학교	47	150

출처: 고용노동부 직업능력정책국(2015). 직업능력정책 방향.

4. NCS 기반 신자격제도의 특징

　NCS는 단순히 직업의 분류 혹은 직업에 필요한 지식의 분류가 아니라 수행경험을 근거로 직무에 반드시 필요한 핵심역량을 표준화하여 제시한 것이다. NCS의 특징은 기존의 학벌중심, 스펙중심의 노동시장을 능력중심, 경력중심의 노동시장으로 변화하는 데 큰 의미가 있다. 현재까지의 자격검정 시스템은 대부분 자격분야에 대한 지식위주의 검정시스템이었다. 또는 자격취득 이후 일정 경력만 지나면 그 과정에 대한 평가 없이 그보다 상위자격증의 취득조건이나 지원가능조건이 될 수 있었다. 수행경험 자체는 평가의 기준이 되지 못했다. 따라서 NCS 기반에서는 기존 자격체제의 변화가 불가피하다.

　NCS 시스템에서 직무수준을 표현하는 NQF에 의하면 1수준에서 8수준까지 제시하고 있다. 국가가 표준화한 NQF 수준을 취득하게 되면 그 수준에 상응한 대우를 받게 된다. 또한 기업은 필요한 NQF 수준을 명확히 지정하여 직무수행을 위한 핵심인재를 고용하여 기업경쟁력을 높일 수 있다. 그리고 NCS 기반의 신자격은 '과정평가형 자격검정'이 될 것이다. 단순히 필기시험 같은 평면적 검정이 아닌 다양한 방법(면접, 발표, 토론, 실습평가, 상황분석 등)으로 시행될 예정이다.

기존 자격체제와 연관성을 유지하면서 각 산업별 SC(산업별 협의체)에서 요구하는 지향점을 전체적으로 고려하여 설계, 개발되고 있다. NCS 기반의 신자격체계는 기존의 자격검정 시스템과 최대한 호환성을 가지고자 한다. 모든 자격부문이 NCS 기반으로 이루어질 수는 없지만, 대부분의 기술관련 직무와 숙련을 요구하는 직무를 기본으로 NCS 기반의 신자격체제의 돌입을 준비하고 있다. 이러한 NCS 기반의 신자격체계가 이루어지고 사회적으로 공감, 확산이 된다면 국가표준에 의한 통합적인 개인경력개발이 개인, 학교, 기관 그리고 기업에서 이루어질 것이다.

NCS 기반의 신자격시스템은 과정평가형이므로 무분별한 스펙경쟁을 원천적으로 방지할 수 있다. 또한 NQF에 의한 능력수준을 국가의 표준화된 기준으로 체계적인 관리가 가능하다. 따라서 개인의 경력개발에 있어 정보의 부재나 방향성의 혼란 같은 위험요소를 현저하게 줄일 수 있으리라 예상된다. 신자격시스템의 구축은 매우 방대하고 폭넓은 구축과정이 필요하기 때문에, 현재 많은 분야의 직업, 직무분야에서 SC(산업체별 협의회) 등 이해관계자들이 모여서 결과를 도출하고 있는 중이다. 현재 시점의 정보를 알고 싶다면 www.ncs.go.kr에 방문하여 '신자격시스템' 관련 개발현황문서를 참고하기 바란다.

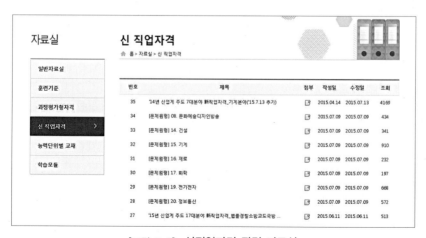

[그림 5-2] 신직업자격 관련 자료실

출처: 국가직무능력표준 사이트(www.ncs.go.kr).

생각해 볼 문제

1. 일학습병행제가 기존의 민간 인턴제도나 산학협력제도와 어떤 점이 다른지 생각해 보자. 또한 일학습병행제의 취지에 대하여 기업과 개인의 관점으로 나누어 토론해 보자.

2. 올해부터 본격적으로 시행, 확대되는 고등학교, 전문대, 4년제 대학 등 학교별 일학습병행제도와 관련된 상황을 알아보고, 그에 따른 내용을 토론해 보자.

3. 신자격시스템은 기존 자격시스템과 비교하여 '과정평가형'이라는 특징이 있다. '과정평가'의 의미를 생각해 보고, 개인의 진로설정이나 직업설정을 하는 데 어떤 변화가 있을지 토론해 보자.

제2부

CPS 과정으로 NCS 접근하기

대부분의 학교교육은 지식적 사고의 깊이를 강조한다. 창의적인 생각을 스스로 개발하고 생각의 체계를 연마할 수 있는 교육의 경험은 찾기 힘들다. 현대사회는 단순한 지식이 아니라 창의성이 강조되는 사회다. 이러한 시대적 요구사항과는 다르게 생각의 힘을 키울 수 있는 교육적 경험이 점점 사라지고 있다(Runco, 2007).

앞서 NCS와 NQF시스템에 대해서 알아보았다. 단순히 교육이나 취업의 문제를 뛰어넘어 '능력중심사회'라는 사회의 질적 성장을 구현하고 있음을 알게 되었다. 이러한 패러다임에서 NCS가 추구하는 능력중심의 성장과 개발을 위해 창의적 사고기법을 활용하여 진로 혹은 취업 문제의 해결을 시도해 볼 수 있다.

NCS를 준비하는 과정에 CPS(창의적 문제해결)를 언급하는 이유는 각자 다양한 상황에 맞추어 진로와 취업의 설정 경로를 정해야 하기 때문이다. NCS를 단순한 정책적 결과물이라고 판단한다면, 실제로 진로를 결정하고 취업해야 할 가치를 잃어버릴 수 있다. NCS의 도입배경을 이해하고 NCS 시스템을 전개할 때, 정말 본인에게 필요한 요소가 무엇인지 진단할 수 있어야 한다. 이때 최적의 의사결정을 위해 사고하는 능력이 필요하다. 사고(thinking)란 문제를 이해하고 구조화하여 해결책을 찾도록 돕는 의도적 정신활동이다(Ruggiero, 1998). 문제를 구조화하여 해결책을 찾는 것이 성공의 열쇠가 될 수 있다.

NCS는 업무적 상황에서의 성과를 중시한다. 직무 성취는 곧 어떤 특정한 상황에서 일련의 문제를 해결하는 과정의 결과로 나타난다. NCS가 과도한 스펙쌓기와 심각한 취업난이라는 사회적 위기를 긍정적으로 변화시킬 수 있는 필요한 제도인지, 그러므로 자신에게 필요한 제도인지 먼저 확인해야 한다.

이 책은 다음의 두 가지를 중점에 두고 집필하였다. 첫째, 독자가 NCS를 올바르게 이해할 수 있도록 정보를 제공하는 것이다. 둘째, 독자가 NCS를 준비할 수 있는 교육적 환경에 적용할 수 있도록, 사고할 수 있는 몇 가지 도구를 소개하는 것이다. 단순하게 진학 혹은 취업이라는 목표 달성에 억압되지 않고, 본인이 진심으로 원하는 길을 선택할 수 있도록 안내할 것이다. NCS가 취업을 위해 짊어져야 하는 또 다른 스펙이 아니라, 자신만의 경력을 쌓기 위한 구조화된 시스템으로 개인적 관리가 용이하다는 것을 알리기 위함이다.

NCS는 평생경력을 개발할 수 있는 시스템이다. 개인이 NCS 시스템을 적절히 활용한다면, 평생교육을 통하여 자신의 분야에서 전문가로 성장할 수 있다. 따라서 NCS는 스스로 평생직업을 개발하고, 직업인으로 성장하는 데 유용한 도구로 활용될 것이다. NCS의 활용은 단순히 지식만의 이론학습이 아니라 행동에 따른 성과에 기반하고 있다. NCS에서 제시하는 직무역량은 여러 가지 직무상황에서 당면하는 문제를 해결할 수 있는 '지식' '기술' '태도'를 의미한다. 따라서 문제해결을 위한 사고기법을 가지는 것이 중요하다. 지금부터 CPS라는 사고기법으로 어떻게 NCS를 적용할 수 있는지 경험해 보자.

제6장

CPS란 무엇인가

취업준비는 언제부터 어떻게 시작해야 하는가? 기업은 어떤 인재를 선발하며, 구직자는 어떤 준비를 해야 하는가? 이제는 획일적인 스펙 쌓기 경쟁에서 빠져 나와야 할 시기다. 취업의 길이 막연하게 보이는 이유는 구직자가 구체적이고 정확한 길을 제대로 알지 못하기 때문이다. 대부분의 기업이 추구하는 인재상은 '창의적인 문제해결 능력을 가지고 있느냐?'다. 기업은 상황에 적합한 문제를 해결하면서 효율적인 성과를 보이는 인재를 찾고 있다. 최근 채용부문에서 큰 이슈가 되고 있는 NCS를 어떻게 생각하고 준비해야 할까? NCS를 구직자 각자의 상황에 맞도록 어떻게 적용할 수 있을까? 이에 대한 해답은 '생각의 틀'을 바꾸고, 준비해야 하는 것이다.

여기서 설명할 CPS(Creative Problem Solving)는 '창의적 문제해결'이라는 '사고기법'을 의미한다. '생각의 틀'을 가진다는 것은 나를 둘러싼 환경을 정확히 이해하고 자신의 정체성을 알면서 주위의 문제를 능동적으로 해결할 수 있음을 의미한다. 직무역량이 높은 사람은 문제해결능력 또한 높다. 이러한 '높은 역량의 인재'는 기업에서 선호하는 인재일 것이다. CPS가 중요한 이유는 '생각의 틀'로 자기인식을 하고, 자기계발을 할 수 있도록 이끄는 도구이기 때문이다. 진로의 방향을 결정하고 취업이라는 복잡한 문제를 성공적으로 해결하기 위해 CPS를 소개하고자 한다. 사고를 논리적으로 구조화하여 본인의 문제에 적용하는 과정을 수행해 보자. 건강한 육체를 유지하려고 노력하듯이 문제해결의 사고능력도 훈련할수록 더욱 성장할 것이다.

1. 변화의 핵심에 위치한 문제

인간이라면 누구나 변화의 중요성을 인정한다. 변화의 중요성은 경제와 사회가 발전함에 따라 더욱 강조되고 있다. 변화는 지속적인 변화에서부터 일관성이 없는 변화에 이르기까지 다양하게 일어난다. 또한 자연적으로 발생하는 변화 혹은 의도적인 노력이나 생각에 의해 발생하는 변화가 있다. 일상적인 삶의 단순한 변화에서는 큰 문제가 발생하지 않는다. 문제는 의도적으로 변화를 추구할 때 생긴다. 의도적인 변화가 일어나기 위해서는 사고의 과정 및 사고의 능력이 필요하다. 스스로를 발전시킬 수 있는 변화는 창의적 사고를 함으로 주변 사람들에게 긍정적인 영향력을 미친다. 변화의 핵심에는 어떤 문제가 반드시 존재한다. 문제가 있기 때문에 혼란스럽고 갈등이 생길 수 있는 것이다. NCS라는 변화를 어떻게 받아들일 것인가? 먼저 자신의 상황에서 진단하고 NCS가 어떤 변화를 일으킬 것인지 생각해 볼 필요가 있다.

변화의 속도는 상상을 초월할 정도로 빠르고, 도전과 기회를 동반한다. 우리가 인식할 수 있고 명명하는 변화는 언제나 현재형으로 진행되고 있다. 진정으로 변화를 원하는 사람은 먼저 자기 이해라는 범주를 뛰어넘어 통찰력을 가져야 한다. 성공한 사람은 도전과 열정을 가지고 변화를 추구하며, 지속적인 학습 참여라는 공통점이 있다. 즉, 자신만의 능력을 개발하는 데 가치를 두고 있다 (Bennis & Nanus, 1985). 지금까지는 학벌에 의한 사회적 신분, 조직이나 공동체 안에서의 힘과 권력을 유지할 수 있다는 엘리트 지상주의에서 능력을 가진 사람들이 사회적 변화를 주도해 왔다. 그러나 변화의 핵심에 위치한 문제를 알고 주도할 수 있는 권한은 이제 더 이상 엘리트만의 고유 영역이 아니다. 산업현장에서 일하는 다양한 전문가 혹은 예술가에서 노동자에 이르기까지 누구나 창의적인 사고로 변화의 핵심에 위치한 문제를 해결할 수 있다. NCS는 기술적 수준과 산업현장의 직무를 강조하지만, 창의성과 문제해결이라는 영역과 연결되어야 한다. 문제를 해결하는 능력은 학습과정과 교육경험의 정도에 따라 달라진다. 경험을 바탕으로 문제를 해결할 수 있는 중요한 원동력이 바로 인간의 창의성이다(Florida, 2002).

교육현장과 산업, 그리고 삶의 다양한 영역에서 창의성의 가치를 실현하는 데 얼마나 열정을 쏟고 있는가? 창의성이 발휘되려면, 처음에는 혼란스러운 문제가 반드시 발생한다. 복잡한 문제가 발생했을 때, 상황에 적합한 창의적 사고가 어떻게 발휘되어 결정하느냐가 매우 중요하다. 변화에 대응하는 해결책에 따라 변화의 실체는 결정된다. 하지만 핵심 문제를 알고 있으면서도 변화 자체가 두려워 문제를 회피하는 경우도 많다.

산업현장에서 발생하는 실제적인 문제가 학교 교육과정으로 학습될 수 있을까? 유치원부터 초·중·고등학교, 대학의 교육과정에 이르기까지 문제를 해결할 수 있는 사고기법을 구체적이면서도 집중적으로 배운 경험이 있었는가? 그러한 교육경험의 결과로 현장에서 요구하는 준비된 인재가 되었다고 생각하는가? 아마도 이러한 질문에 긍정적으로 대답하기는 힘들 것이다.

> "대부분의 학교에서는 아이디어를 받아들이지 않는다. 시험은 학생들에게 정확한 한 가지 답을 요구한다. 교육과정 및 기록으로 확인된 시험점수는 창의적인 학생에게 불리하게 적용된다. 그들이 예상치 못한 훌륭한 사고로 반응을 보이면, 그에 대한 보상은 거의 없다(National Center on Education and the Economy, 2008, p. 32)."

시험평가 방법은 정해진 규칙에 따라 정답만 체크하는 결과지향주의를 추구한다. 산업현장에서 요구하는 핵심역량 또한 어떤 성과를 나타내느냐의 결과지향주의를 선호한다. 그러나 어떤 과정으로 결과가 도출되었는지가 더 중요할 수 있다. 창의성은 과정을 중시하고, 혁신은 결과로 표현된다. NCS는 현재 개발되는 과정이므로, 그 속에서 산업현장의 핵심역량과 구직자들이 경험한 교육의 차이를 조금씩 극복하도록 도와주는 장치가 될 수 있다.

기업과 구직자가 가장 다른 관점을 보이는 것이 바로 창의성과 혁신이다. 당신은 독창성, 발명, 새로운 아이디어를 다른 사람에게 전달할 수 있는 능력이 있는가? 다른 영역을 통합할 수 있는 지식을 얼마나 갖추면서 준비하고 있는가? 미래에 대한 고민은 생각하는 것에서 시작된다. 미래를 생각하는 것은 당장의 성과로 나타나지 않는 잠재적 믿음에서 비롯된다. 자신의 생각을 적고 구조화하는 것이 눈에 보이는 현실을 돌파할 수 있는 보이지 않는 믿음의 도구가 될 수 있다. 이러한 사고도구를 적절하게 사용하는 사람만이 쉽게 흔들리지 않는 자신의 브랜드로 성과를 창출할 수 있다. 단순하게 일만 잘해서는 우수한 성과를 도출하기 힘들다. 누구나 도출할 수 있는 성과가 아니라 자신만이 할 수 있는 성과를 보여 주어야 한다.

특별한 성과를 위해서는 변화를 인정해야 한다. 변화는 안전한 생활을 거부하는 도전이다. 변화를 어떤 관점으로 바라보느냐에 따라 삶의 형태가 달라진다. 변화는 누군가에게 영향력을 주는 현상으로 새로움의 시작과 기회가 될 수 있다. 사람들은 지금보다 더 나은 방향으로 변하고 싶어한다. 그러나 솔직하게 우리의 내면을 들여다보면 '스스로 변하지 않겠다'고 결심하면서 조그마한 생활양식의 변화에도 두려움을 느낀다.

NCS라는 변화를 받아들이고 진로 설정의 도구로 활용할 수 있는 방법을 찾아보자. 먼저 상황을 잘 판단하여 준비하는 사람이 나중에 몇 배의 가치를 발휘할 수 있는 인재가 될 수 있다.

변화를 어떻게 긍정적으로 받아들이느냐에 따라 개인뿐만 아니라 기업의 성공도 결정될 수 있다. 패스트푸드 업체로 유명한 McDonald는 언제부터 아침식사용 상품을 판매해 왔을까? 1972년, 캘리포니아에 위치한 McDonald 체인점의 주인인 Herb Peterson은 McDonald의 창시자, Ray Kroc을 그의 매장으로 초대하였다. 그리고 새로운 상품인 Egg McMuffin을 아침식사 상품으로 소개했다. Kroc은 처음에는 부정적 반응을 보였지만, 직접 맛을 본 후 판매하기로 결정하였다.

먼저 생산시스템을 통합하고 아침용 샌드위치를 만들기 위한 새로운 생산 라인을 만들어야만 했다. McDonald를 대표하는 아침식사 상품이 출시되기까지 거의 3년이라는 시간이 필요했다. 하지만 Kroc에게는 성공의 기회를 분별할 수 있는 능력이 있었다. Egg McMuffin을 개발한 Peterson은 McDonald의 사업 확장에 큰 기여를 하였고, 그 공로를 인정받았다. 30년이 지난 후, McDonald의 아침용 상품 판매는 전체 미국 판매율의 25%를 초과하는 60억 달러를 기록하고 있다(Garber, 2005에서 재인용).

21세기 들어 다양한 프로젝트에서 성공한 기업 CEO들의 결정적 요인을 Peter Drucker와 Warren Bennis가 추출해 보았다(Bennis, Spreitzer, & Cummings, 2001; Davis, 1986; Hesselbein, Goldsmith, & Beckhard, 1996). 〈표 6-1〉에서는 성공한 기업의 CEO, 창의성을 갖춘 전문가 집단의 특징을 제시한다. 다음 특징 중 자신은 어떤 요인을 가지고 있는지 체크해 보자.

〈표 6-1〉 성공한 기업의 CEO 특징으로 해당되는 사항 체크하기

- 호기심으로 의문 제기 (   )
- 자신의 장단점 인식하기 (   )
- 계획에 없는 선택을 시도하기 (   )
- 유연성 가지기 (   )
- 선택한 과제에 열정 가지기 (   )
- 타인의 실험과 도전 정신을 격려하기 (   )
- 의도적으로 비전을 추구하기 (   )
- 민감하게 관찰하기 (   )
- 위험을 감수하면서 도전하기 (   )
- 다른 분야의 생각을 받아들여 융합하기 (   )
- 개방성을 갖추기 (   )
- 유쾌한 분위기 연출하기 (   )
- 성실한 자기관리 (   )
- 자신만의 독창적인 방법으로 표현하기 (   )
- 계획한 일을 완수하기 (   )

출처: Bennis, Spreitzer, & Cummings(2001); Davis(1986); Hesselbein, Goldsmith, & Beckhard(1996).

의도적인 변화가 창의적인 사고과정을 거쳐 '변화'라는 결과로 나타날 수 있다. 구직자의 관점에서 NCS를 받아들이기 전에, 자신이 선택한 직종에서 미래의 글로벌 리더가 될 것이라는 비전을 가져보자. CPS의 사고기법을 활용하여 자신만의 경력관리를 설계할 수 있을 것이다.

2. CPS의 이해

CPS(Creative Problem Solving)는 창의적 문제해결 교육모형이다. CPS 모델의 창시자는 '브레인스토밍'이라는 창의적 사고도구를 발전시킨 Alex Osborn이다. 그는 1953년 문제해결의 7단계 모델(관심, 준비, 분석, 가설, 부화, 종합 그리고 검증)을 현장에 도입하면서 연구하기 시작하였다. 국제 창의연구센터(The International Center for Studies in Creativity)에서는 CPS의 심화 연구를 위해 Sidney Parnes와 Ruth Noller와 함께 버펄로 주립대학교에서 창의성에 관한 대학 교육과정 설계, 산출 그리고 검증을 위해 팀을 구성하여 CPS에 대한 영향을 연구해 나갔다(이경화, 최윤주, 2014에서 재인용).

현재의 CPS는 초기 Osborn이 도입한 윤곽을 대체로 유지하고 있으며 Osborn의 평가를 Puccio, Isaksen과 Treffinger(2004)가 꾸준하게 연구하고 있다. CPS는 반세기 이상의 역사를 가지고 산업체와 교육현장의 다양한 영역에서 문제해결의 성과를 보였다. 대표적인 예로 Torrance가 개발한 미래문제해결 프로그램인 FPSP(Future Problem Solving Program)는 CPS를 교육현장의 프로그램으로 적용하여 개발한 것이다. FPSP는 하나의 프로그램을 구조화한 것이고, CPS는 문제를 해결하는 과정이다(김영채, 2006). 즉, FPSP는 CPS의 구조를 활용하여 내용적인 면을 강조한 것이다. 아직 NCS라는 용어가 익숙하지도 않은 상태에서, CPS를 소개하려는 이유는 변화하는 환경 속에서 사고하는 단계에 따라 해결책의 성과가 달라지기 때문이다. 개인의 다양한 상황에 맞추어 NCS에 접근할 수 있는 방법을 사고기법을 통해 소개하고 필요한 부분은 유익한 정보로 활용하길 희망한다.

CPS는 해결책을 실행하기 전에 신중하게 사고할 수 있는 과정이다. CPS과정에서는 창의적인 사고로 직관적 통찰력을 발휘할 수 있다. 즉, CPS는 각자가 원하는 진정한 성공의 보물이 있는 곳으로 인도해 주는 지도와 같다. CPS의 첫 번째 단어인 '창의적(creative)'은 변화를 추구하는 에너지다. 영업실적을 높이기 위해 새로운 방법을 찾아내고자 할 때, 경쟁업체의 선두주자가 되기 위해 새로운 제품을 기획할 때, 학습자의 동기를 자극하는 방법을 찾고 싶을 때 창의성이 요구된다. 창의적 사고를 하게 되면, 복잡한 문제해결의 상황에서도 새롭고 유용한 아이디어 혹은 산출물이 나올 수 있다. CPS의 두 번째 단어인 '문제(problem)'는 현재의 상황과 목표하는 지점의 차이를 의미한다. 차이로 인한 불만족을 부정적 의미로 해석하지 않고, 해결책을 찾을 수 있는 흥미로 전환시킬 수 있다. 새로운 상황에서 유일한 해결책이 없고, 정보를 찾지 못하거나 판단하기 어려운 문제를 해결하기 위해 CPS의 전략적 구성이 요구된다. 마지막으로, '해결(solving)'은 CPS과정의 실행 부분에 해당된다. 즉, 해결이란 복잡한 상황 속에서 답을 찾아내는 것이다.

문제에 대한 답이라고 생각할수록 모든 방법을 동원하여 다시 성찰해야 한다. 새로운 아이디어는 CPS과정을 통해 직접적인 결과물의 형태로 나타날 수 있다. NCS라는 아직은 익숙하지 않은 제도를 경력개발의 해결책으로 전환하기 위해 CPS를 활용해 보자. 한 개인이 변화의 속도에 맞추어 복잡한 문제를 해결하기란 쉽지 않다. 어떤 분야의 전문가라 할지라도 그 분야의 모든 지식과 기능을 100% 소유하지는 못한다.

한 사람만이 모든 해답을 가지고 있지 않다는 전제는 다른 사람들의 아이디어를 지원하고, 즐길 수 있는 개방성을 허락해야 된다는 뜻으로 해석할 수 있다. 문제를 해결하기 위해서는 타인과 함께 목표와 자료를 공유하면서 새로운 아이디어가 생성되도록 자극할 수 있어야 한다. NCS는 취업을 준비하는 사람들에게 진로와 관련된 위기를 기회로 바꿀 수 있는 해결도구로 활용될 수 있다. CPS는 고용이라는 목표를 실행할 수 있도록 아이디어를 제안하여 방법을 찾고 실행할 수 있는 시금석 역할을 할 것이다.

3. CPS 사고기법 모델

대부분의 학생들은 학교에서 배운 내용과 지식의 조각을 모으고 그것을 얼마나 잘 기억하고 있는지 평가받는다. 반면, 사고의 방향과 과정을 훈련하기 위한 기술은 학교에서 잘 다루지 않는 영역이다. CPS는 상황에 따른 문제를 창의적인 사고로 해결하도록 돕는 과정이다. CPS 사고기법 모델은 인지적 · 정의적 기능이 함께 작동하여 해결책을 제시하도록 안내한다. 먼저 상황을 분석하고 문제를 진단하여 해결책의 방향을 잡는다. 문제해결의 방향에 따라 다양한 아이디어가 생성되고, 가장 유력한 방법을 선택할 수 있다. 선택된 방법은 상황에 적용될 수 있는지 판단해야 한다. 마지막으로 구체적인 계획을 세워 실행할 수 있는 해결책이 제시된다.

CPS 사고기법은 다양한 의견을 생성하여 최선의 해결책을 선택하고 개발할 수 있는 능력이다. CPS 사고기법 모델은 문제를 해결하기 위한 진행과정과 결합된 구조다. 문제를 인식하고 그것을 해결하고자 하는 열정이 있다면 CPS를 적용해 볼 수 있다. 막연한 미래에 대한 문제를 더욱 구체적으로 이미지화하여 해결해 나갈 수 있는 모형이 CPS의 사고기법 모델이다. CPS의 구조는 먼저 해결을 원하는 문제를 가지고 시작된다. 선택한 문제는 원을 감싸는 세 가지의 개념, 각각의 내부에서 발산과 수렴을 반복하는 6단계의 진행방식, 그리고 가운데 상황분석으로 디자인 된 Puccio 등(2010)의 CPS의 사고기법 모델로 해결할 수 있다. 문제의 확인, 방법, 그리고 실행이라는 세 가지 개념은 창의적 과정의 처음, 중간 그리고 마무리로 정의할 수 있다.

솔직히 이러한 과정은 크게 의식하지 않고도 진행될 수 있다. 즉, 해결해야 할 문제를 확인하고, 그에 따른 의견 중에서 가능성 있는 해결방법을 찾는다. 마지막으로, 해결방법을 선택하여 효과적인 행동을 위한 실천계획을 완성한다. 직무수행에서 어떤 문제를 해결하기 위해서는 최적의 문제해결 방안을 강구해야 한다. 이때, CPS에서 제시하는 방법을 이용하여 해결방법을 찾을 수 있다.

NCS에서 요구하는 사항들, 즉 여러 가지 직무수행에서 어떤 해결방법을 찾을 것인가에 대하여 자신만의 사고기법으로 다양한 해결방법을 살펴야 한다. 그 다양함 속에서 현실적인 요구를 판단하여 실질적으로 선택할 최적의 방법을 찾는 꾸준한 노력과 훈련이 필요하다. CPS 사고기법은 여러 가지 상황에 대하여 보다 폭넓은 해결방법의 탐색과 선택을 가능하게 할 것이다.

개방적으로 문제를 해결할 수 있는 경우에는 CPS의 모든 단계를 반드시 순서에 따라 고려할 필요는 없다. 어떤 단계는 그냥 넘어갈 수 있다. CPS의 문제해결 방법은 이미 다른 사람이 정해 놓은 정답을 남들보다 더 빨리 찾는 것이 아니다. CPS를 통해 NCS가 추구하는 방법과 연결되려면 어떤 주어진 상황에서 문제해결을 찾기 위한 나만의 차별화된 생각의 틀을 가져야 한다. 따라서 NCS에서 바라보는 '자신의 직무능력향상을 통한 삶의 질 향상'은 CPS의 문제해결에 대한 개방적 마인드와 연결될 수 있음을 기억하자.

지금까지 설명한 CPS 사고기법 모델은 [그림 6-1]과 같다. 진로와 취업을 위한 문제를 인식하고, 창의적인 방법을 찾아 실행할 수 있는 단계다. CPS를 실행할 수 있는 전개도는 〈표 6-2〉에서 설명한다. CPS의 7가지 단계별 목적을 알고, 머리와 가슴이 어떤 기능으로 문제를 해결할 수 있는지 살펴볼 수 있다.

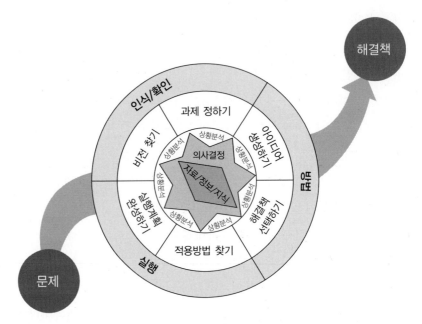

[그림 6-1] CPS: 사고기법 원형모델
(Circular Thinking Model for Creative Problems Solving)
출처: Puccio, Murdock, & Mance(2010). 참고하여 변형.

〈표 6-2〉 CPS 전개도

개념	의사결정	인식/확인		방법		실행	
단계	상황분석	비전 찾기	과제 정하기	아이디어 생성하기	해결책 선택하기	적용방법 찾기	실행계획 완성하기
목적	문제를 통찰하기 위해 상황을 진단함	목표를 향한 방향을 정하고 에너지를 집중함	목표달성의 구체적인 방법을 구상하고 목표와 현실의 차이를 파악함	해결방법의 다양한 아이디어를 제안함	실행 가능한 아이디어를 선택하기 위해 평가함	사회적 맥락 속에서 해결책을 실행하여 성공확률을 높임	목표달성의 효과성을 검증할 수 있도록 계획을 수립함
기능	진단적 사고	비전적 사고	전략적 사고	이상적 사고	평가적 사고	맥락적 사고	전술적 사고
	집중하는 마음가짐	꿈꾸기	차이점 알기	즐거움	성급한 결론 피하기	민감한 관찰력	위험 감수

출처: Puccio, Murdock, & Mance(2010). 참고하여 변형.

1) 상황분석: 진단적 사고와 집중하는 마음가짐

어떤 문제가 발생했을 때, 가장 먼저 해야 할 것은 그 문제의 형태나 원인, 이유, 상태 등 파악할 수 있는 모든 정보를 수집, 분석하는 것이다. 문제해결을 위해 대부분 무의식적으로 하고 있는 행위이기도 하다. 이러한 관점에서 CPS모델의 첫 번째 사고기법은 상황분석에서 출발한다. 여러 가지 의사결정을 위한 정보수집은 상황에 대한 진단에서 필수단계다. 여기에서 '진단'은 문제나 상황 자체를 전체적으로 이해하고 통찰한다는 의미다. 따라서 진단적 사고란 상황에 맞도록 CPS의 어느 단계에서부터 시작해야 하는지 결정할 수 있는 능력이라고 정의할 수 있다.

CPS는 정해진 순서대로 진행해야 하는 과정이 아니라 상황에 따라 바뀔 수 있는 방식으로 접근할 수 있다. 진단적 사고는 문제를 통찰하고 해결방향을 정할 수 있는 관점에서 형성된다. 의사가 환자를 진단하는 것처럼 구직자도 본인 문제에 대한 원인을 알고 해결과정에 어떤 행동이 요구되는지 진단할 수 있어야 한다. 그래서 NCS의 어떤 부분을 자신이 활용할 수 있는지 진단해 보는 작업이 요구된다. CPS 사용의 처음단계는 언제나 자료를 수집하고, 효과적인 진행방식을 결정하는 것이다. 상황분석에서는 문제의 본질과 주변 환경을 파악하기 위해 "내가 왜 이것을 하려고 하는가? 왜 이것이 문제인가?"와 같은 질문에 답할 수 있어야 한다. 진단적 사고는 적합한 실행과정의 의사결정을 위한 정보사용 능력이다.

정보사용 능력은 현재의 순간과 조화를 이루며 생각하고 집중할 수 있는 마음가짐에서 생긴다. 진단적 사고는 문제와 관련된 자료를 수집하는 데 중점을 둔다. 또한 집중할 수 있는 마음가짐은 현재 경험과 연결된 순간순간의 생각이나 감정을 지각하도록 도와준다. 중요한 정보가 있음에도 불구하고 집중할 수 있는 마음가짐이 없다면 그 정보는 아무런 의미가 없는 문자에 불과할 수 있다. 그러나 정보나 사실에 바탕을 두고 최종적인 결정을 내리기란 쉬운 일이 아니다. CPS 사고기법 모델 가운데에 위치한 상황분석은 이런 어려운 의사결정에 영향을 미친다. 중·장기적 목표를 달성하기 위해서는 개인이든 조직이든 상황에 따라 능동적이고 상호관계적인 문제해결의 과정에 초점을 두어야 한다. 이는 NCS의 여러 가지 직업상황을 제시하는 '수행준거'의 성공적 해결을 위한 직업기초능력의 여러 가지 영역과 관련이 깊다.

예를 들어, 새로운 브랜드의 자동차를 구입하려고 할 때, 처음에는 논리적인 감각으로 연비의 효율성을 고려한다. 하지만 구입할 때는 연비가 좋은 차보다는 자신이 감각적으로 선호하는 디자인의 자동차를 선택하게 되는 경우가 많다. 진단적 사고와 집중하는 마음가짐은 현실적인 사실과 개인의 감정이 건강하게 조화를 이루면서 해결책을 판단하도록 이끌어 준다.

복잡한 상황에서 효과적인 판단은 이성적인 의사결정, 직관적인 의사결정, 그리고 각각의 정보 속에 들어 있는 감정이라는 세 가지 요소로 결정된다(Coget & Keller, 2010). CPS는 다양한 정보와 의견을 바탕으로 상황을 분석할 수 있는 진단적 사고와 집중하는 마음가짐으로 비전과 과제, 아이디어와 해결책, 적용방법과 계획을 세우도록 안내할 것이다.

2) 비전 찾기: 비전적 사고와 꿈꾸기

세상에는 비전을 가지고 있는 사람과 그렇지 않은 사람이 있다. 예전에는 비전이 있었는데, 현실이 녹록지 않아 비전을 잃어버린 사람도 많다. "왜 비전을 가져야 되는가?" "왜 꿈을 꾸라고 하는가? 그냥 현실에 맞게 주어진 일을 충실히 하면 되지 않을까?" 비전은 미래를 향한 방향을 알려 준다. 가야 할 방향을 정해야 목표 지점의 이미지를 생생하게 그려볼 수 있다. 이러한 사고기법이 비전적 사고다. "내가 가고 싶은 곳은 어디인가?" 비전적 사고는 자신만의 길을 찾아볼 때, 시간을 어떻게 써야 하는지를 알려 주는 안내자 역할을 한다.

비전이 명확할수록 가야 할 길이 보이고, 마음속의 에너지가 모아져서 목표를 향해 그 길을 달려갈 수 있는 것이다. 만약 목표지점을 모른다면, 어떤 길을 어떻게 가야 할지 혼란스러울 것이다. 목표지점도 없고 혼란스러움도 느끼지 못한다면, 시간의 중요함도 당연히 모를 것이다. 시간을 낭비하지 않고 에너지를 집중하기 위해서는 목표지점을 찾아야 한다. 비전은 목표를 향한 마음의 눈이다.

마음의 눈은 미래를 구상할 수 있는 꿈을 꾸면서 만들어질 수 있다. 꿈을 향해 자신 있게 나아가는 삶의 과정에서 성공이라는 선물을 받을 확률이 높다. 꿈을 향한 과정에 장애물을 만난다면, 그 장애물을 넘어갈 수 있는 방법을 즐겁게 생각해 볼 수 있을 것이다. 현재에 존재하지 않는 미래를 상상하고 꿈꾸는 비전은 현실의 한계를 넘고 고정관념을 뛰어넘도록 도와줄 것이다.

비전을 가지고 비전적 생각의 틀을 가진 사람은 능동적이고 주관적인 진로설정이 가능하다. 비전을 가진 진로설정은 개인에게 동기의식을 부여하여 보다 구체적이고 실현 가능한 목표설정을 하는 데 견인차 역할을 하게 될 것이다. NCS의 세부적 직업, 직무구분, NQF의 직무수준의 제시는 비전을 가진 준비된 자에게 매우 유용하고 효율적인 도구가 될 것이다. 즉, 비전을 가진 사람은 NCS라는 개방된 시스템을 유용하게 사용하려고 노력할 것이다. 하지만 비전이 없는 사람은 NCS를 낯설고 어려운 시스템으로 부담스러워할 가능성이 높다.

3) 과제 정하기: 전략적 사고와 차이점 알기

목표를 확인하여 성취하려는 방법을 찾는 사고 기능이 전략적 사고다. "목표달성을 위한 행동을 취하기 전에 무엇을 먼저 생각해야 되는가?"라는 질문을 해 보자. CPS의 전략적 사고단계에서는 창의적인 도전과제를 생성하고 선택하여 체계화할 수 있다. 전략적 사고로 문제를 더욱 신중하게 생각하면서 목표와 현실 사이의 차이점을 인식할 수 있어야 한다. 아직 확실한 정보가 없는 상태일수록 목표를 향한 장애물을 더욱 신중하게 파악해야 한다. 이때 직관적인 추측이 현명하게 작동되어야 한다.

앞으로 다가올 변화를 정확하게 측정할 수 있는 인지적 지도는 세상에 존재하지 않는다. 그래서 사람들은 언제나 정보의 홍수 속에 빠져 자신에게 진짜 필요한 자료를 놓치고 있다. 2~3년 후를 대비하여 자신에게 무엇이 필요한지 정확하게 아는 사람은 아무도 없다. 하지만 미래를 계획하고 준비하지 않는다면, 사회가 요구하는 인재상과는 거리가 멀어질 것이다. 현 상태와 미래 목표의 차이를 본능적으로 지각하는 훈련을 해야 한다. 어떤 점이 부족한지, 가능성은 어느 정도인지 반드시 파악할 수 있어야 한다. 목표를 향한 장애물을 인식하지 못하는 사람은 상상하지 못했던 함정에 빠질 가능성이 높다.

전략적 사고로 목표를 확인하고 추구함에 있어 현실적인 일치와 불일치를 판별할 수 있다. 문제는 미래에 대한 정확한 정보가 100% 존재하지 않는 것이다. 따라서 과제 정하기의 전략적 사고는 희망하는 미래의 결과에 대한 위험부담을 줄이고, 실현 가능성을 높이기 위해 필요한 사고기법이다. 진로나 취업 또는 경력개발에 있어 가장 필요한 것은 무엇인가? 우리는 여기에서 NCS 시스템이라고 제언할 수 있다. 그 이유는 직업과 직무, 능력단위에 이르기까지 내가 바라는 직업의 방향과 경력의 방향을 검토하고 분석할 수 있는 표준화된 시스템이 필요하기 때문이다. 따라서 과제를 정함에 있어 전략적 사고를 한다는 의미는 곧 NCS가 추구하는 목표와 일치함을 알 수 있다.

4) 아이디어 생성하기: 이상적 사고와 즐거움

아이디어를 생성한다는 의미는 비전을 향한 과정에서 생길 수 있는 문제와 관련된 다양한 해결책을 제시하는 것이다. '해결하기 위한 다양한 방법은 무엇인가?'에 중점을 두어 질문해 보자. 상상력을 발휘하면서 다양한 아이디어들이 해결책으로 전환될 수 있어야 한다. 이상적 사고란 해결책을 위한 독창적인 이미지나 다양한 아이디어를 생성할 수 있는 능력이다.

이상적 사고를 하려면 다양한 아이디어를 자유롭게 즐길 수 있어야 한다. 어릴 때 가지고 놀던 장난감이나 게임 등 흥미로운 물건을 사용하면서 사고의 다양성을 높일 수 있다. 어린이와 같은 사고로 상황을 바라보는 독특한 관점은 새로운 아이디어를 창출하도록 돕는다. 즐겁고 자유로운 활동으로 다양한 아이디어를 생성하여 자신만의 작품을 만들어야 한다.

이상적 사고는 다양성의 인정에서 시작된다. 다양한 기준과 방향을 인정하는 분위기가 중요하다. 즉, 어떤 상황에 대하여 선입견이나 고정관념이 단단할수록 이상적 사고—개방적 마인드—로 아이디어를 생성하는 데 한계에 부딪힐 것이다. 개방적 마인드는 NCS의 철학과 연결된다. NCS는 개인의 지식과 경력, 기술의 개발에 대하여 개방적 방법론을 제시하고 있다. 전 생애를 통한 성장과 개발에 대하여 다양한 방법과 전환을 제시할 수 있는 것이 NCS 시스템임을 기억해 두자.

5) 해결책 선택하기: 평가적 사고와 성급한 결론 피하기

환경은 매우 민감하고 삶은 아주 다양한 모습으로 표현된다. 그러나 대부분의 사람들은 아이디어 또는 문제를 중요하다고 판단하지 않는다. 그것은 눈으로 쉽게 확인될 수 없기 때문이다. 문제를 인식하여 다양한 아이디어가 생성되었을 때, 해결책을 위한 선택의 폭은 넓어진다. '해결책으로 어떤 선택이 가장 효과적인가?'라는 질문을 해 보자. 평가적 사고는 무언가를 결정할 수 있도록 돕는 중요한 사고기법이다. 평가적 사고를 통해 제안된 내용이 해결 가능한 방법으로 전환될 수 있어야 한다. 해결책이 실행 가능하도록 아이디어의 합리성과 특성을 평가해 보자. 다양한 아이디어의 장단점을 알아보고, 단점을 극복할 수 있는 해결책을 선택해야 한다. 평가적 사고를 잘하는 방법은 불완전한 아이디어가 잘 다듬어지지 않은 상태로 대중에게 소개되지 않도록 신중하게 행동하는 것이다.

또한 주변에서 빠른 결정을 재촉하는 압력에 저항할 수 있어야 한다. 한 번도 들어본 적이 없는 아이디어는 낯설다는 이유로 그냥 무시해 버리는 경우가 많다. 처음엔 익숙하지 않다는 이유로 포기해 버리기 쉬운 아이디어라 할지라도 성급하게 결론을 내리지 않도록 해야 한다. 성급하게 결론을 내리지 않도록 신중함이 발휘된다면, 생소한 아이디어가 살아남아 획기적인 해결책으로 전환될 수 있는 가능성이 높아질 것이다. 우리가 흔하게 접하는 발명품들이 처음부터 성급한 판단에 의해 무시되었더라면, 우주선, 휴대전화, e-mail 등과 같은 문명적 혜택을 지금 이 순간 누리지 못했을 것이다.

6) 적용방법 찾기: 맥락적 사고와 민감한 관찰력

문제해결을 위한 해결책이 있다면 주변 환경, 즉 사회적 맥락 속에서 성공할 수 있는 방법을 찾아야 한다. CPS에서 '적용방법 찾기'의 목적은 해결책의 실행에 도움 혹은 방해가 되는 요인을 살펴보는 것이다. '해결책이 실행되는 데 주변 상황에서 도움이나 방해가 되는 요인은 무엇인가?'를 질문해 보자. 지금은 흔히 접할 수 있는 발명품인 비행기, 자동차, 영화 등과 같은 것이 처음부터 주변의 환영을 받지는 못하였다. 대중적으로 활용될 수 있는 방안은 맥락적 사고로 이해해야 한다. 비전만 가지고, 아이디어를 생성하는 단계에서 벗어나 다양한 관점에서 상황을 파악할 수 있어야 한다. 맥락적 사고를 하려면 주변 환경에 대하여 민감한 관심이 있어야 한다. '누가, 무엇을, 언제, 어디서, 왜 그리고 어떻게'라는 질문과 함께 주변 상황을 관찰해 보자.

맥락적 사고는 민감한 관찰력이라는 정의적 요인이 있어야 한다. 환경에 대한 민감한 관찰력은 주변의 물리적이고 심리적인 환경을 인식하는 정도를 의미한다. 목표와 장애물 사이를 인식할 수 있는가? 해결책의 실행 전에, 마지막으로 상황을 살펴보는 기회를 반드시 가져야 한다. 누군가를 만나 부탁해야 할 경우, 상대방의 상황을 배려하고 이해할 수 있는 맥락적 사고가 필요하다.

상황에 따른 해결책이 제시되었을 때 사회정책이나 문화적 규범은 도움이 되는지 아니면 방해가 되는지 살펴야 한다. 해결책으로 누가 혜택을 누릴 수 있고, 누가 손해를 볼 수 있는지 생각해 보자. 주변 사람들과의 상호작용을 이해하면서 해결책이 얼마나 영향을 미치는지 알아야 한다. 이러한 과정 속에서 해결책의 적용방법이 더욱 효율적으로 도출될 것이다. NCS 직업기초능력에서 제시하는 여러 가지 사례를 살펴보면, 대부분 맥락적 사고방식을 요구한다. 사회생활을 함에 있어 독불장군식으로 혼자만 일처리를 하는 것이 아니라 팀 단위, 조직 단위, 크게는 기업단위로 일을 처리해야 하기 때문이다. 즉, 나 혼자가 아닌 다른 사람이나 다른 팀, 조직을 고려하고 영향을 주고 또는 영향을 받는 환경이 거의 대부분일 것이다. 이때 CPS모델의 맥락적 사고를 기억해 두자.

7) 실행계획 완성하기: 전술적 사고와 위험 감수

실행계획 완성하기는 CPS의 마지막에 해당되는 진행과정이다. 실행계획은 구체적으로 완성되어야 한다. '해결책이 실행되기 위해 해야 할 일은 무엇인가?'를 질문해 보자. 실행계획은 누가 무엇을 언제 할지를 정하고, 단기, 중기, 장기로 나누어 시간을 계획해야 한다. 실행계획을 완성하기 위해서는 전술적 사고가 필요하다. 전술적 사고의 목적은 성과의 평가방법과 효과성 검증을 구체적으로 계획하여 목표에 도달하는 것이다.

계획을 성공적으로 실행하려면 위험 감수를 해야 한다. 위험 감수란 설령 실패를 했다 하더라도 좌절하지 않으려는 노력을 의미한다. 위험 감수를 통해 스스로 실패를 허용하고, 실패했더라도 감정을 다스릴 수 있어야 한다. 왜냐하면 실행단계에서는 행동에 대한 책임이 반드시 뒤따르기 때문이다. 실행의 가치를 이해하지 못하는 사람들에게 혹평을 받을 수도 있다.

그것을 극복하기 위한 한 가지 방법은 비판에 견디는 감정을 연습하는 것이다. 위험이 따르는 무언가를 신중히 결정했으면 실행에 옮겨 보자. 교실에서 훈련할 경우에는 하루에 5~10개씩 엉뚱한 아이디어를 생각해 보자. 예를 들어, 낯선 사람에게 인사하기, 새로운 음식을 먹어보기 등 평상시에는 잘 하지 않는 행동을 선택해 본다. 목표는 비록 잘못된 아이디어라 할지라도, 위험을 감수하고 행동하여 성공할 수 있도록 시도해 보는 것이다.

NCS의 수행준거에서 관찰 가능한 행동을 하면서 개인의 능력으로 문제를 해결하는 힘을 길러보자. CPS 모델의 사고기법 마지막 단계인 '계획수립 및 완성하기'는 NCS가 요구하는 능력의 구현과 깊은 관련이 있다.

4. 다이아몬드 사고로 시작하는 CPS

성공적인 삶이란 무엇인가? 성공하기 위해 필요한 것은 논리적, 창의적, 실용적인 사고력이다(Sternberg, 2002). 논리적 사고는 다른 사람들이 공감할 수 있는 비전을 제시하면서 단계적으로 그들이 원하는 곳으로 인도할 수 있는 능력이다. 또한 창의적 지능은 잘 알지 못했던 자신의 장점을 인식하고, 확인하여 다양한 방법으로 지원을 얻을 수 있는 능력이다. 그리고 실용적 지능은 사람들이 그들의 환경에 스스로 적응해 가도록 이끄는 것이다.

CPS는 조직의 모든 단계와 모든 기능에 그 가치를 둘 수 있는 과정이다. 따라서 고용과 진로 문제를 돌파할 수 있는 사고기법을 체험함으로써 필요한 영역에서 NCS를 활용해 볼 수 있다. 급변하는 시대에 혁신이 없다면 조직이나 개인은 살아남기 힘들다. 이제는 조직이나 개인이 더 이상 가격이나 품질, 지식, 기술로 경쟁할 수 없는 시대가 되었다. 창의적으로 사고할 수 있는 기법으로 상황에 따른 문제를 해결할 수 있어야 한다. 문제해결을 위한 창의적 사고기법 중 다이아몬드 사고를 이해한 후, CPS 과정을 시작해 보길 바란다.

CPS 과정은 다이아몬드 사고를 기본적 구조로 두고 이루어진다. 다이아몬드 사고는 발산적 사고(divergent thinking)와 수렴적 사고(convergent thinking)의 조화로 완성된다. 다이아몬드의 위쪽 부분이 발산적 사고 영역이다. '내 아이디어는 효과가 없을 것이고 비웃음을 받게 될 거야.'라는 부정적인 인식에서 해방되어야 한다. 발산적 사고는 문제의 틀에서 벗어난 새로운 관점에서 비롯된다. 물론 처음 떠오른 아이디어가 최선의 방법이 아닌 경우는 매우 흔하다. 하지만 단순히 생소하다는 이유로 포기하여 잠재적 기회를 포기해 버리는 위험은 방지해야 한다. 예를 들어, 기내에서 무료로 제공되는 아이스크림을 주문하려고 할 때, 다양한 메뉴를 확인하지 않고 바닐라 아이스크림을 성급히 주문하여 먹게 되었다고 가정해 보자. 나중에 다른 사람들을 보니 초콜릿 아이스크림이나 과일 빙수까지 즐기고 있는 모습을 보게 되었다면, 급하게 주문했던 상황을 후회할 것이다. 좀 더 다양한 종류의 아이스크림을 맛볼 수 있는 기회가 사라져 아쉬울 수 있기 때문이다. 발산적 사고에서는 새로운 발견을 위한 의도적 사고의 확장이 이루어져야 한다.

　다이아몬드가 아래로 닫힌 부분은 수렴적 사고를 설명한다. 수렴적 사고단계에서는 발산적 사고단계에서 생성된 많은 아이디어 중에서 선택할 수 있다. CPS 과정에서는 발산적이고 수렴적인 두 가지 사고의 '역동적인 조화'가 이루어져야 한다.

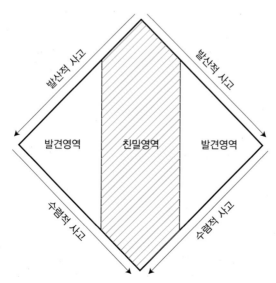

[그림 6-2]　역동적인 균형: 창의적 문제해결 과정의 핵심

출처: Puccio, Murdock, & Mance(2005).

단지 머릿속에서 떠오르는 희미한 아이디어가 큰 변화를 일으킬 수 있을까? 아마도 대부분의 사람들은 확신하지 못할 것이다. 새로운 아이디어가 나오면 처음엔 어색한 분위기만 감돌다가 사라지는 경우가 많다. 내부적인 검토만 이루어지다가 민감하게 평가되는 사항 때문에 결국 공개되지 못한다. 이러한 현상은 회의 장소에서 흔히 볼 수 있고 잠재적인 아이디어가 빛을 발하지 못하는 불행한 결과로 이어진다. 이러한 상황을 방지하기 위해 발산적 사고의 기회가 보장되어야 한다. CPS의 발산적 사고 초기단계에서는 다양한 아이디어가 마음껏 펼쳐져야 할 것이다. 여유로운 분위기로 다양한 행동의 대안을 찾아보고, 최대한 평가를 미루는 것이 중요하다.

1) 발산적 사고

문제에 대한 참신한 접근법을 찾기 위해 CPS가 요구된다. CPS의 가장 기본 단위인 다이아몬드 사고 중에서 상위영역에 속하는 부분이 발산적 사고다. 발산적 사고는 창의성과 심리학을 연구한 J. P. Guilford(1977)에 의해 최초로 설명되었다. 그는 발산적 사고의 네 가지 기본 특징을 유창성, 융통성, 정교성 그리고 독창성으로 표현하였다. 이러한 특징들은 문제를 개방적으로 다루기 위한 필수 요소다.

첫째, 유창성이 뛰어난 사람은 문제와 관련된 많은 수의 아이디어를 생성할 수 있고 반응한다. 둘째, 융통성이 뛰어난 사람은 다른 종류의 관점에서 문제를 바라보고 상황을 관찰할 수 있다. 최대한 다양한 관점이나 새로운 영역에서 생각하려고 노력한다. 셋째, 정교성이 뛰어난 사람은 기존 개념이나 아이디어에 추가적으로 반응하면서 개발하는 능력이 있다. 마지막으로 독창성이 뛰어난 사람은 남들과는 다른 관점으로 새롭고 참신한 아이디어에 대해 반응할 수 있다.

이러한 네 가지 발산적 사고의 특징은 서로 연결되어 발휘된다. 유창성이 뛰어난 사람은 많은 의견을 생성함과 동시에 독창적인 생각을 한다. 융통성은 정교성이라는 기존 체계 안에서 새로운 것을 적용했을 때 이루어진다. 즉, 확장된 사고는 기존 아이디어를 바탕으로 새로운 것을 추가할 수 있는 또 다른 방법을 제공한다.

발산적 사고능력은 성공을 위한 중요한 요인이 될 수 있을까? E. P. Torrance는 학령기 아동을 대상으로 발산적 사고능력의 가치를 검증하기 위해 종단연구를 수행하였다. 그리고 22년이 지난 후 성인이 된 연구대상자들의 성취도를 검사하였더니 발산적 사고능력은 창의적 성취와 높은 상관관계를 가진다는 결과가 도출되었다(Torrance, 2004). 다양하고 많은 수의 아이디어가 있으면 독창적인 선택권을 가질 확률이 높아진다.

그렇다면 발산적 사고의 중요성은 NCS에서 지향하는 인재상과 어떤 관련이 있을까? NCS의 인재상은 능동적으로 개인의 진로목표를 설정하여 다양한 교육방법과 경력개발을 선택하고, 직무능력표준에 의거하여 개인과 조직이 바라는 직업적 성취를 이루는 사람을 의미한다. 따라서 다른 사람이 정해 놓은 획일화된 과정이 아닌 스스로의 판단에 의하여 삶의 질을 높임과 동시에 기업이나 사회에 꼭 필요한 인재가 될 수 있다. 이러한 NCS의 지향점은 CPS의 발산적 사고로 경험학습을 강화한 인재상과 연결된다. 즉, 발산적이고 수렴적인 사고의 틀을 가진 사람이 NCS가 요구하는 인재상인 것이다. 앞서 말한 발산적 사고의 구체적인 행동원리를 다음과 같이 제시하고자 한다.

발산적 사고는 네 가지 중요한 원리, 즉 판단자제, 많은 아이디어, 연결하기, 새로움의 추구를 담고 있다. 이러한 발산적 사고기법의 원리는 개인과 집단의 학습과 행동에 적용될 수 있다.

• 판단자제: 성급하게 평가하려는 사고 경향을 최대한 자제할 수 있는 능력이다. CPS에서는 잠재적인 가치와 모든 가능성을 수용하도록 이끄는 것이 목적이다. 일단 판단하게 되면 발산적 사고의 기능은 멈춰 버릴 수 있다. 특히 새로운 아이디어가 현실적으로 실현 가능성이 낮다는 이유로 집단에서 성

급하게 판단되는 경우가 많다. 많은 아이디어와 참신한 대안을 위해서는 판단 기능의 스위치를 반드시 꺼야만 한다. 그렇다고 해서 판단의 가치가 하락하는 것은 아니다. 판단의 최고 가치는 수렴적인 사고과정 중에 발휘될 수 있다. 판단자제라는 원칙을 사용할 때, 더욱 자유로운 분위기 속에서 창의적인 아이디어가 생성될 수 있다.

- **많은 아이디어:** 많은 가능성을 생성해 낼 수 있는 능력이 유창성이다. 많은 아이디어 중 하나가 문제를 해결하는 돌파구 역할을 한 가능성이 높다. 일터에서 아이디어 생성의 체계화된 시스템을 갖춘 곳이 바로 Google이다. Google의 직원들은 자신의 창의적인 생각을 발전시키도록 업무 시간 중 20%를 자유롭게 사용할 수 있다(Battelle, 2005). 여기서는 모든 직원들의 수많은 아이디어가 관리된다. 아이디어를 제안할 수 있는 시스템이나 아이디어 뱅크라는 경영 시스템이 존재하고 운영된다. 처음에는 별 기대감이 없었던 대안을 통해 기업의 이윤이 늘고 성과가 향상되는 결과가 상당수 도출되었다.

- **연결하기:** 인간의 마음은 여러 가지 연상관계 속에서 형성될 수 있다. 새롭고 특별한 아이디어가 떠오르기 힘들다면 다른 아이디어나 의견에 연결하는 방식으로 또 다른 기회를 가질 수 있다. 다른 대상이나 아이디어를 연결하면 특별한 반응이나 해결책을 취할 가능성이 높다. 처음의 아이디어를 정교하게 다듬어 확장해 볼 수 있다. 연결하기는 아이디어를 조화롭게 융합하여 새로운 결과를 제공한다.

- **새로움의 추구:** 고정된 틀을 벗어날 수 있는 용기를 가지고 있는가? 오래된 문제를 새로운 관점으로 바라보고 돌파할 수 있는 가능성을 가지려면 새로운 아이디어를 창출해야 한다. 창의적이고 즐거운 분위기가 조성되면 새로운 아이디어의 돌파가 일어날 수 있다.

〈표 6-3〉 발산적 사고 원리를 적용하여 자기 분석하기

내가 잘하는 것: (10가지 이상 적어 보기)

- _____
- _____
- _____
- _____

- _____
- _____
- _____
- _____

- _____
- _____
- _____

내가 좋아하는 것: (10가지 이상 적어 보기)

- _____
- _____
- _____

- _____
- _____
- _____

- _____
- _____
- _____

내가 하고 싶은 일: (10가지 이상 적어 보기)

- _____
- _____
- _____
- _____

- _____
- _____
- _____

- _____
- _____
- _____

세계적으로 유명한 기업이나 개인들의 성공 조건은 생각하는 시스템의 존재 여부에 달려 있다. 발산적 사고 원리를 활용하여 나만의 가치를 생각해 보자. 〈표 6-3〉에서 제시된 내가 잘하고, 좋아하는 것, 하고 싶은 일들을 발산적 사고 원리를 적용하면서 기록해 보자. 이러한 과정이 익숙해졌다면 조직 내에서 특정상황을 설정하여 조직의 일원으로 과업을 수행하는 나 자신을 분석하는 훈련을 해 보자. 직무 수행을 위한 상황의 간접경험을 원한다면 NCS 직업기초능력에서 제시하는 다양한 사례를 접하면서 사고훈련을 할 수 있다.

2) 수렴적 사고

다양한 요구나 아이디어를 생성한 다음, 문제해결을 위한 방법을 선택할 수 있다. 이를 수렴적 사고(convergent thinking)라고 한다. NCS와 관련하여 직업기초

능력 중 자원관리능력을 예로 들어 보겠다. 개인이나 조직이 가진 자원은 유한하고 이러한 한정된 상황 속에 가장 적절한 문제해결을 위한 도구로 활용된다. 이때 여러 가지 정보를 수집, 분석하고 다양하고 참신한 아이디어를 확보하는 것이 중요하다. 주변 환경이나 자원을 고려하여 선별적인 해결방안을 강구하는 것이 CPS의 상황분석에 해당된다.

NCS에서 제시하는 여러 가지 표준은 개인 또는 조직이 바라는 비전이나 목표의 기준을 의미할 수도 있다. 예를 들어, A라는 산업에서 B라는 직무로 일을 하기 위해 C라는 지식과 D라는 기술, E라는 태도, F라는 경험이나 수준이 필요하다고 생각해 보자. 그렇다면 B라는 직무를 성공적으로 성취하기 위한 NCS의 요구사항은 곧 C에서 F까지가 될 것이다. 하나하나가 수렴적 사고가 필요한 경계조건으로 이해될 수 있다. 하지만 기존의 추상적이거나 소모적인 스펙준비와는 다르다. 즉, 현실적이지만 획일적이지 않고 개인마다 다양한 개발루트를 제시하는 것이 NCS의 특징이다.

수렴적 사고의 특징을 생각해 보자. 수렴적 사고는 가장 유망해 보이는 아이디어를 선택하는 기법이므로, 대부분의 경우 발산적 사고 후에 이루어져야 한다. 발산적 사고가 잘 이루어졌다면 수렴적 사고에서 유용하고 참신한 아이디어가 선택될 가능성이 높다.

수렴적 사고의 세 가지 기본 특징으로 선별하기, 분류하기, 우선순위 정하기가 있다. 첫째, 선별하기(screening)는 어떤 항목을 기준에 따라 유지하거나 버리는 기능이다. 둘째, 분류하기(sorting)는 정해진 도식에 따라 분류하는 기능이다. 셋째, 우선순위 정하기(prioritizing)는 선택된 사항들의 실행을 위해 순위를 정하는 기능이다. 이러한 수렴적 사고를 토대로 긍정적인 기여도를 확인하여 지원하고, 새롭게 선택한 내용을 개발할 수 있다.

대부분의 사람들은 이미 알려진 익숙한 것만을 추구하려 한다. 기존의 것에서 조금만 배우거나 바꾸면 되는 것을 선호하는 이유는 힘든 노력이나 위험에 대한 부담을 가지고 싶지 않기 때문이다. 복잡한 상황을 포용할 능력이 없는 사람은 자기가 알고 있는 익숙한 것만 취하려고 한다. 미지의 영역에 대한 모험은 자신의 역할이 아니라고 생각한다. 그러한 생각은 바로 행동으로 실행된다. 따라서 CPS에서 발산적 사고와 수렴적 사고는 역동적으로 균형을 잡으면서 조화를 이루어야 한다.

　NCS의 인재상은 결국 '주어진 직업적 상황에서 적절한 수행을 하는 역량을 가진 인재'이다. 다시 말해, CPS에서 제시하는 '발산적 사고와 수렴적 사고의 조화를 이루는 인재'와 일치함을 알 수 있다. NCS의 직업기초능력의 여러 가지 사례에서 제시된 내용과 같이 문제해결을 적절하게 하는 사례 속의 인물과 관련이 깊다. 간단히 말해 수렴적 사고의 원리는 '자기주도성을 가지고 능동적인 사고와 판단을 하는 것'이다. 문제해결이라는 목표를 설정하고 해결하기 위해 집중해야 한다. 이와 같은 관점에서 다양한 NCS 직업기초능력에 대한 이해도를 더욱 높일 수 있을 것이다.

　아이디어의 수렴과정에서는 발산적 사고의 에너지에서 벗어나 무엇이 생성되었는지 확인하고, 활용방법을 결정하는 데 집중해야 한다. 가능성 있는 아이디어를 지원하고 개발하기 위해 수렴적 사고의 네 가지 원리, 즉 긍정적인 판단, 참신함 유지, 목표 확인, 집중하기를 알아야 한다.

- **긍정적인 판단**: 발산적 사고과정에서 최대한 판단을 자제했다면, 수렴하는 과정에서는 효과적으로 비판적인 사고를 해야 한다. 지나치게 결점을 확인하여 강조해야 된다는 의미가 아니다. 새로운 아이디어는 단지 익숙하지 않다는 이유로 실현 가능성이 희박해 보여 제거될 가능성이 높기 때문에 새로운 아이디어에 대한 부정적 접근은 초기의 가능성이 쓸모없는 것으로 판단되어 버리기 쉽다. 패러다임에 도전하고 새로운 지식을 창출하는 초기단계에서는 불완전하거나 완벽하지 않은 모습들이 어쩌면 당연한 것이다. 따라서 의도적으로 긍정적 측면과 부정적 측면 모두를 신중하게 살펴야 한다. 창의적인 아이디어의 불꽃을 성급한 판단기준으로 사라지게 해서는 안 된다.

- **참신함 유지**: 참신함을 유지한다는 것은 독창적인 아이디어가 구체적으로 실행될 수 있도록 기회를 제공한다는 의미다. 생동감 있는 참신함을 유지하기 위해서는 첫째, 참신한 아이디어가 성급하게 판단되어 사라지지 않도록 도와주는 것이다. 두 번째, 기대하지 못한 결과에 대한 호기심을 가지고 개방적인 자세와 분위기를 유지하는 것이다.

- **목표 확인**: 발산적 사고과정에서는 생각을 제한하지 않고 자유롭게 가능성을 디자인할 수 있었다. 반면 수렴적 사고과정에서는 현실적 상황을 신중하게 직시해야 한다. 즉, 성공을 보장해 주는 기준이 필요하다. 성공 기준이 명확할수록 유용한 결정을 내리기 쉽다. 이러한 원리는 목표를 확인하는 것에서 시작된다. 현실적인 목적을 고려하는 동시에 참신함을 유지하라는 자체가 아이러니할 수 있다. 하지만 두 가지 원리의 사고과정을 강조하여 병렬적 균형을 맞추어야 변화될 수 있다. 창의성은 유용하면서도 참신한 산출물의 과정에서 발휘되기 때문이다.

- **집중하기**: 역동적인 에너지가 발산적 사고에 쓰인다면 수렴적 사고에서는 신중하게 성찰하는 에너지가 사용된다. 회의시간은 대부분 어떻게 이루어지는가? 대부분 아이디어를 탐색하는 작업을 하는 동안 시간을 허비하다가 결정해야 될 시간이 얼마 남지 않았을 때, 어떤 압박감으로 최종 대안을 쉽게 선택해 버리는 경우가 많을 것이다. 이것이 최고의 선택이 아니라는 것을 인정하면서도, 결정 도달점의 압박으로 어쩔 수 없이 누군가의 힘에 의해 결정되는 경우가 많다. 따라서 수렴적 사고의 가장 중요한 핵심원리는 최고의 대안이 선택되고 개발되도록 생각과 에너지를 투자할 수 있는 집중하기다. 신속하게 변형이 가능하고 흥미로운 대안책이라 할지라도 적용하기 전에는 면밀하게 검토하고 실험해 보는 것이 중요하다. 숙련된 목수들은 이렇게 말한다. "두 번에 걸쳐 측정하고, 한 번에 잘라라."

3) 히든카드를 사용할 수 있는 시간적 여유

지금까지 확산적 사고와 수렴적 사고의 개념과 원리를 살펴보았다. 중요한 것은 어떻게 실행하느냐다. 나의 진로와 경력개발을 위해 깊이 생각하면서 나만의 히든카드를 만드는 시간적 여유가 필요하다.

특별히 NCS 시스템에서 진로를 준비하는 구직자는, '진로나 취업'에 따른 문제를 체계적으로 조사하고 준비하는 자세가 필요하다. 하지만 숙고(incubation)의 단계에서는 그 문제가 표면적으로 드러나지 않고, 작동하지 않는 것으로 보인다. 숙고의 시간 동안에는 문제에 대한 해결책을 찾는 활동에서 잠시 휴식을 취해 보는 것이 좋다. 이는 달걀이 병아리로 부화되기 위한 시간이 필요한 것에 비유될 수 있다. 알 속의 병아리는 겉으로 관찰되지 않는다는 점을 인식해야 한다. 숙고의 단계가 끝나면, 반짝하고 전구가 켜지는 것처럼 해결책이 갑자기 떠오를 수 있다. 아무리 바쁘고 신속한 결정을 해야 된다 하여도 강점, 약점 그리고 가능성을 적용할 수 있는 시간에 반드시 투자해 보자. 지금까지 살펴본 확산과 수렴적 사고의 원리를 활용하여 나만의 히든카드를 작성해 보자.

앞서 제시한 〈표 6-3〉의 발산적 사고로 제시된 자기 분석 내용을 다시 검토해보고 이번에는 〈표 6-4〉의 수렴적 사고를 활용하여 제시된 내용 중 2~3가지를 선택해 보자. 이러한 연습은 16장에서 설명하는 NCS 기반의 입사서류 작성에도 도움이 될 것이다. 사고기법 훈련이 내면화되면 나의 핵심역량을 분석하고 파악하는 능력이 향상되기 때문이다. 따라서 다음의 사고훈련을 지속적이고 꾸준하게 진행하는 것이 중요하다.

〈표 6-4〉 수렴적 사고 원리를 적용하여 자기 분석하기

내가 잘하는 것: (2~3가지 정하기)

- _____
- _____
- _____

내가 좋아하는 것: (2~3가지 정하기)

- _____
- _____
- _____

내가 하고 싶은 일: (2~3가지 정하기)

- _____
- _____
- _____

생각해 볼 문제

1. CPS의 의미를 다시 생각해 보고, 창의적 문제해결이 어떤 상황에서 필요한지 검토해 보자.

2. 상황에 대한 정보의 수집과 분석이 비전탐색부터 계획수립까지 어떤 형태로 의사결정에 영향을 줄 수 있는지 자신이 당면한 문제를 예로 적용해 보자.

3. 발산적 사고가 나의 진로를 설정할 때 왜 중요한지 생각해 보자.

4. 수렴적 사고가 NCS, NQF 시스템에 있어 어떠한 연관성을 가지고 있으며, 나의 진로목표 설정이나 경력설정과 관련하여 어떤 해결방법을 제시하는지 생각해 보자.

직업기초능력 사례와 CPS 사례 해설

 사례 1. 의사소통의 종류와 방법

무역회사에 근무하는 K씨는 아침부터 밀려드는 일에 정신이 없다. 오늘 독일의 고객사에서 보내온 주방용품 컨테이너 수취확인서를 보내야 하고, 운송장을 작성해야 하는 일이 꼬여 버려 국제전화로 걸려오는 수취확인 문의전화와 다른 고객사의 클레임을 받느라 전화도 불이 난다. 어제 오후 퇴근하기 전에 P대리에게 운송장을 영문으로 작성해 자신에게 줄 것을 지시한 메모를 책상 위에 올려놓고 갔는데, P대리가 아마도 못 본 모양이었다. 아침에 다시 한 번 얘기했는데 P대리는 엉뚱한 주문서를 작성해 놓았다.

그래서 다시 P대리에게 클레임 관련 메일을 보내 놓은 참이다. 오후에 있을 회의 때 발표할 주간업무 보고서를 작성해야 하는데 시간이 빠듯해 큰일이다. 하지만 하늘은 스스로 돕는자를 돕는다는 마음으로 K씨는 차근차근 업무정리를 시작했다.

출처: 국가직무능력표준 사이트(www.ncs.go.kr). 의사소통능력 교수자용 매뉴얼 p. 51.

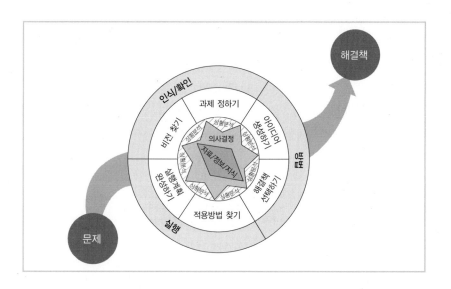

🖥️ 사례 1. 해설

사례 1은 무역회사에서 근무 중인 K씨의 일상적인 모습을 묘사하였다. 회사업무는 문서이해능력과 문서작성능력을 요구한다. 문서관련 직무는 회사 전체의 직무 시스템에 따라 상호작용하며 복합적으로 이루어진다. 어떤 직무는 일방적인 수행, 단순한 매뉴얼 그대로 실행되지 않고 상황에 따라 변할 수 있다. 이때 다른 직원들과의 협업과 소통능력이 요구되는데, 이를 '의사소통능력'이라 한다. 직업인으로서 생활하는 데 가장 중요한 능력 중 하나가 의사소통능력이다. NCS 매뉴얼에 명시된 사례 1은 문서와 언어적인 의사소통을 활용하여 문제를 해결할 수 있다.

CPS 과정을 활용한다면 먼저 상황을 정확하게 분석하고 행동방법을 결정해야 한다. 즉, 창의적으로 문제를 해결하려면 주변상황과 관련된 자료, 정보, 지식 등을 파악하고, 분석할 수 있는 진단적 사고가 요구된다. 직무수행에 요구되는 의사결정을 위한 상황분석을 스스로 진단하는 과정이 필요하다. 여러 가지 업무가 겹치는 상황에서 업무의 우선순위와 유관 부서와의 협업을 항상 생각하고 정리하는 것이 무엇보다 중요하기 때문이다. 신중하게 살펴야 될 부분을 집중하여 관찰할 수 있도록 마음을 집중할 수 있어야 한다.

CPS의 기본적 세 가지 개념은 문제를 확인하고 방법을 찾은 후, 계획을 세우는 것이다. 반드시 해야 할 중요한 목표와 현재 시점에서의 상황과 연결된 자료를 수집한다. 다양한 정보와 자료를 언제나 잘 정리할 수 있어야 문서이해능력과 문서작성능력을 합리적으로 수행할 수 있다. 하루 업무를 시작하기 전에, 문제의 중요도와 실행 가능성에 따라 일의 우선순위를 정하고 업무일지를 기록해 보는 것은 효율적인 방법이다. 업무와 관련된 상황분석과 해야 할 과제를 중심으로 자신만의 직무 프레임을 정확히 설정해야 한다.

사례 2. 그럼…… 내용을 종합해 볼 때……

매일 고객들이 보내오는 수십 건의 주문서를 처리하고, 상사의 지시문에 따라 보고서나 기획서 등을 작성하는 일을 하는 세일즈맨 P씨. 매일 벅차리만큼 늘어나는 주문서와 상사의 지시문, 보고서에 묻혀 가는 신세가 되었다. 그러던 P씨는 문서를 종류별로 체계적으로 정리하기로 결심하고 고객의 주문서 중 핵심내용만 정리하여 요구사항별로 그룹화하고, 상사의 지시문 중 중요한 내용만 간추려 메모하기 시작하였다.

그리고 정리한 내용은 필요한 동료에게 메일로 보내 주기도 하고, 자신이 보고서를 작성할 때에도 참고하기 시작했다. 그랬더니 점차 업무의 양이 많아지고, 고객의 주문서와 작성해야 할 보고서, 주어지는 공문과 메일 등이 늘어 가도 당황하지 않고, 오히려 예전보다 빠른 속도로 문서의 내용을 이해하고 분류할 수 있게 되었으며 보다 신속하게 업무를 처리할 수 있게 되었다.

출처: 국가직무능력표준 사이트(www.ncs.go.kr). 의사소통능력 교수자용 매뉴얼 p. 108.

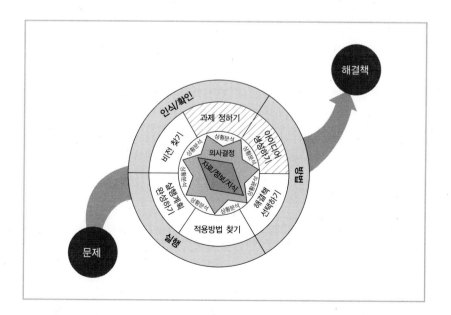

사례 2. 해설

P씨는 보고서와 기획서 작업의 과도함으로 업무수행의 한계를 느끼게 된다. 계속되는 업무의 누적은 업무시간을 늘린다고 해결될 상황이 아니었다. 이러한 상황에서 P씨는 유사한 중요부분을 메모하고 업무를 분류하기 시작하였다. 문서가 정리되고 일의 순서가 명확해짐으로써 업무의 효율성이 매우 높아졌다. 정보의 획득과 수집, 종합할 수 있는 통찰력은 문서이해능력을 높인다. 결국 문서화 작업은 상황의 인식과 정보의 분석 및 통합을 의미하는 것이다.

국가직무능력표준 사이트의 '의사소통능력'에서 제시된 사례 2를 CPS 과정으로 해석한다면, 상황분석과 과제 정하기 그리고 아이디어 생성하기로 정리할 수 있다. 상황분석은 정보 분석 능력이며 과제 정하기는 목표달성을 위한 방법이다. 새로운 아이디어를 생성하여 창의적인 방법으로 직무에 반영할 수 있다. 문제해결을 위해 독창적인 아이디어를 생성하고 더욱 구체적인 방법으로 신속하게 업무를 처리할 수 있는 사고과정이다.

과제 정하기는 목표를 정하고 향하는 방법론의 탐색작업이다. 이러한 방법론이 확립되어 있다면 개방적 사고방식으로 새로운 지식이나 경험을 찾고, 습득하여 더 많은 창의적인 아이디어를 생성할 수 있게 될 것이다.

P씨의 경우, 문서를 종류별로 체계적으로 정리하기로 결심하고 고객의 주문서 중 핵심내용만 정리하여 요구사항별로 분류하였다. 또한 상사의 지시문 중 중요한 내용을 간추려 기록함으로써 이전보다 더 많은 성과를 보였다.

NCS 직업기초능력에서 사례 2는 CPS의 상황분석, 즉 진단적 사고와 연결하여 의사소통능력을 발전시킬 수 있음을 보여 준다. 진단적 사고로 관찰하고 전략적으로 문서를 작성할 수 있는 것이 구조화, 기호화할 수 있는 능력이다. 업무 외적인 문서와 관련 활동을 정리해야 하는 경우, 자신의 직무와 연계된 조직 전체의 이해와 협업을 개방적인 마인드로 응용해 볼 수 있다.

따라서 이 사례와 같이 의사소통능력이 필요한 직무에 있어 CPS의 인지적 사고기법의 단계를 나누어 생각하고 문제해결 방법을 찾는다면 원하는 해결책을 얻을 수 있을 것이다.

제7장

CPS 진단적 사고

문제를 해결하려고 마음을 다진다는 자체가 힘들 수 있다. 변화를 시도한다든지, 도전적인 일을 하는 것보다 누군가에 의해 정해진 방식에 따라 단순하게 행동하는 것이 편한 방법이라고 생각하기 쉽다. 그 이유는 책임을 회피하고 싶기 때문이다. 삶을 살아가는 데 나의 진로와 취업의 고민을 누군가 속 시원하게 해결해 줄 것이라고 기대할 수 있지만, 현실은 그렇지 않다.

진로를 결정하는 문제에서 정보가 너무 많거나 혹은 부족해서 당황한 적이 많았을 것이다. 주변에서 어떤 일들이 일어나고 있는지 정확하게 아는 것이 중요하다. 잘 모르니까 불안해하고 고민하는 것이다. 그러므로 나의 상황을 진단하는 것이 중요하다.

진단적 사고는 새로운 정보를 수집하고 진행하는 방법을 살펴보는 능력이다. CPS의 기본단위인 다이아몬드 사고를 활용한 자료수집으로는 육하원칙, Why/Why 다이어그램, 아이디어 체크, 하이라이트 등이 있다. 창의적으로 문제를 해결하기 위한 의사결정 도구로는 키워드 검색, If-Then 분석 등을 소개할 것이다. 진단적 사고기법을 활용하여 NCS라는 시스템을 이해하고 채용시장의 위기를 효과적으로 극복할 수 있다.

1. 진단적 사고란 무엇인가

어떤 문제를 해결하겠다고 결심한다는 것은 스스로 자동차를 운전하겠다는 것에 비유할 수 있다. 운전대를 잡는다는 것은 의사결정권자가 된다는 것이다. 현명한 의사결정을 위해 가장 먼저 해야 할 일은 자료를 수집하여 활용하는 방법을 아는 것이다. 상황분석의 진단적 사고는 CPS의 핵심적인 지휘본부의 역할을 담당한다. 상황분석은 자동차의 시동장치와도 같다. 어떤 문제를 효과적으로 해결하기 위해 위기 상황과 기회의 분석과 문제의 특성 파악이 있다. CPS는 언제나 상황분석에서 시작해야 한다.

CPS에서 자료를 탐색하기 위해 요구되는 기본적인 사고의 종류가 '진단적 사고(diagnostic thinking)'다. 진단적 사고는 상황을 정확하게 알고 문제의 본질을 파악할 수 있는 능력이다. 문제를 확인하고 방법을 찾아 실행하기까지의 적합한 과정이 무엇인지 통찰할 수 있어야 한다. 진단적 사고로 자료를 수집하여 상황을 검토하고, 분석한 내용을 선택한 다음에 필요한 과정이 무엇인지 결정한다. 무엇을 해야 하는지를 알아야 방법을 찾을 수 있다. 방법은 주변 상황을 평가할 수 있는 진단적 사고에서부터 시작한다. 진단적 사고는 주변 환경과 상호작용하면서 문제해결 실행을 위한 기본 설계도의 핵심이다.

예를 들어, 자동차를 구입하려는 과정을 상상해 보자. 우선 인터넷에서 '자동차 구입방법'이라는 키워드를 입력할 것이다. 그와 관련된 정보나 사이트는 수백 가지가 넘을 것이다. 검색한 결과를 통해 대출 방법, 가격, 거래방법 등의 기본 사항, 관련증서, 광고 등 무수히 많은 정보를 얻을 수 있다. 인터넷은 한꺼번에 많은 양의 정보를 손쉽게 구할 수 있는 장점을 가진다. 다량의 정보를 신속하게 접할 수 있다는 점에서 매우 유용할 수 있지만, 꼭 필요한 핵심 정보를 수집하기에 오히려 방해가 될 수도 있다. 따라서 상황에 맞는 적절한 요인을 고려하면서 원하는 정보를 분류해야 한다. 이렇듯 CPS의 상황분석 기능은 자동차를 구입하려는 과정과 비슷하다. 먼저 자료를 수집하여 자동차 구입이라는 도전 과제가 적절한지 여부를 결정한다. 그리고 어떤 사고 기능이 필요한지 판단하여 문제해결을 위한 어느 단계에서부터 생각해야 되는지 판단해 본다. 이해관계가 클수록 자신의 선택과 결정을 위한 정확한 자료와 신중한 사고가 요구된다. CPS의 상황 분석은 가장 효과적인 사고의 경로를 알 수 있게 한다. 필요한 상황을 평가하지 않고 의사결정의 단계로 이동할 수는 없기 때문이다.

자동차를 운전하는 동안에는 집중해야 한다. 최종 목적지까지 성공적으로 도착하기 위해서는 운전하는 동안 졸지 않고 깨어 있어야만 한다. '지금 올바른 길로 가고 있는가?' '이러한 방식으로 진행하면 효과적인 결과가 나올 수 있을까?' 마치 운전대를 잡고 있는 심정으로 CPS의 모든 과정을 수행해 나가야 할 것이다.

상황을 평가하기 위해서는 인지적 과정과 감정적 부분을 동시에 지원받아야 한다. 현재 상황과 관련된 느낌이나 감각은 정서적 측면에 해당된다. 마음을 집중할 수 있는 정서적 측면은 인간의 감정을 바탕으로 형성되는 행동으로 넓은 의미의 정의적 영역에 포함된다. 인지적 과정과 정의적 기법이 동시에 움직여야 CPS 과정은 원활하게 진행될 수 있다. 문제의 본질을 파악하고 의사결정을 위한 정보사용 능력은 진단적 사고에서 비롯된다. 배우고 알고자 하는 집중된 마음가짐이 있어야 다양한 자료를 수집할 수 있다.

의사결정을 할 때는 단순한 사실뿐만 아니라 머리와 가슴이 모두 잘 움직여야 한다. '나의 에너지를 여기에 집중시킬 수 있을까?'라고 스스로에게 질문해 보자. 어쩌면 우리는 인지적 기법의 진단적 사고보다 마음으로 느끼는 정의적 기법에 더 익숙할지도 모른다. 동양적 문화에서는 정해진 사고의 틀보다는 내용과 스토리를 담을 수 있는 유연성을 더 선호하기 때문이다. 따라서 CPS를 정해진 순서에 따라 진행해야 되는 사고의 공식이라고 생각할 필요는 없다. CPS가 어떤 상황에 따라 문제를 해결할 수 있는 유연한 도구라고 느낀다면 더욱 친숙할 것이다.

2. 진단적 사고의 활용법

진단적 사고도구(thinking tools)를 활용하여 문제해결의 과정에 진입할 수 있다. 그 목적은 개인이나 집단이 사고의 구조화된 전략을 실행하기 위함이다. 먼저 자료를 수집하고 다양한 정보를 활용하여 최대한 다각도로 상황을 탐색할 수 있어야 한다. 대표적인 발산적 사고의 활용 방법으로 육하원칙을 예로 들 수 있다.

1) 발산적 사고를 위한 육하원칙

육하원칙의 기본적인 질문을 바탕으로 발산적 사고를 할 수 있다. '누가, 무엇을, 언제, 어디서, 왜 그리고 어떻게'로 이루어진 의문문으로 기본적인 사항을 전달할 수 있다. 육하원칙을 사용할 때 고려해야 할 발산적 사고의 원리는, 첫째, 판단자제, 많은 아이디어, 연결하기, 새로움의 추구다. 둘째, 상황에 따른 육하원칙을 각각 다른 종이에 분류하여 기록해 본다. 셋째, 각각의 의문문에 '그 밖에(else)'라는 단어를 추가하게 되면 더욱 많은 정보와 자료를 취할 수 있게 된다(누가/그 밖에 누가?, 무엇이/그 밖에 무엇이?). 넷째, 자료의 양과 다양성을 확인해야 한다.

- Who: 일을 진행할 사람, 의사결정권자, 영향을 받는 사람은 누구인가?
- What: 숨겨진 사실, 목표하는 결과는 무엇인가?
- When: 일이 시작되는 시점 등은 언제인가?
- Where: 관련된 일은 어디에서 발생되었는가?
- Why: 왜 이러한 일이 일어났는가?
- How: 이러한 일들을 어떻게 처리할 것인가?

2) 수렴적 사고를 위한 아이디어 체크와 하이라이트

NCS와 관련된 정보나 자료가 매우 방대하기 때문에, 쉽게 다가가기 힘들다고 느낄 수 있다. 관심이 없거나 알고 싶지 않은 지식을 배울 때, 내용보다는 그 자료에 압도되기 쉽다. CPS 과정은 먼저 본인의 분야와 관련된 NCS의 필요한 자료를 파악하는 것이다. 문제와 관련된 자료를 선별할 수 있는 수렴적 사고도구로 아이디어 체크와 하이라이트를 소개하고자 한다.

(1) 간단하게 선택하는 아이디어 체크

아이디어 체크는 다양하게 수집된 자료나 의견을 간단하게 선택해 보는 수렴적 도구다. 수집된 모든 자료와 아이디어 중에서 문제 상황의 본질을 표현하되 흥미로운 내용 옆에 표시를 한다. 선택된 모든 내용에 대해 구체적인 이유가 있을 필요는 없다. 때로는 직관적으로 이 도구를 사용하는 경우가 많다. 아이디어 체크를 사용할 때는 한 번 더 내용을 보면서 새로운 선택을 해야 한다. 그룹에서는 자료를 도출해 내기 위해 구성원들에게 동일한 선택의 기회를 줄 수 있도록 한다. 이러한 방법으로 상황에 맞는 핵심 요소의 이해를 짧은 시간 안에 서로 공유할 수 있다.

(2) 선택된 내용을 분류하는 하이라이트

하이라이트란 우선 선택한 자료를 정리하여 비슷한 범주끼리 분류하는 기법이다. 가장 관련 깊은 자료를 선택해서 개별 자료의 요점을 정리하여 분류한다. 그리고 분류된 각각의 범주에 이름을 기록해 둔다.

하이라이트를 잘 활용하기 위해서는, 첫째, 긍정적인 판단, 참신함 유지, 목표 확인, 집중이라는 수렴적 사고의 원리를 기억하면서 자료를 선택한다. 둘째, 선택된 모든 아이디어나 자료에 번호를 쓴다. 이때 간단히 포스트잇을 사용할 수 있다. 셋째, 선택된 자료의 번호를 확인하면서 함께 포함할 수 있는 내용을 표시한다. 넷째, 선택된 내용의 공통점을 검토하여 분류한다. 모든 내용과 아이디어를 강제적으로 분류할 필요는 없지만 독창적인 자료는 따로 구분해 둔다. 마지막으로 분류된 내용의 주제를 알 수 있도록 대표적인 단어나 구절로 표현한다. 이러한 하이라이트의 과정은 자료에 대한 관점을 확장해 준다. 또한 많은 자료를 다시 설명할 필요가 없이 분류하여 선택할 수 있는 효율적인 기법이다.

3) 메타인지를 활용한 CPS 단계 이동

메타인지(metacognition)란 목표를 인식하면서 어떤 과정으로 생각하고, 생각의 방향을 정할 수 있는 인지적 능력이다.

상황분석의 첫 번째 기능으로 자료를 수집하고(발산적 도구), 가장 중요한 자료를 선택하는(수렴적 도구) 다이아몬드 사고가 있다. 상황분석의 두 번째 기능은 CPS의 중앙에 위치하면서 필요한 진행단계로 이동할 수 있는 위치를 결정하는 것이다.

CPS 과정으로 이동하는 데 세 가지 메타인지 도구를 소개하고자 한다. 창의적 사고가 모든 문제에 투입될 필요는 없다. 따라서 불필요한 사고의 에너지 투입을 막기 위해 4I's를 추천한다. 4I's의 기준으로 해결해야 될 문제를 CPS에 적용함으로써 가치 있는 것인지 판단을 할 수 있다.

다음으로 키워드 검색과 If-then 과정 분석이라는 메타인지 도구는 상황분석을 한 후에 가장 적절한 CPS의 진행 단계를 선택하도록 도와준다.

CPS 과정은 상황이나 문제에 따라 진행단계를 조절할 수 있다. 때로는 이전의 단계로 돌아가거나 몇 단계 앞으로 뛰어넘어 간단하게 CPS 과정을 진행할 수 있다. 이러한 메타인지 도구를 사용하여 문제해결을 위한 창의적인 통찰력과 실용적인 행동이 발현될 수 있다.

(1) 4I's – 어떤 스펙이나 자료를 준비해야 하는지 결정할 때

본인이 어떤 준비가 필요한지 4I's(Isaksen & Treffinger, 1985)라고 불리는 간단한 검사 도구를 활용하길 추천한다. NQF의 수준을 확인하면서 다음의 네 가지 기준을 어떻게 충족하는지 확인해 볼 수 있다.

> • 영향력(Influence): 진로설정에 대한 것으로 NCS, NQF의 기준(표준)에 의거하여 결정했을 때, 이를 실행할 수 있는 잠재적 영향력은 무엇인가?
> • 상상(Imagination): 나의 진로목표에 대하여 미래진행형의 사고를 가지고 있는가?
> • 흥미(Interest): NCS, NQF로 분류된 직업 목표수행을 위해, 무엇이 중요하고, 어느 정도의 시간 투자의 가치가 필요한 것인가?
> • 즉시성(Immediacy): NCS의 기준에 의해 선택된 나의 목표에 대한 준비과정과 노력이 현재 혹은 예측되는 가까운 미래에 유용하게 실현될 수 있는가?

4I's는 "어떤 문제가 CPS 과정을 활용하여 해결책을 찾을 만한 의미가 있는가?"라는 질문에 해결책을 찾을 수 있도록 도움이 되는 메타인지 도구다. 4I's에 정확하게 답할 수 있다면 시간을 단축하여 CPS를 진행할 수 있다. 또한 경력관리에 도움이 될 수 있는 자신만의 포트폴리오를 만들어 가는 데 도움이 될 것이다.

(2) 키워드 검색

키워드 검색(key word search)은 상황에 맞는 적절한 동사를 사용하여 문제를 해결하는 도구다. CPS 진행단계 중 시작해야 될 단계를 결정하기 위함이다. 가령, 누군가 '생각하기'를 원한다고 체크했다면, 그 순간 비전적 사고가 필요하다는 것을 뜻한다. 그렇다면 문제를 해결하는 데 CPS의 비전 찾기에서 시작하면 된다. 반면, '실행하다'라는 동사를 체크했다면, 전술적 사고가 요구되므로 실행계획 완성하기 단계로 진행할 수 있다.

키워드 검색 사용법 : 문제의 본질과 동사를 결합하기

(1) 수집된 자료를 기반으로 "(   )는 ……를 하고 싶다."로 한눈에 볼 수 있는 과제 진술문을 작성한다.

- (   )는 새로운 진로를 생각해 보고 싶다. [비전 찾기]
- (   )는 판매 실적이 떨어지는 이유를 발견하고 싶다. [과제 정하기]
- (   )는 신속한 서비스를 위해 행정적인 절차를 줄이는 방법을 제안하고 싶다. [아이디어 생성하기]
- (   )는 방과 후 프로그램을 강화하고 싶다. [해결책 선택하기]
- (   )는 중앙 기획부의 새로운 정책을 적용하고 싶다. [적용방법 찾기]
- (   )는 4분기 말까지 새로운 시스템을 실행하고 싶다. [실행계획 완성하기]

(2) 진술문에 사용된 동사를 확인한다.

(3) 여섯 가지 CPS 진행단계와 관련된 키워드의 목록을 비교한다.

(4) 키워드 검색으로 확인한 동사를 사용하여 과제 진술문 목록을 작성한다.

(5) 최종 과제 진술문을 선택하여 가장 관련이 깊은 CPS 단계로 진행한다.

〈표 7-1〉 키워드 검색

진행단계	동사로 확인하는 키워드
비전 찾기	상상하다, 꿈꾸다, 살펴보다, 예상하다, 생각하다, 의심하다 등
과제 정하기	명확히 정의하다, 풀다, 해설하다, 폭로하다, 발견하다, 원인파악하다 등
아이디어 생성하기	제안하다, 고안하다, 돌파하다, 개혁하다, 기획하다, 기억하다, 방법을 찾다, 구성하다, 방법을 설계하다 등
해결책 선택하기	개발하다, 확장하다, 평가하다, 구체화하다, 분석하다, 최대화하다, 다듬다 등
적용방법 찾기	설득하다, 거래하다, 홍보하다, 강화하다, 영향력을 미치다, 소개하다, 변호하다, 추천하다 등
실행계획 완성하기	하다, 구상을 다듬다, 작성하다, 정리하다, 순서를 정하다, 고안하다, 실행하다 등

출처: Puccio, Murdock, & Mance(2005).

(3) If-Then 과정 분석

If-Then 과정 분석은 CPS 6단계의 과정을 결정하는 데 도움을 주는 메타인지 도구다(Miller et al., 2001).

키워드 검색에서 확인한 목표를 생각하고, 각 단계의 CPS 기능을 설명하는 여섯 가지의 'If' 진술문과 비교해 보자. 상황에 맞는 'If' 진술문을 확인하면 바로 옆의 'then' 글을 읽어 보자. 창의적 과정을 거쳐야 된다는 이유로 문제해결을 위한 회의를 하지만 가끔씩 문제의 본궤도를 벗어날 수 있다. CPS의 특정 단계에서 문제를 파악하게 되면 해결책이 나오는 시간이 단축된다. If-Then 과정 분석은 현재의 불안감이나 좌절감을 줄여 주면서 원하는 문제해결의 결과를 보여 줄 것이다.

〈표 7-2〉 If-Then 과정 분석

만약 ~하다면, CPS의 (   )단계로 진행하기

If	Then	
만약 노력에 대한 결과와 목표를 세울 필요가 있다면?		'비전 찾기'로
목표를 달성하기 위해 구체적인 방법이나 장애물을 신중하게 관찰할 필요가 있다면?		'과제 정하기'로

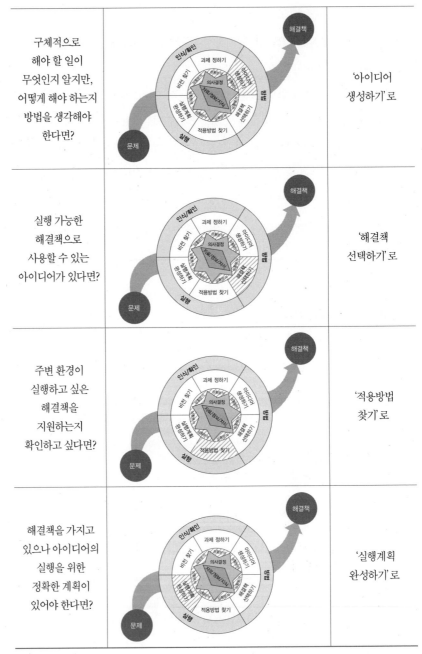

구체적으로 해야 할 일이 무엇인지 알지만, 어떻게 해야 하는지 방법을 생각해야 한다면?		'아이디어 생성하기'로
실행 가능한 해결책으로 사용할 수 있는 아이디어가 있다면?		'해결책 선택하기'로
주변 환경이 실행하고 싶은 해결책을 지원하는지 확인하고 싶다면?		'적용방법 찾기'로
해결책을 가지고 있으나 아이디어의 실행을 위한 정확한 계획이 있어야 한다면?		'실행계획 완성하기'로

출처: Miller et al., (2001).

3. CPS 진단적 사고로 풀어 보는 NCS와 NQF

NCS와 NQF는 개인이 직업사회에서 요구되는 직무능력을 정확히 규정하고 개인의 진로 방향을 제시해 준다. 여기서 스스로에게 다음과 같은 질문을 해 보자. 나의 현재 모습과 비전, 즉 내가 어떤 직업을 가지고 있으며(NCS), 현재는 어떤 수준이고 미래는 어떤 수준일 것인가(NQF)? 또한 나의 목표를 위해서 나는 어떤 수행을 해야 할 것인가? 비전을 정하는 것과 그 외 아이디어나 해결책을 찾고 내가 가능한 방법을 모색하여 계획을 세워 수행하는 CPS 사고기법 과정에 대해 살펴보았다. 지금부터는 CPS로 NCS와 NQF를 이해하고 접근하는 것에 노력을 기울여야 할 것이다.

NQF를 정확하게 알고, 나의 직무역량이 일 현장에서 어느 정도의 수준인지 파악하려면 자기분석이 선행되어야 한다. 이러한 자기분석을 CPS로 진단할 수 있다. 상황분석의 단계는 국가 정책과 주변 상황을 파악하여 자료를 수집하는 것이다. 본인에게 필요한 역량을 갖추고 준비해야 한다.

NCS와 NQF의 직업 요구역량의 종류와 수준이 만약 다른 나라에서도 그대로 통용되고 대우를 받을 수 있을까? 실제 유럽이나 호주연방은 이와 같은 개념의 국가 간 노동인력의 교류가 법적으로 인정받고 있는 상황이다. 이 사례는 우리나라에서 NCS를 시작하는 데 큰 시사점을 주고 있다(조정윤, 오혁제, 2013).

지금부터 개인의 학습 정도, 관심분야를 NCS의 분류에 가장 근접한 영역으로 지정하고, 그 직무영역에서 나의 수준을 NQF 수준으로 변환하여 진단해 볼 필요가 있다. NCS, NQF에서 추구하는 '능력중심의 삶의 질을 높이는 사회'를 실현하는데 학위나 졸업장이 필요해서 반드시 정규교육과정만을 선택할 필요가 없는 것이다. NQF를 활용하여 전공하고자 하는 분야에서 어떻게 교육을 받아야 하고 훈련과정은 어떤 것이 있는지 알아볼 수 있으며, 또한 현장에서 요구하는 자격증과 경력을 쌓을 수 있다. 이러한 과정은 이미 선진국에서 통용되고 있고 발전하는 '평생교육시스템'과 연결할 수 있다. 본인의 수준을 NQF로 진단하고, 평생학습과 연결할 수 있다는 것은 학위를 위해 대학교, 대학원을 다니는 것 이상으로 명확한 방향을 제시해 준다. 개인의 경력개발 측면에서 생각하면 '기회의 균등과 다양한 자기발전의 기회'를 의미하고, 기업이나 사회에 있어서는 '기업이나 사회적 비용손실'을 최소화하여 사회 전체 발전을 위한 시너지로 작용할 것이기 때문이다. 이것을 정리하면 다음과 같다.

첫째, 지금보다 평생학습 관련하여 사회에서 통용되는 객관적이고 합리적인 자기능력개발관리가 가능해져 불필요한 기회비용을 감소시킨다. 예를 들어, 대표적인 평생학습제도는 평생학습계좌, 학점은행, 독학사, 검정고시 등이 있다. 각각은 좋은 제도이기는 하지만 교차승인이 제한되거나 어려운 상황이다. 하지만 NQF가 정착되면 이러한 여러 가지 평생학습제도의 통합이 가능하여 지금보다 훨씬 자유로운 호환성이 보장될 것이다.

둘째, NQF 적용 시 현재보다 더 명확한 직업훈련의 평가 및 인증시스템이 만들어져 직업훈련의 효율성을 높일 수 있다. 이러한 평생학습제도가 NQF로 적용이 된다면 산업현장에서 요구하는 직무수준과 1:1 맞춤대응이 가능해진다. 즉, 개인의 직무수행능력에 대하여 노동시장이 원하는 방향으로 대응이 가능하다.

셋째, NQF 적용 시 도제식 전수교육에 대한 경험을 체계화하여 반영할 수 있으며 대학교육의 선행학습경험(recognition of prior experience learning)를 NQF로 통합 관리한다면 현재보다 더욱 폭넓은 학점시스템으로 운용이 가능할 것이다.

생각해 볼 문제

1. CPS의 진단적 사고도구는 진로나 취업목표를 설정할 때 어떠한 구체적 방법론을 제시하는지 알아보자.

2. CPS의 진단적 사고로 NCS와 NQF에서 지정하는 나의 진로나 취업 또는 경력개발에 대한 해결책을 찾는 데 어떤 장점이 있는지 알아보자.

3. CPS 진단적 사고로 풀어 보는 NCS, NQF의 의의를 각자 정리해 보자.

직업기초능력 사례와 CPS 사례 해설

 사례 1. 지금 낙서를 가져온 겁니까?

W씨는 취업난을 뚫고 드디어 A사에 입사하게 되었다. 기대에 부푼 직장생활은 정말 즐거웠다. 입사하고 처음으로 회의에 들어간 W씨는 회의시간 동안 앞으로의 업무방향과 중요사항 등 많은 사항을 듣고 자신에게 필요한 업무가 무엇인지 느끼게 되었으며 그때마다 간단한 메모를 해 두었다. 회의가 끝나고 얼마 후 팀장님이 W씨를 불러 지난 회의와 관련한 회의록을 가져와 보라고 지시했다.

어떻게 해야 할지 모르는 데다가 평소에 글쓰기에 자신이 없었던 W씨는 쩔쩔매며 고민하다가 회의 때 기록해 두었던 메모를 떠올리고 메모를 새롭게 구성하여 팀장님께 보여드렸다. 회의록을 기대했던 팀장은 W씨의 메모를 보고는 한숨을 쉬며 W씨에게 이렇게 얘기했다. "회의에서 다뤄졌던 중요한 내용은 모두 다 있어 충실하기는 하지만 지금 낙서를 가져온 겁니까? 회의록을 다시 작성해 오세요!"

출처: 국가직무능력표준 사이트(www.ncs.go.kr). 의사소통능력 교수자용 매뉴얼 p. 118.

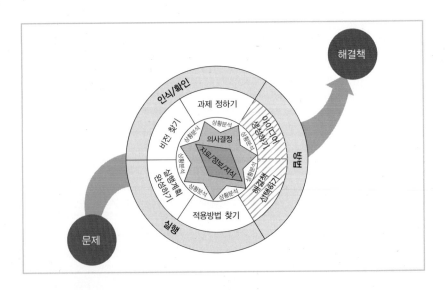

사례 1. 해설

사례 1의 경우, 회의에 참석한 W씨가 회의록을 작성하지 못하여 어려운 상황에 봉착한 내용을 담고 있다. NCS의 직무능력의 영역은 '의사소통능력'이라고 구분되어 있지만 정확히 이야기하면 '문서작성능력'을 근거로 한 사례다.

상사의 지시로 W씨는 낙서수준의 회의록을 재구성하고 재작성해야 한다. 즉, 구체적인 내용으로 문서를 작성할 수 있어야 한다. 의사소통을 하는 데 있어서 구체적으로 표현할 수 있는 사고의 구조화가 어렵게 느껴질 수 있다. 구체적으로 대상, 목적, 시기, 기대효과를 개인의 사고력으로 표현할 수 있어야 한다.

사고의 구조화는 학습으로 훈련될 수 있다. 이러한 상황을 CPS 사고기법의 단계로 풀어 보자면, '아이디어 생성하기'와 '해결책 선택하기' 두 가지로 적용할 수 있다. 먼저 상사의 지시가 직관적인 요구사항이라 창의적 아이디어를 생성해야 할 것이다. 단순하게 회의 때 나온 이야기를 그대로 적는 방식은 피해야 한다. 전체 회의 내용 중에서 중요 부분을 강조한 다음 시각적으로 알기 쉽게 정리할 필요가 있다.

먼저 새로운 회의록 작성에 필요한 여러 가지 아이디어를 확산적으로 탐색한다. 다양한 아이디어에서 조직(또는 팀)의 요구에 맞는 것을 평가해야 한다. 아이디어의 합리적 특성이 조직(또는 팀)의 목표와 맞는다면 그 아이디어를 선택하여 회의록을 작성할 수 있을 것이다. 또한 기존의 사례나 양식을 참고하는 것은 좋은 방법이다.

이러한 사례는 CPS 사고기법 중에서 '이상적 사고'와 '평가적 사고'로 해결할 수 있다. 단순히 아이디어가 중요한 것이 아니라 주어진 목표에 맞는 참신한 아이디어를 탐색하고, 적합성, 효과성, 실행 가능성을 살펴보아야 할 것이다. 즉, 아이디어 생성하기와 해결책 선택하기는 상호작용하여 지속적인 피드백이 유지되는 사고과정이다.

직장인으로서 당장 해결책이 떠오르지 않는 문제의 발생이나 업무지시를 받았을 경우가 있을 것이다. 그것이 조직 내 구체적인 과업이라면 '아이디어 생성하기'와 '해결책 선택하기'를 중점으로 '이상적 사고'와 '평가적 사고'의 단계를 활용하면 창의적인 해결책이 도출될 수 있을 것이다.

사례 2. 어? 어? 우리말이 아니네?

국내 자동차부품 조립업체에 다니는 M씨는 요즘 전화 받기가 두려워졌다. 회사가 국내시장을 넘어 외국의 자동차부품 납품을 시작하여 성실하기로 소문난 M씨도 관련 업무를 맡게 되었기 때문이다. 외국 B사와의 계약추진이 좋은 성과를 이루어 해외에서도 발주량이 늘게 되었다.

그러면서 외국 B사에서 전화가 오곤 하는데 M씨는 수화기 너머로 외국어가 들리면 아득해질 때가 한두 번이 아니다. 기본적인 기초외국어도 어려워 외국 B사 관계자와 통화를 할 때마다 통역을 해 줄 수 있는 직원을 찾아다니느라 정신이 없고 그동안 외국 B사의 관계자는 기다리기 일쑤다. 의욕적이었던 업무도 서서히 전화소리만 들려도 걱정이 앞서는 상황이 되어 버렸다.

결국 M씨는 외국 B사를 직접 응대하는 업무가 아닌 다른 업무로 위치가 바뀌게 되었고, 그제야 기초외국어의 필요성을 절실히 느끼고, 공부를 시작했다.

출처: 국가직무능력표준 사이트(www.ncs.go.kr). 의사소통능력 교수자용 매뉴얼 p. 262.

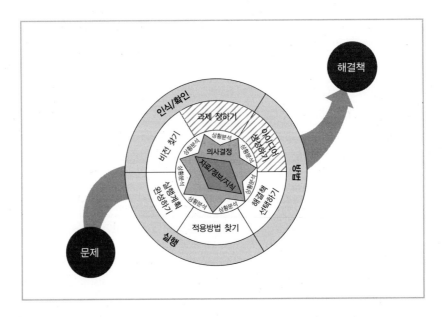

사례 2. 해설

사례 2는 많은 직장인들이 실제로 경험할 수 있는 보편적 내용이다.

M씨는 업무상 '영어'가 필요한 상황이지만 '기초외국어능력'이 부족하다는 문제를 가지고 있다. 이러한 문제는 국제화시대에 경쟁하는 기업의 목표 실행에 어려움이 있다는 의미다. 외국어 실력의 부족이라는 문제를 해결하기 위해 단순히 '어학점수'를 올리려고 학원에 다니는 것은 CPS 해결책이 아니다. NCS 사례에서 제시된 '기초외국어능력'의 역량강화를 위한 해결책을 CPS 사고기법으로 찾아보자. 먼저 '외국에서 걸려 온 전화로 기본적인 의사소통하기'라는 목표를 정한다.

현재는 전화 의사소통이 힘들지만 그러한 문제를 극복하기 위한 다양한 방법을 '전략적 사고'로 접근할 수 있다. 실제 직무를 수행하기 위해 필요한 어휘를 암기하는 것이 필요하다. 영어평가를 위한 점수 올리기 식의 공부가 아니라 업무의 분야나 특성을 알고 있는 M씨에게 유리한 영어 학습방법을 찾아보는 것이다. 이상적 사고기법으로 영어를 잘하기 위한 다양한 방법을 탐색해 보는 시간을 가져 보는 것이 좋다. 실용적인 업무수행을 위해 기초외국어능력이 반드시 필요하다고 느낀 상태에서 영어공부를 하게 된다면, 더욱 효율성을 높일 수 있을 것이다.

제8장

직업기초능력 I

직업기초능력은 누구나 직업인으로서 가져야 할 기반이 되는 능력을 말한다. 우리나라 NCS 시스템에서는 10가지의 직업기초능력 영역을 제시하고 있다. 이러한 영역의 구분은 각각의 능력으로 분리되어 존재하는 것이 아니라 서로 연결되어 있다. 직업기초능력은 특정 직무의 수행에 있어서 꼭 필요한 능력이기 때문에 NCS 기반 채용프로세스의 한 평가 부분으로 운용할 수 있다. 하지만 이것은 암기나 지식습득의 개념이 아니기 때문에 평소부터 꾸준한 사고훈련이 필요하다.

직장생활을 하면서 부딪칠 수 있는 여러 상황에 대하여 스스로 분석, 판단하여 최적의 해결방법을 선택해야 한다. 이러한 점을 생각할 때, 직업기초능력은 직업인으로서 누구나 가져야 할 기본능력임을 알 수 있다. 여기서는 직업기초능력에 대해서 간단히 설명하고 어떤 관점이 필요한지 살펴보도록 하겠다. 8장과 9장에 걸쳐 직업기초능력 7가지(10개 모듈 중 기술분야, 정보분야, 수리분야 제외)를 설명하고자 한다. 8장은 의사소통능력, 문제해결능력, 자기계발능력, 자원관리능력을, 9장은 대인관계능력, 조직이해능력, 직업윤리 및 직업기초능력 평가에 대하여 설명하겠다.

1. 직업기초능력이란 무엇인가

　　NCS는 '국가직무능력표준'이다. 직무능력은 크게 '직업기초능력'과 '직무수행능력' 두 가지로 분류한다. 직무수행능력을 세분화하면 산업공통능력, 직무필수능력, 직무선택능력 세 가지로 나눌 수 있다. 이 두 가지의 능력 구분은 능력 수준이 아니라 범용성, 호환성 기준으로 편의상 나눈 것이다. 즉, '직업기초능력'은 직업인으로서 누구나 가져야 할 보편적이고 범용 가능한 기본능력이며, '직무수행능력'은 특정산업이나 직업에서 공통적으로 요구되는 능력을 의미한다. 따라서 기업에서 직원을 채용한다면 두 가지 능력 모두를 고려하게 될 것이지만, 현실적으로 신입사원의 경우 직업에 대한 직접적 경험이 있는 경우가 드물기 때문에 직업기초능력 위주로 평가가 이루어지게 된다. 이와 구분하여 직무수행능력은 어느 정도 직무경험이 있어서 실무적인 능력판단이 가능한 경우 이루어진다. 예를 들어, 평가가 분명한 기술직이나 경험이나 경력의 요구사항이 높은 경우 직무수행능력의 평가 비중이 높아질 것이다. [그림 8-1]에 설

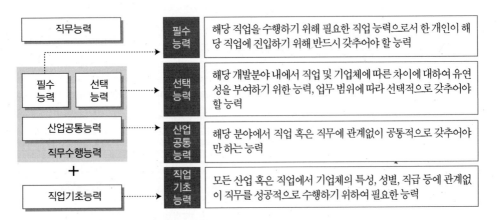

[그림 8-1] NCS 구조에서 본 직업기초능력

출처: 한국산업인력공단(2013). 국가직무능력표준 개발추진현황.

명된 직무수행능력은 직업기초능력을 제외한 능력들의 합집합이다.

　직업기초능력은 직업인이 가져야 할 자질이나 기본능력을 의미하며 의사소통능력, 수리능력, 문제해결능력, 자기계발능력, 자원관리능력, 대인관계능력, 정보능력, 기술능력, 조직이해능력, 직업윤리까지 10개의 영역으로 구분된다.

〈표 8-1〉 직업기초능력 10가지 영역 및 하위 모듈

No	직업기초능력 영역		영역별 정의
	No.	하위능력	
1	의사소통능력		업무를 수행함에 있어 글과 말을 읽고 들음으로써 다른 사람이 뜻한 바를 파악하고, 자기가 뜻한 바를 글과 말을 통해 정확하게 쓰거나 말하는 능력
	1-1	문서이해능력	업무를 수행함에 있어 다른 사람이 작성한 글을 읽고 그 내용을 이해하는 능력
	1-2	문서작성능력	업무를 수행함에 있어 자기가 뜻한 바를 글로 나타내는 능력
	1-3	경청능력	업무를 수행함에 있어 다른 사람의 말을 듣고 그 내용을 이해하는 능력
	1-4	의사표현능력	업무를 수행함에 있어 자기가 뜻한 바를 말로 나타내는 능력
	1-5	기초외국어능력	업무를 수행함에 있어 외국어로 의사소통할 수 있는 능력
2	수리능력		업무를 수행함에 있어 사칙연산, 통계, 확률의 의미를 정확하게 이해하고, 이를 업무에 적용하는 능력
	2-1	기초연산능력	업무를 수행함에 있어 기초적인 사칙연산과 계산을 하는 능력
	2-2	기초통계능력	업무를 수행함에 있어 필요한 기초 수준의 백분율, 평균, 확률과 같은 통계능력
	2-3	도표분석능력	업무를 수행함에 있어 도표(그림, 표, 그래프 등)가 갖는 의미를 해석하는 능력
	2-4	도표작성능력	업무를 수행함에 있어 필요한 도표(그림, 표, 그래프 등)를 작성하는 능력
3	문제해결능력		업무를 수행함에 있어 문제 상황이 발생하였을 경우, 창조적이고 논리적인 사고를 통하여 이를 올바르게 인식하고 적절히 해결하는 능력
	3-1	사고력	업무와 관련된 문제를 인식하고 해결함에 있어 창조적, 논리적, 비판적으로 생각하는 능력
	3-2	문제처리능력	업무와 관련된 문제의 특성을 파악하고, 대안을 제시, 적용하고 그 결과를 평가하여 피드백하는 능력
4	자기계발능력		업무를 추진하는 데 스스로를 관리하고 계발하는 능력
	4-1	자아인식능력	자신의 흥미, 적성, 특성 등을 이해하고, 이를 바탕으로 자신에게 필요한 것을 이해하는 능력
	4-2	자기관리능력	업무에 필요한 자질을 지닐 수 있도록 스스로를 관리하는 능력
	4-3	경력개발능력	끊임없는 자기계발을 위해서 동기를 갖고 학습하는 능력

5		자원관리능력	업무를 수행하는 데 시간, 자본, 재료 및 시설, 인적자원 등의 자원 가운데 무엇이 얼마나 필요한지를 확인하고, 이용 가능한 자원을 최대한 수집하여 실제 업무에 어떻게 활용할 것인지를 계획하고, 계획대로 업무수행에 이를 할당하는 능력
	5-1	시간자원 관리능력	업무수행에 필요한 시간자원이 얼마나 필요한지를 확인하고, 이용 가능한 시간자원을 최대한 수집하여 실제 업무에 어떻게 활용할 것인지를 계획하고 할당하는 능력
	5-2	예산자원 관리능력	업무수행에 필요한 자본자원이 얼마나 필요한지를 확인하고, 이용 가능한 자본자원을 최대한 수집하여 실제 업무에 어떻게 활용할 것인지를 계획하고, 할당하는 능력
	5-3	물적자원 관리능력	업무수행에 필요한 재료 및 시설자원이 얼마나 필요한지를 확인하고, 이용 가능한 재료 및 시설자원을 최대한 수집하여 실제 업무에 어떻게 활용할 것인지를 계획하고 할당하는 능력
	5-4	인적자원 관리능력	업무수행에 필요한 인적자원이 얼마나 필요한지를 확인하고, 이용 가능한 인적자원을 최대한 수집하여 실제 업무에 어떻게 활용할 것인지를 계획하고, 할당하는 능력
6		대인관계능력	업무를 수행함에 있어 접촉하게 되는 사람들과 문제를 일으키지 않고 원만하게 지내는 능력
	6-1	팀워크능력	다양한 배경을 가진 사람들과 함께 업무를 수행하는 능력
	6-2	리더십능력	업무를 수행함에 있어 다른 사람을 이끄는 능력
	6-3	갈등관리능력	업무를 수행함에 있어 관련된 사람들 사이에 갈등이 발생하였을 경우 이를 원만히 조절하는 능력
	6-4	협상능력	업무를 수행함에 있어 다른 사람과 협상하는 능력
	6-5	고객서비스 능력	고객의 요구를 만족시키는 자세로 업무를 수행하는 능력
7		정보능력	업무와 관련된 정보를 수집하고, 이를 분석하여 의미 있는 정보를 찾아내며, 의미 있는 정보를 업무수행에 적절하도록 조직하고, 조직된 정보를 관리하며, 업무수행에 이러한 정보를 활용하고, 이러한 과정에 컴퓨터를 사용하는 능력
	7-1	컴퓨터활용능력	업무와 관련된 정보를 수집, 분석, 조직, 관리, 활용하는 데 있어 컴퓨터를 사용하는 능력
	7-2	정보처리능력	업무와 관련된 정보를 수집하고, 이를 분석하여 의미 있는 정보를 찾아내며, 의미 있는 정보를 업무수행에 적절하도록 조직하고, 조직된 정보를 관리하며, 업무 수행에 이러한 정보를 활용하는 능력
8		기술능력	업무를 수행함에 있어 도구, 장치 등을 포함하여 필요한 기술에는 어떠한 것들이 있는지 이해하고, 실제로 업무를 수행함에 있어 적절한 기술을 선택하여 적용하는 능력

8	8-1	기술이해능력	업무수행에 필요한 기술적 원리를 올바르게 이해하는 능력
	8-2	기술선택능력	도구, 장치를 포함하여 업무수행에 필요한 기술을 선택하는 능력
	8-3	기술적용능력	업무수행에 필요한 기술을 업무수행에 실제로 적용하는 능력
9	조직이해능력		업무를 원활하게 수행하기 위해 국제적인 추세를 포함하여 조직의 체제와 경영에 대해 이해하는 능력
	9-1	국제감각	주어진 업무에 관한 국제적인 추세를 이해하는 능력
	9-2	조직체제 이해능력	업무수행과 관련하여 조직의 체제를 올바르게 이해하는 능력
	9-3	경영이해능력	사업이나 조직의 경영에 대해 이해하는 능력
	9-4	업무이해능력	조직의 업무를 이해하는 능력
10	직업윤리		업무를 수행함에 있어 원만한 직업생활을 위해 필요한 태도, 매너, 올바른 직업관
	10-1	근로윤리	업무에 대한 존중을 바탕으로 근면하고 성실하고 정직하게 업무에 임하는 자세
	10-2	공동체윤리	인간 존중을 바탕으로 봉사하며, 책임 있고, 규칙을 준수하며 예의 바른 태도로 업무에 임하는 자세

출처: 능력중심채용 홈페이지(www.ncs.go.kr/onspec/main.do).

10개 직업기초능력은 크게 3가지로 정리할 수 있다. 첫째, 조직 지향적인 능력이다. 즉, 한 사람의 개인문제가 아니라 조직에서 개인이 최고의 성과를 위해 가져야 할 필수능력임을 알 수 있다. 둘째, 행동중심의 능력으로 문제해결이나 자기계발, 자원관리능력은 성과를 전제로 한 능력이다. 예를 들어, 문제해결능력의 경우 어떤 예상하지 못한 문제나 상황에 대하여 효과적으로 해결책을 제시할 수 있는 중요한 기준이다. 또는 자기계발능력의 경우 스스로를 알고 내가 조직내의 발전과 성장을 위해 어떤 수행을 할 것인지에 중점을 둘 수 있다. 셋째, 수행과정을 포함한 능력이다. 최적의 결과나 성취는 문제해결을 위한 해결책이나 방법론을 찾아 실행했을 때 가능할 것이다. 정보능력은 개인이 직무를 수행함에 있어서 컴퓨터 이론이나 지식을 포함하여 실제 활용할 수 있는 수행과정을 더 중요시한다. 예를 들면, 수리능력의 하위능력 중 '도표분석능력'이 있다. 이때 요구되는 것은 도표에 대한 정보를 아느냐 모르느냐가 아니라 도표의 의미를 잘 분석하고 이러한 분석을 기반으로 도표에서 주어진 과업을 해결하는 수행과정이다. 따라서 직업기초능력은 기본적으로 사고능력을 필요한다. 사고능력은 단순히 '안다, 모른다'가 아니라 상황을 분석하고 선택하고 해결책을 찾아 실행할 수 있는 과정을 의미한다. 직업기초능력은 단순한 의미의 인·적성 테스트와는 구별되어야 한다. 이는 암기나 이해만으로 가능한 것이 아니다. 우리는 어떤 상황을 명확하게 인식하고, 효율적인 해결방법을 찾을 수 있어야 한다. 직업기초능력은 특정한 직무상황에서 항상 복합적으로 적용되기 때문이다.

예를들어, 자기계발능력의 경력관리능력을 고려하자면 개인의 문제해결능력과 조직이해능력, 자원관리능력 등에 이르기까지 서로 관련되어 있다. 아울러 NCS를 기반으로 하는 능력중심사회의 기본 가치관을 실현하기 위해서는 직업기초능력이 제시하는 여러 가지 기초능력의 전반적인 습득과 성장이 필수적이다. 먼저 직업기초능력의 종류와 의미를 파악해야 한다. 따라서 다양한 상황에서 문제의 해결책을 찾아내려는 사고의 습관을 꾸준히 기르는 것이 중요하다.

2. 의사소통능력

의사소통능력은 업무를 수행함에 있어 다른 사람이 뜻한 바를 파악하고, 자기의 의사를 글과 말을 통해 정확하게 쓰거나 말하는 능력이다(www.ncs. go.kr).

직업기초능력의 특성은 조직지향적이며 수행중심이다. 의사소통능력은 단순히 다른 사람의 이야기를 듣고 판단하는 것이 아니라 다른 사람의 의견에 대하여 내가 적절하게 대응할 수 있는 것을 의미한다. 또한 자신의 의도나 의견을 '말' 뿐만 아니라 '글'로써 정확하게 전달하는 것을 규정하고 있다. 따라서 의사소통능력이 우수하다는 것은 단순히 말을 잘한다거나 자신의 주장을 잘 펼친다는 의미가 아니다. 예를 들어, 하부 능력(모듈)에도 나타나 있지만 '경청'이 제시된 이유가 이 때문이다. 〈표 8-2〉는 의사소통능력의 하위 모듈에 대해서 정리한 내용이다.

　의사소통능력은 말로 표현하는 음성언어와 작성해야 하는 문자언어를 구분하여 제시한다. 먼저 문서이해능력은 개인이 직무와 관련된 일련의 정보를 문자언어로 파악하는 것이다. 이에 비하여 문서작성능력은 문자언어로 보고하는 능력을 의미한다. 즉, 직장생활은 말로써 소통이 이루어지는 부분도 있겠지만 많은 부분의 소통은 문서로 이루어진다. 따라서 이와 같은 문서의 이해와 작성능력은 매우 중요한 직무능력의 기초다. 이와 더불어 말하기 부분은 경청과 언어구사로 제시되고 있다. 이와 같은 일련의 기초능력모듈은 직무수행을 준비하기 위한 예비단계임을 알아야 한다.

　예를 들어, 언어구사능력은 자신이 뜻한 바를 목적과 상황에 맞게 구사할 수

〈표 8-2〉 의사소통능력 하위모듈

하위능력	정의	세부요소
문서이해능력	업무를 수행함에 있어 다른 사람이 작성한 글을 읽고 그 내용을 이해하는 능력	문서정보 확인 및 획득
		문서정보 이해 및 수집
		문서정보 평가
문서작성능력	업무를 수행함에 있어 자기가 뜻한 바를 글로 나타내는 능력	작성문서의 정보 확인 및 조직
		목적과 상황에 맞는 문서작성
		작성한 문서 교정 및 평가
경청능력	업무를 수행함에 있어 다른 사람의 말을 듣고 그 내용을 이해하는 능력	음성정보와 매체정보 듣기
		음성정보와 매체정보 내용 이해
		음성정보와 매체정보에 대한 반응과 평가
언어구사능력	업무를 수행함에 있어 자기가 뜻한 바를 말로 나타내는 능력	목적과 상황에 맞는 정보조직
		목적과 상황에 맞게 전달
		대화에 대한 피드백과 평가
기초 외국어능력	업무를 수행함에 있어 외국어로 의사소통할 수 있는 능력	외국어 듣기
		일상생활의 회화 활용

출처: 국가직무능력표준 사이트(www.ncs.go.kr).

있는 것이다. 목적과 상황에 맞는 적절한 해결책을 상대에게 제시할 수 있어야한다. 단순히 말을 잘한다는 의미가 아니라 정확히 어떤 것을 표현할 수 있는지고민해야 한다는 의미다. 다음의 여러 가지 사례를 통해 좀 더 상세히 살펴보도록 하겠다.

3. 문제해결능력

문제해결능력은 '업무를 수행함에 있어 문제 상황이 발생하였을 경우, 창조적이고 논리적인 사고를 통하여 이를 올바르게 인식하고 적절히 해결하는 능력이다'(www.ncs.go.kr). 문제해결능력은 직업기초능력 중에서 가장 중요한 능력중의 하나다. 문제해결이 모든 기초능력에서 추구하는 기본적 원리이기 때문이다. NCS에 있어서 문제해결능력은 하위 모듈이 두 개로 제시되어 있다. 첫째는사고력이고, 둘째는 문제처리능력이다. 일반적으로 사고력은 어떤 문제에 대하여 논리적으로 인식하고 해결책을 찾는 것을 의미한다. 하지만 직무능력의 관점에서 바라본 사고력은 반드시 문제를 해결하기 위한 과정으로 이해해야 한다.문제해결능력은 궁극적으로 문제를 해결하여 성과를 보이는 것이다. 단순히 눈에 보이는 행동뿐만 아니라 그 행동을 하게 되는 사고과정까지 고려해야 된다.NCS에서 정의된 바와 같이 사고력은 업무에 관련된 문제를 인식하고 분석할 수있는 능력이며, 문제처리능력은 업무와 관련된 문제에 대하여 해결책을 제시하는 것이다. 따라서 주어진 문제나 상황을 평가하고 분석할 수 있어야 한다.

현재 많은 기업들은 창의적 사고를 갖춘 인재를 원한다. NCS에서 추구하는인재상도 이와 방향을 같이한다. 사고력의 세부요소에는 창의적 사고, 논리적사고, 비판적 사고가 있다. 이러한 사고력은 기업의 요구를 반영한다. 현대의 고도화된 산업사회에서는 단순히 정해진 규칙만 따르기에는 한계가 있기 때문에사고력을 갖춘 인재를 선호한다. 그러므로 대부분의 기업에서는 창의적 사고와

〈표 8-3〉　문제해결능력 하위모듈

하위능력	정의	세부요소
사고력	업무와 관련된 문제를 인식하고 해결함에 있어 창조적 · 논리적 · 비판적으로 생각하는 능력	창의적 사고
		논리적 사고
		비판적 사고
문제처리 능력	업무와 관련된 문제의 특성을 파악하고 대안을 제시 · 적용하고 그 결과를 평가하여 피드백하는 능력	문제 인식
		대안 선택
		대안 적용
		대안 평가

출처: 국가직무능력표준 사이트(www.ncs.go.kr).

문제해결력을 강조하고 있다.

창의적 사고는 이전에 없었던 해결책을 제시할 수 있는 능력이다. 그러려면 먼저 상황에 대한 정확한 분석이 뒷받침되어야 한다. 따라서 NCS에서 제시하는 창의적 사고는 올바른 판단을 할 수 있을 정도의 정보 축적과 해석, 정보에 대한 명확한 구분이 선행되어야 함을 뜻한다. 문제해결능력은 대안을 제시하고 행하기 위한 일련의 사고과정이다. 이러한 사고과정을 CPS 사고기법으로 훈련할 수 있다. 따라서 NCS를 창의적 사고기법으로 접근할 수 있는 방법을 10장부터 소개하고자 한다.

4. 자기계발능력

자기계발능력은 '업무를 추진하는 데 스스로를 관리하고 계발하는 능력이다(www.ncs.go.kr).' 자기계발은 '업무를 추진'한다는 전제조건이 있음을 유의하자. 직업기초능력의 자기계발능력은 직업인으로서 직무역량 계발을 포함한다. 직업기초능력 중 자기계발능력은 3개의 하위모듈로 구성되어 있다. 자아인식능력, 자기관리능력, 경력개발능력이다. 자기계발능력의 하위모듈은 〈표 8-4〉와 같다. 직업이나 진로를 선택함에서 제일 먼저 선행되어야 하는 것은 자기자신을 분석하고 정의를 내리는 것이다. 이것을 직업기초능력에서는 '자아인식'이라고 제시하고 있다. 자신을 안다는 것을 개인적 측면과 환경적 측면에서 알아볼 수 있다. 즉, 내가 좋아하는 것, 잘하는 것, 추구하는 것을 정의하고 동시에 어떤 특정한 직업이 요구하는 능력이나 역량을 알아야 한다. 이를 근거로 직업인으로서 자아인식 과정이 이루어져야 한다.

자아인식능력은 자신의 이해, 자신의 능력 표현, 자신의 능력발휘 방법이라는 세 가지로 구성되어 있다. 자기이해가 선행되어야 자신의 능력을 표현하고 발휘할 수 있다. 자기 자신을 바르게 안다는 것은 내가 할 수 있는 능력이 무엇이고 그것을 어느 정도 수준에서 수행할 수 있는지 스스로 파악하는 능력이다. 이러한 수준에 도달하기 위해서는 단편적 생각이나 교과서적 지식만으로는 정리할 수는 없다. 경험을 통한 학습, 직무에 필요한 여러 가지 정보를 통하여 자신이 수행하는 직무를 정확히 알아야한다.

NCS 직업기초능력은 직무수행 전, 자기의 능력을 분석할 수 있는 사고력을

〈표 8-4〉 자기계발능력 하위모듈

하위능력	정의	세부요소
자아인식 능력	자신의 흥미, 적성, 특성 등을 이해하고 이를 바탕으로 자신에게 필요한 것을 이해하는 능력	자기이해
		자기의 능력 표현
		자신의 능력발휘 방법
자기관리 능력	업무에 필요한 자질을 지닐 수 있도록 스스로 관리하는 능력	개인의 목표 정립(동기화)
		자기통제
		자기관리 규칙의 주도적 실천
경력개발 능력	끊임없는 자기계발을 위해서 동기를 갖고 학습하는 능력	삶과 직업세계에 대한 이해
		경력개발 계획 수립
		경력전략의 개발 및 실행

출처: 국가직무능력표준 사이트(www.ncs.go.kr).

바탕으로 한다. 본격적인 실천의 단계로 두 가지를 생각해 볼 수 있다. 먼저 목표를 정립하고, 다음으로 목표를 위한 과정에서의 자기통제가 이루어져야 한다. 전략과 전술의 사고기법이 필요하다. 자기관리는 충분히 검토를 거쳐 계획을 세우고 그것을 체계적으로 이루려는 노력이다. 실질적인 실행 과정에서 자기통제가 적절하고 효율적으로 이루어져야 한다. 이 모든 과정은 자신의 잠재의식 속에 지닌 사고력을 통해 시작된다.

계획을 세우고 실행할 수 있는 경력개발은 자아인식과 자기관리가 지속적으로 이루어지는 과정에서 비롯된다. 경력개발은 지금까지 이룩해 놓은 능력이나 역량을 통제 관리하고 이를 기반으로 앞으로 나아가야 할 방향을 구체적으로 정해서 수행하는 과정이다.

경력개발을 위해 제일 먼저 고민해야 할 부분은 삶과 직업을 이해하는 것이다. 자아인식과 자기관리를 축적하여 스스로의 삶과 직업적 목표에 대한 성찰이 이루어져야 한다. 왜냐하면 삶과 직업은 결국 같은 의미이기 때문이다. 대부분의 직업인들은 직업을 중심으로 각자의 삶을 영위한다. 따라서 우리 대부분은 직업적 삶을 충실히 살아야 한다.

자아인식과 자기분석 단계가 지났다면, 경력개발계획(Career Development Planning: CDP)을 실행할 수 있다. CDP는 계획수립단계부터 실행까지의 과정으로 이루어진다. CDP는 사실상 개인마다 특화된 측면이 강하기 때문에 계획수립 자체만으로는 진정한 의미가 없다. 자아인식, 자기관리, 경력개발 세 가지는 함께 상호작용하면서 역동적으로 움직이는 것이다.

자기계발능력에서 가장 중요한 것은 자기와 타인의 관계를 정의할 수 있는 관점이 요구된다. 직업인이란 혼자 생활하는 것이 아니기 때문에 관계에 의한 상황에서 비롯된 성장이 필요하다. 하지만 그것은 내가 존재해야 가능한 것이다. 따라서 자아인식과 자기관리를 얼마나 잘 하느냐에 따라 성공적인 경력개발이 이루어진다고 볼 수 있다.

5. 자원관리능력

'자원관리능력'에 대한 NCS 사이트에서의 사전 정의는 다음과 같이 제시하였다. '업무를 수행하는 데 시간, 자본, 재료 및 시설, 인적자원 등의 자원 가운데 무엇이 얼마나 필요한지를 확인한다. 그리고 이용 가능한 자원을 최대한 수집하여 실제 업무에 어떻게 활용할 것인지를 계획하고, 계획대로 업무수행에 이를 할당하는 능력이다(www.ncs.go.kr).' 어떤 일을 수행함에 있어 직무나 업무상 필요한 유·무형의 자원을 어떻게 관리해야 하는지 설명하고 있다. NCS에서 정의하는 자원관리능력은 업무수행을 위한 모든 자원을 확인하고, 수집하여 활용방법을 계획, 실행하는 것이다.

자원은 '시간' '자본(돈)' '시설(물적 자원)' '인간'이라는 네 가지로 분류할 수 있다. 이러한 분류는 자원관리능력의 하위 모듈 구분과 일치한다. 직무를 수행함에 있어 이러한 네 가지 요소와 관련된 상황이나 문제에 직면하게 된다. 대부분은 분리되지 않고, 복합적으로 발생한다. 예를 들어, 얼마의 비용을 들여 어떤 시간 내에 어떤 사람이 어떤 물적 자원(재료나 장비)으로 어떤 이익이나 목표를 성취할 것인가? 이와 같은 선택의 문제는 직업인으로서 매일 접하는 익숙한 상황이다. 자원관리능력은 어느 직업을 가지더라도 기본적으로 가져야 할 이유가 여기에 있다. 여기서 자원관리능력은 단순히 예산을 짜거나 인원을 배치하는 것이 아니다. 자원관리는 여러 선택안 중 어떤 방법이 문제해결의 최선인지 주변의 자원을 종합적으로 분석하고 예측하여 방법을 정하는 것이다.

NCS 직업기초능력에서 요구하는 자원관리능력은 '업무를 수행함에 있어 직면하는 문제해결 상황에서 그것을 해결하기 위한 자원의 적절한 사용계획 및 수행'을 의미하는 것이다. 기업은 위험부담을 최대한 줄여 최대의 이익이나 성과를 이루는 것을 목표로 한다. 따라서 어떤 문제를 해결함에 있어 자원의 수집 및 집행은 어느 기업이든지 제일 중요한 화두가 된다. 기업의 정책적 방향과 실무 차원에서 자원관리는 기업에 속한 모든 구성원이 가장 중요하게 생각해야 할 과제다. 이와 같은 관점에서 자원관리능력 하위 모듈을 〈표 8-5〉와 같이 정리하였다. 자원의 의미가 무엇인지, 자원 중에 시간, 돈, 장비, 인적자원은 어떻게 계획하고 배분해야 할 것인지 신중히 고려해야 한다.

　각 자원에 대하여 확인, 수집, 계획, 할당이라는 네 가지 요소가 공통적으로 제시되고 있다. 이는 자원의 종류에 관계없이 필요한 단계다. 이러한 단계는 자원관리와 관련된 문제 발생 시 공통적으로 고려해야 할 순서다. 특히 계획과 할당은 전략적 사고에서 비롯된다. 즉, 원하는 목적에 부합되는 최소의 자원소비로 최대성과를 달성해야 하기 때문이다. 이것은 크게는 기업의 생존과 직결된 문제이며, 작게는 한 부서 또는 실무자 한 사람 한 사람의 성과관리에도 직결되는 문제다. 자원관리능력은 현재까지는 전형적인 조직지향의 가치로 생각되었

〈표 8-5〉 자원관리능력 하위 모듈

하위능력	정의	세부요소
시간관리 능력	업무수행에 필요한 시간자원이 얼마나 필요한지 확인하고 이용 가능한 시간자원을 최대한 수집하여 실제업무에 어떻게 활용할 것인지 계획하고 할당하는 능력	시간자원의 확인 및 확보
		시간자원 활용계획 수립
		시간자원 할당
예산관리 능력	업무수행에 필요한 자본자원이 얼마나 필요한지 확인하고 이용 가능한 자본자원을 최대한 수집하여 실제업무에 어떻게 활용할 것인지 계획하고 할당하는 능력	예산 확인
		예산 할당
물적자원 관리능력	업무수행에 필요한 재료 및 시설자원이 얼마나 필요한지 확인하고 이용 가능한 재료 및 시설자원을 최대한 수집하여 실제업무에 어떻게 활용할 것인지 계획하고 할당하는 능력	물적자원 확인
		물적자원 할당
인적자원 관리능력	업무수행에 필요한 인적자원이 얼마나 필요한지 확인하고 이용 가능한 인적자원을 최대한 수집하여 실제업무에 어떻게 활용할 것인지 계획하고 할당하는 능력	인적자원 확인
		인적자원 할당

출처: 국가직무능력표준 사이트(www.ncs.go.kr).

다. 예를 들어, '시간' '돈' '장비' '원료'가 주는 느낌은 개인의 직무라기보다 기업 조직이 고민할 문제로 인식이 되었다. 하지만 사회ㆍ경제적 패러다임의 변화로 자원관리는 기업 조직이 아닌 구성원 그 누구라도 다양한 상황을 진단하여 계획, 실행(할당)해야 한다.

생각해 볼 문제

1. 직업기초능력의 의미에 대해서 생각해 보자. 나에게 특화된 직업기초능력의 영역과 이미 성취했거나 경험한 직무능력(산업공통능력 등)을 구분하여 정리해 보자.

2. 직업기초능력 중 '의사소통능력'의 하위영역을 참고하여 자신에게 맞는 적절한 사례를 찾아보자.

3. 직업기초능력 중 '문제해결능력'의 하위영역(사고력, 문제처리능력)을 참고하여 자신에게 맞는 적절한 사례와 나만의 문제해결방법을 생각해 보자.

4. 직업기초능력 중 '자기계발능력'의 하위영역(자기인식, 자기관리, 경력개발능력)을 참고하여 자신에게 맞는 적절한 사례와 나만의 문제해결방법을 생각해 보자.

5. 직업기초능력 중 '자원관리능력'의 하위영역(시간관리능력 포함 5개 영역)을 참고하여 자신에게 맞는 적절한 사례와 나만의 문제해결방법을 생각해 보자.

직업기초능력 사례와 CPS 사례 해설

📠 사례 1. 문제를 문제로 인식하기

　K과장은 영업부에서 유능한 세일즈맨으로 인정받고 있었다. 그는 세심하고 적극적인 성격과 좋은 인상으로 처음 만나는 상대와도 쉽게 친해지는 장점으로 인간관계가 좋은 편이다. 특별히 뛰어난 능력이 있는 것은 아니지만 고객의 어려움을 직접 해결해 주고 인간적으로 고객을 대해 왔기 때문에 실적도 매우 좋은 편이다.

　물론 설득력 있는 화술과 자사제품에 대한 깊은 지식으로 제품을 판매하는 기술도 좋은 편이다. 따라서 K과장은 자신의 영업성적이나 영업기술에 대한 자신감을 갖고 있었다. 그런데 최근 들어 기존의 고객들이 하나둘씩 계약을 해지하고, 새로운 고객들에 대한 제품판매도 예전처럼 여의치 않게 되었다. 이러한 현상을 K과장은 경기가 좋지 않기 때문에 일시적인 현상일 것이라고 생각하고 대수롭지 않게 여기고 있었다.

　그러나 영업부서에서 시장을 분석한 결과 경쟁사의 영업부서에서 컨설팅 세일즈기법을 활용하여 시장을 잠식하고 있었고, K과장 영업방식이 문제가 있다는 것을 알게 되었다.

출처: 국가직무능력표준 사이트(www.ncs.go.kr). 문제해결능력 교수자용 p. 35.

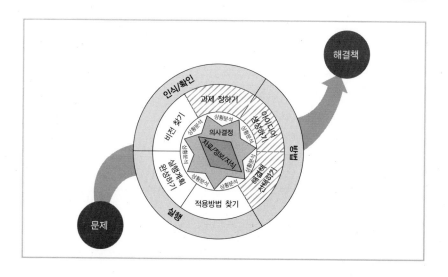

🖥️ 사례 1. 해설

K과장은 '문제'의 원인을 처음부터 제대로 인식하지 못했다. 상황분석을 위한 진단적 사고가 부족했기 때문이다. 문제해결능력이란 문제를 인식하고 그에 맞는 해결방안을 찾을 수 있는 것이다. 겉으로는 아무 문제가 없어 보이지만 모든 상황을 둘러싼 환경 변화의 숨겨진 문제를 분석할 수 있어야 한다. K과장은 그동안 해오던 영업방식에 대한 자신감으로 심각한 문제가 생긴 후에야 비로소 잠재된 문제를 알게 되었다.

그는 실적 유지의 관리 차원에만 관심을 두었지, 방법과 목적을 바꾸어 성과를 올리려는 문제해결 사고력이 부족했다. 경쟁사의 선진 컨설팅 세일즈기법이라는 환경 변화를 진단하지 못했기 때문이다.

CPS에서 살펴보면, 상황분석, 과제수립, 아이디어 탐색의 단계가 이번 사례의 문제해결에 필요한 과정이다. 상황의 변화를 정확히 파악하고 객관적으로 진단할 수 있어야 한다. 문제가 되고 있는 여러 근거와 자료를 취합하고 분석하여 통합할 수 있는 단계가 필요하다. 문제를 제대로 인식하여 그에 따른 목표와 방향을 설정한다. 목표가 정해지면, 전략적으로 문제해결의 구체적인 방법을 다양하게 생각해야 한다. 이때, 개방적 마인드로 창의적 아이디어를 생성하는 확산적인 사고방식이 필요하다. 그리고 여러 가지 아이디어 중 실행 가능성이 높은 아이디어를 수렴적 사고로 선택할 수 있다. 발산적 사고와 수렴적 사고를 위한 다이아몬드 사고를 참고하기 바란다.

사례 2. 왜 다를까?

　가전제품을 생산하는 A기업과 B기업은 30년 전부터 라이벌 기업으로 항상 경쟁해 오고 있다. 그러나 A기업은 항상 B기업에게 1위 기업 자리를 뺏기고 있는 상황이다. A기업은 1위 자리를 탈환하기 위해서 문제 상황이 발생할 때마다 많은 비용과 인력을 투입하고 있지만, B기업을 따라잡을 수가 없었다. 그러던 중 외국의 대형 가전제품 회사가 국내 시장에 진출하게 되었고, 외국기업의 국내 가전제품 시장의 잠식으로 A기업은 점점 더 판매 부진을 겪게 되었다.

　그러나 B기업은 기존과 같은 판매 실적을 올리고 있었고, 앞으로 계속 판매실적이 증가할 것으로 예상되었다. 이러한 상황을 이상하게 여긴 A기업의 경영자는 B기업이 계속해서 판매 실적을 유지할 수 있는 원동력이 무엇인지를 분석하게 하였고, 그 결과 B기업은 외국회사가 국내에 들어오기 전부터 외국기업의 진출에 따른 문제를 인식하고, 이에 대한 대책을 마련해 왔다는 것을 알게 되었다.

출처: 국가직무능력표준 사이트(www.ncs.go.kr). 문제해결능력 교수자용 매뉴얼 p. 44.

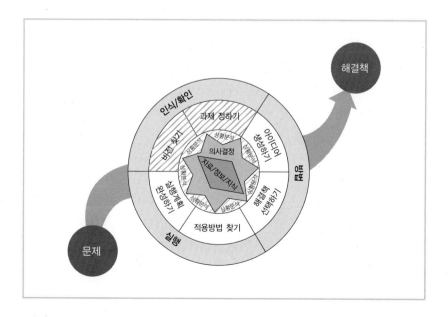

🧳 사례 2. 해설

사례 2는 미래문제에 대한 인식을 설명하고 있다. 보통 문제는 '보이는 문제' '찾는 문제' '미래문제'라는 세 가지가 있다. 보통 '보이는 문제'나 '찾는 문제'는 비교적 명확하게 인식이 되지만 '미래문제'는 대부분의 사람들이 쉽게 인식하기 힘들다. A기업과 B기업의 차이는 결국 미래문제에 대한 인식의 유무라고 표현할 수 있다. 개인의 관점에 있어서도 미래문제의 인식은 매우 중요한 과제다. 변화를 이끌면서 창의적 경영을 선도하는 사람은 미래문제에 대비하는 자다. 현상이 유지될수록 만족하지 말고 찾는 문제나 미래문제에 더욱 관심을 가져야 한다. 그래야만 위기를 기회로 만들 수 있는 순간에 더욱 발전할 수 있다.

NCS의 문제해결능력 영역의 이 사례를 CPS 과정 중 상황분석, 비전탐색, 과제수립으로 접근할 수 있다. 모든 문제를 인식하기 위해서는 상황분석의 단계에서 시작되고 예측되어야 한다. B기업의 경우, 다양한 자료와 정보를 기준으로 외국회사의 진출에 대비하여 미래문제를 인식하였다. 눈에 보이는 문제만 인식하게 된다면 결국은 경쟁에서 뒤떨어지게 될 것이다.

문제를 확인하여 비전으로 만들고 그러한 비전을 창출할 수 있는 과제에 대한 해결방안을 설정해야 한다. CPS 과정에서 상황분석으로 환경을 진단하고 비전을 탐색하여 과제를 수립할 수 있다. 전략적 사고로 해결방안의 방향을 잡아야 한다.

CPS 과제 정하기에서는 '차이점 지각(sensing gaps)'을 할 수 있는 감각이 필요하다. 이번 사례의 경우 '현재'와 '미래'에 대한 문제인식의 차이점으로 표현할 수 있다. 즉, 비전에서 설정한 기대하는 '미래결과'로 가기 위해 여러 가지 과제를 수립할 수가 있고 '차이점'의 존재를 파악할 수 있다. '차이점'에 대한 불일치를 신중하게 파악하는 것이 중요하다.

제9장

직업기초능력 Ⅱ

8장에서는 직업기초능력 10가지 영역 중 의사소통능력, 문제해결능력, 자기계발능력, 자원관리능력이라는 네 가지 영역을 살펴보았다. 직업기초능력은 단순히 지식위주의 능력이 아니라 직업인으로서 필요한 여러 가지 기술과 태도를 알려 준다. 지금부터는 직업기초능력의 나머지 영역, 즉 대인관계능력, 조직이해능력, 직업윤리라는 세 영역을 중심으로 설명하고자 한다. 특히 직업윤리는 인성과 관련된 사항으로, 다른 능력의 영역과는 조금 다른 특성을 지닌다.

직업기초능력은 2015년부터 공기업을 통해 필기시험 형태로 평가되고 있으며, 앞으로 확대 적용될 예정이다. 여기 마지막 절에서는 NCS 기반 직업기초능력 평가와 관련된 참고 사항을 설명하였다. 직업기초능력은 모든 직업인이 가져야 할 공통역량이며 기본역량이다. 직업기초능력은 '직무성과를 올리기 위하여, 반드시 가져야 되는 기본역량'이므로, 개인이 자신의 직무를 정확히 알고, NCS의 제시기준에 따라 직업기초능력에 대한 요구사항을 연마하고 수행한다면, 합리적인 전 생애적 경력개발이 가능할 것이다.

1. 대인관계능력

직업기초능력 중 조직 내 생활을 강조한 기초능력이 대인관계능력이다. 직장 생활에 필요한 핵심요건들이 전반적으로 표현되어 있다. 상당히 많은 직업기초 능력 평가문제에서 대인관계능력은 매우 중요한 위치를 차지한다. 그 이유는 직 장생활을 한다는 것이 개인 생활이 아닌 조직 생활이기 때문이다. 실제 직업이 나 직무에 적응하는 데 가장 어려운 것은 대인관계와 관련된 사항이다. 특히 신 입사원으로서 직장생활이 어렵다는 것은 대부분 대인관계와 관련되어 있다. 대 인관계능력에 대한 NCS 사이트의 공식적 정의는 '업무를 수행함에 있어 접촉하 게 되는 사람들과 문제를 일으키지 않고 원만하게 지내는 능력'(www.ncs.go.kr) 이다. 대부분의 직장에서의 대인관계능력은 '팀워크' '리더십' 등을 포함한 다 섯 가지 하위영역으로 구성되어 있다. 대인관계능력 하위모듈에 대하여 정리하 면 〈표 9-1〉과 같다.

먼저 팀워크 능력의 하위요소 중 눈에 띄는 것은 업무공유다. 즉, 팀워크는 단 순한 대인관계가 아니라 철저하게 업무와 관련된 업무능력이다. 특히 대부분 직장에서 직무는 한 개인만 잘하면 되는 것이 아니라 팀이나 부서가 서로 협력 하고 조율하면서 진행해야 무난하게 이루어지는 경우가 많다. 이런 관점에서 팀워크는 단순히 직장의 분위기를 나타내는 것이 아니라 기업이나 개인의 경쟁 력을 나타내는 역량이다. 팀워크는 조직 전체를 바라보는 관점이고 리더십은 개인의 관점에서 출발하는 개념이다. 리더십은 '업무를 수행함에 있어 다른 사 람을 이끄는 능력'을 의미한다. 리더십의 다양한 종류를 모두 설명할 수는 없지 만 NCS에서 제시한 리더십은 업무와 관련하여 다른 사람을 이끄는 것이며 그 원리로 '동기화'를 제시하고 있다. '동기화'는 '능동적'이고 '자기주도적'인 측 면을 강조한 개념으로, 즉 리더십은 팀원들에게 능동적이고 자기주도적인 영향 력을 발휘할 수 있는 능력이다.

<표 9-1> 대인관계능력 하위모듈

하위능력	정의	세부요소
팀워크능력	다양한 배경을 가진 사람들과 함께 업무를 수행하는 능력	적극적 참여
		업무 공유
		팀 구성원으로서의 책임감
리더십능력	업무를 수행함에 있어 다른 사람을 이끄는 능력	동기화시키기
		논리적인 의견 표현
		신뢰감 구축
갈등관리 능력	업무를 수행함에 있어 관련된 사람들 사이에 갈등이 발생하였을 경우 이를 원만히 조절하는 능력	타인의 생각 및 감정 이해
		타인에 대한 배려
		피드백 제공 및 받기
협상능력	업무를 수행함에 있어 다른 사람과 협상하는 능력	다양한 의견 수렴
		협상 가능한 실질적 목표 구축
		최선의 타협방법 찾기
고객서비스 능력	고객의 요구를 만족시키는 자세로 업무를 수행하는 능력	고객의 불만 및 욕구 이해
		매너 있고 신뢰감 있는 대화법
		고객 불만에 대한 해결책 제공

출처: 국가직무능력표준 사이트(www.ncs.go.kr).

갈등관리능력은 업무를 수행하는데 발생되는 갈등을 조절할 수 있는 능력이다. 갈등은 조직의 관점에서 내부갈등과 외부갈등으로 구분된다. 예를 들어, 직장 내 갈등이면 내부갈등, 고객이나 외부협력업체 당사자와의 갈등이라면 외부갈등이라 표현할 수 있다. 하지만 갈등의 종류보다 더 중요한 것은 상대방의 생각과 감정을 이해하고 타인을 배려하는 것이다. 자기계발능력의 자아인식능력과 연관되는 내용이기도 하다. 자아를 인식하는 것과 타인을 인식하는 것은 조직생활에 있어 매우 중요한 요소다. NCS에서 제시하는 모든 직업기초능력의 전제는 직장이나 직업과 관련된 부분이다. <표 9-1>에서 제시한 협상능력도 업무와 관련된 사안을 협의한다는 의미다. 여기서 중요한 요소는 타협이다. 일방적인 주장이나 요구를 지속적으로 강요하기에는 한계가 있기 때문이다. 마지막으로 고객서비스능력이다. 고객만족을 위해 여러 가지 업무를 수행하는 것으로, 고객서비스능력은 외적으로 가장 쉽게 평가받을 수 있다.

고객의 요구에 반응하기 위해서는 사고능력이 필요하다. 세부사항에 표시된 바와 같이, 고객의 욕구를 분석하고 접수하여 최적의 만족을 주기 위함이 목적이다. 대부분의 기업들은 이러한 고객서비스능력을 직원들에게 기본적으로 요구하고 있다.

2. 조직이해능력

직업기초능력 중 '조직이해능력'에 대한 NCS 사이트에서의 공식적 정의는 다음과 같다. '업무를 원활하게 수행하기 위해 국제적인 추세를 포함하여 조직의 체제와 경영에 대해 이해하는 능력이다……'(www.ncs.go.kr). 조직이해능력은 실제 대부분의 직업인으로서 만날 수 있는 직무상황에 따른 여러 가지 하부능력을 제시하고 있다. 취업준비를 할 때, 지원하고자 하는 기업 분석을 하게 되는 경우가 많을 것이다. 조직이해능력의 하위 모듈을 기초로 하여 접근하는 방법이 유용하다.

하위능력은 크게 네 가지로 국제감각(글로벌마인드), 조직체계이행능력, 경영이해능력, 업무이행능력으로 구성되어 있다.

첫째, 국제감각은 업무를 수행하는 데 국제적인 추세를 이해하는 능력이다. 시스템이 다른 해외 국가의 동향을 이해하고 차이점을 분석할 수 있어야 한다. 다양한 자료를 근거로 업무상 해결해야 할 문제를 파악하는 능력도 포함된다. 국제적인 추세를 이해하는 능력이라고 표현된 세부요소에는 '국제적 상황 변화에 대한 대처'라고 제시되어 있다. 즉, 단순히 이해를 넘어 대처하는 행동단계까지 포함한다. 따라서 국제감각은 새로운 문화를 접하면서 다양한 직감을 느끼는 것 이상의 문제해결능력 및 행동발현을 의미한다. 이 또한 직무를 기반으로 해

〈표 9-2〉 조직이해능력 하위모듈

하위능력	정의	세부요소
국제감각	주어진 업무에 관한 국제적인 추세를 이해하는 능력	국제적인 동향 이해
		국제적인 시각으로 업무 추진
		국제적 상황 변화에 대처
조직체계 이행능력	업무수행과 관련하여 조직의 체제를 올바르게 이해하는 능력	조직의 구조 이해
		조직의 규칙과 절차 파악
		조직 간의 관계 이해
경영이해 능력	사업이나 조직의 경영에 대해 이해하는 능력	조직의 방향성 예측
		경영조정(조직 방향성을 바로잡기에 필요한 행위)
		생산성 향상 방법
업무이행 능력	조직의 업무를 이해하는 능력	업무의 우선순위 파악
		업무활동 조직 및 계획
		업무수행의 결과 평가

출처: 국가직무능력표준 사이트(www.ncs.go.kr).

석되고 실행해야 한다.

둘째, 조직체계이행능력이다. 조직에 대한 이해와 조직 일원으로서 완벽하게 참여하고 기여할 수 있는 능력이다. 업무수행과 관련하여 조직을 명확하게 정의 내릴 수 있는 것이 그 전제조건이다. 대부분 신입사원들이 입사 후 처음 어려움을 겪는 경우가 바로 조직구조의 이해다. 조직구조의 이해는 종적(수직적) 계통의 이해뿐만 아니라 횡적(수평적/협업적) 계통의 이해도 필요하다. 협업과 커뮤니케이션 그리고 조직의 규율이나 체계를 완벽히 이해할 수 있어야 한다. 따라서 조직체계 이행능력이란 조직에 포함되는 조직원, 조직부서 관계 등의 전반적 이해를 정확하고 신속하게 알고 이에 적응하는 능력이다.

셋째, 경영이해능력이다. 실무자보다는 관리자의 영역이라고만 생각하기 쉽다. 물론 경영을 이해하고 그에 따른 올바른 전략을 제시하는 것은 조직의 리더가 해야 하는 역할이다. 그러나 조직 내에서 여러 가지 지침이나 전략적 선택의 대부분이 일방적으로 최소한의 의견교환이 없는 상태로 이루어지는 데, 이것은 매우 위험하다. 고도화된 산업사회에서는 종적인 구조보다 기능적인 횡적 구조를 지향하고 있으므로 조직에 포함되는 일원은 누구나 경영이해능력을 갖추어야 한다. 따라서 경영이해능력을 단순히 리더나 관리자의 역량으로 이해하지 않길 바란다.

넷째, 업무이행능력이다. 경영이해능력이 거시적인 안목으로 직무상황의 방향을 잡는 것이라면, 업무이행능력은 업무를 수행하고 주어진 문제해결 방법을 찾는 구체적 행동과정이다. 업무란 단편적 행동이 아니라, 연속적인 맥락적 관계 속에서 진행된다. 따라서 NCS는 업무이행능력 세부요소에 따른 결과평가 항목까지 제시하고 있다. 인사고과 평가뿐만 아니라 자기업무수행에 대한 자가평가, 팀 평가 또는 수직적 평가(관리자의 평가), 수평적 평가(상호평가) 등 다면적 평가법이 사용될 수 있다. 결국 조직 내에서 업무적 평가와 더불어 개인의 경력개발에 따른 성장도 확인해 볼 수 있다. 이와 같이 조직이해능력은 조직을 이해한다는 의미 이상으로 '조직에 어떤 기여를 스스로 할 수 있을까' 하는 사고능력을 포함한다.

3. 직업윤리

직업윤리는 '업무를 수행함에 있어 원만한 직업생활을 위해 필요한 태도, 매너, 올바른 직업관이다……' (www.ncs.go.kr). 다른 능력영역과 달리 '직업윤리능력'이 아니라 '직업윤리'임을 유의하자. 이 의미는 직업윤리가 가치관이나 생각이기 때문이다. 대기업에서 인·적성검사를 할 때 성격이나 성향과 같은 인성적 측면을 질문하는 경우가 많은데, NCS 기반 직업기초능력에서 이에 해당하는 영역이 바로 '직업윤리'다.

직업윤리는 능력의 발현 이전에 갖추어야 할 윤리적 특성을 총괄하고 있다. 흔히 생각하는 인성적 측면의 영역을 포함하고 있다. 다만 기존의 인성평가와 NCS 직업기초능력이 제시하는 직업윤리와는 어떤 차이가 있는지 확인해야 한다.

〈표 9-3〉에서 제시된 직업윤리의 하위구조는 크게 근로윤리와 공동체윤리 두 가지로 구성되어 있다. 직업윤리는 직무를 수행함에 있어 필요한 윤리의식을 의미한다. 예를 들어, 근로윤리란 단순히 의식만 가지는 것이 아니라 직무를 수행하는 데 보편적 가치를 창출해야 함을 의미한다. 근로윤리의 세부요소로 제시되어 있는 정직성에 대해서 생각해 보자. 고객에게 정직하지 못한 태도로 기업의 매출은 향상되었지만, 고객의 입장에서는 손해가 발생되었다고 가정했을 때 이런 상황은 조직의 이익 이전에 보편적 가치를 위배한 것이다. 만약 산업 전체에서 비도덕성(moral hazard)이 팽배하다면 올바른 직업의 체계 자체가 도전을 받을 것이다. 따라서 직업윤리에 보편적 가치를 두어 건전한 NCS 체계를 구축해야 한다.

하지만 실제 사례는 복합적이고 모호한 경우가 많다. 어떤 관점에서 선택하느냐가 문제다. 이럴 때 직업인으로서 올바른 직업윤리가 없다면 다수의 선택을 그냥 따르는 오류를 범하게 될 수도 있다. 따라서 직업윤리는 직업인으로서 갖추어야 할 내재적 자질 중 하나다.

근로윤리는 직업과 직무에 대한 존중을 의미하며 공동체윤리는 직업과 직무

〈표 9-3〉 직업윤리 하위모듈

하위능력	정의	세부요소
근로윤리	업무에 대한 존중을 바탕으로 근면하고 성실하며 정직하게 업무에 임하는 자세	근면성
		정직성
		성실성
공동체윤리	인간 존중을 바탕으로 봉사하며, 책임 있고, 규칙을 준수하며 예의 바른 태도로 업무에 임하는 자세	봉사정신
		책임정신
		준법성
		직장예절

출처: 국가직무능력표준 사이트(www.ncs.go.kr).

속에 만나는 사람들에 대한 존중을 의미한다. 즉, 직업윤리는 주어진 직무와 사람에 대한 존중을 기반으로 발휘된다. 직무에 대한 존중은 직업에 대한 소명의식과 직업가치관을 대변한다. 사람에 대한 존중은 직업이 단순히 경제적 이익과 생활을 유지하기 위한 수단이 아니라 더 넓은 사회적 가치를 지향하는 데서 비롯된다. 사회적 가치와 조화를 이루며 기업가치와 기업문화를 만들어 가는 것이다.

직업윤리의 전반적인 세부요소는 사회 전체의 건전성과 삶의 질을 향상하는 가치와 연결된다. 이와 같은 관점에서 직무상황에 대한 해석과 대처행동에 대한 사고과정이 필요하다. 직무상황은 매우 다양하고 같은 상황이라도 시점이나 배경에 따라 다른 해결방법으로 실행될 수 있다. 직업윤리는 다른 능력모듈을 수행함에 있어 항상 기본적으로 고려해야 하는 영역임을 인식해야 한다.

최근 직업윤리 인식과 관련된 기사가 미디어를 통해 자주 등장한다. 국내 사례뿐만 아니라 외국의 경우에도 직업윤리 부재와 관련된 뉴스를 자주 들을 수 있다. 개인과 기업 그리고 국가의 발전과 성장을 위해서는 직업인으로서 신중한 직업윤리 의식의 제고가 필요하다.

NCS가 요구하는 직업윤리의식은 개인이 아닌 조직의 일원으로 직무를 수행할 때 바르게 대처할 수 있는 능력을 요구한다. 단순히 조직논리에 의한 개념이 아니다. NCS의 '능력중심사회 실현과 이를 통한 개인 삶의 질적 향상'은 결국 상식이 통하는 사회를 지향하는 철학과 일치한다. 따라서 직업윤리는 직업윤리능력이라 표현하지 않고 유일하게 직업윤리로 표현한 것이다. 개별 능력의 높고 낮음이 아니라 정의가 통하는 가치의 합리성을 강조한 의미다.

직업윤리 영역을 효과적으로 체득하기 위해서는 개인의 건전한 가치관을 끊임없이 성찰하는 습관이 필요하다. 지식보다는 지혜의 관점으로 바라보아야 한다. 따라서 직업윤리 역시 다양한 외부정보에 대한 올바른 가치관의 실현으로 사고기법에 의한 접근 방식이 요구된다.

4. 직업기초능력 평가

지금까지 일곱 가지의 직업기초능력 모듈을 살펴보았다. 먼저 용어 자체를 익히면서 능력의 종류나 각각에 해당하는 수행능력의 의미를 이해해야 한다. 직업기초능력은 공기업부터 시작하여 실제 필기시험으로 평가된다. 산업현장에서 거의 공통적으로 필요한 직업기초능력을 크게 10개 영역, 34개 하위 모듈으로 분류하였다. 그리고 직업기초능력 평가는 수행준거를 기반으로 하여 사고와 행동을 실제 사례로 측정할 수 있다. 직업기초능력 평가는 다수의 입사지원자를 효율적 방법으로 평가하기 위해 필기시험이라는 방법으로 진행될 것이다.

직업기초능력 평가의 영역은 철저히 NCS 기반으로 이루어진다. NCS 직업기초능력은 각각의 정의와 수행준거 및 행동지표가 체계적으로 구성되어 있다. 직업기초능력의 구성요소를 잘 파악하고 이해하여 평가방식에 대응하는 것이 가장 합리적 방법이다. NCS 직업기초능력 필기시험은 현재 정부에서 객관성과 합리성을 높이기 위하여 기관이나 기업의 실무자, 해당 산업의 협회나 협의체, NCS 전문가, NCS 기반 문항개발 전문가 등 다양한 전문가의 합의적 공감 (consensus)을 형성하면서 개발 중이다. NCS는 직업과 직무능력의 국가표준으로서 연구, 개발되고 있으므로 신뢰도와 객관성 확보에 심혈을 기울이고 있다. 직업기초능력 평가는 단순한 암기형 지식 평가가 아니다. 성찰을 기반으로 합리적 행동을 어떻게 할 것인가를 질문하고 있다. 한 가지 스펙 쌓기나 단순히 정답을 맞히기 위한 시험으로 인식하면 준비과정이 힘들어질 수 있다. NCS 개발진들은 '직업기초능력 평가'를 최대한 상황과 연결된 문제를 통해 측정할 수 있도록 한다. 그렇기 때문에 상황분석능력, 해결방법의 능동적 접근 그리고 행동방법을 알아야 한다. 따라서 문제해결 사고기법으로 훈련하는 것을 추천한다. [그림 9-1]은 직업기초능력 필기전형의 협업도를 나타낸 것이다.

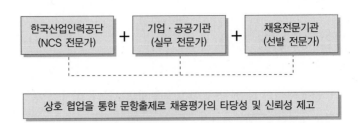

[그림 9-1] 직업기초능력 필기전형 문제출제 협업도

출처: 능력중심채용(www.ncs.go.kr/onspec/main.do).

생각해 볼 문제

1. 직업기초능력에서 필요한 자질이 내가 지원하는 직무와 어떤 관련이 있는지 '자기분석'을 해 보자.

2. 직업기초능력 중 '대인관계능력'의 하위영역(리더십, 갈등해결능력 등)과 관련된 자신에게 맞는 적절한 사례와 문제해결방법을 생각해 보자.

3. 직업기초능력 중 '조직이해능력'의 하위 모듈(경영이해능력, 업무이해능력 등)을 참고하여 자신에게 맞는 적절한 사례와 나만의 문제해결방법을 생각해 보자.

4. 직업기초능력 중 '직업윤리'의 하위 모듈(근로윤리, 공동체윤리)을 참고하여 자신에게 맞는 적절한 사례와 나만의 문제해결방법을 생각해 보자.

5. 직무상황과 수행준거가 주어졌을 때, 문제해결방법을 어떻게 찾을 수 있는지 CPS 사고기법의 단계와 관련지어 토론해 보자.

직업기초능력 사례와 CPS 사례 해설

 사례 1. 문제해결이 어려운 이유

자동차 제조업체인 Q사에 근무하는 K과장에게는 해외 시장 개척을 위해서 새로운 제품을 개발하여 하나의 사업으로 육성하는 과제를 맡게 되었다. 이에 사내 공모를 통해 활력이 넘치는 인재들을 선발해서 의욕적으로 신제품개발에 착수하였다. 그러나 조직을 만드는 것까지는 순조로웠지만, 사업 추진이 탄력을 받지 못한다는 문제에 봉착하게 되었다. K과장은 부서원들과의 회의에서 이러한 문제를 절감하게 되었는데, 어느 날 개발회의에서 다음과 같은 대화 내용이 오갔다.

A: 제가 어제 인터넷을 통해서 20가지의 아이디어를 모아 왔어요. 이 아이디어들을 검토해서 제품 개발 방향을 수정하는 게 어떨까요?

B: 아니에요, 제가 아는 유럽 친구들은 가격보다는 성능을 우선시한다고요. 그러니까 유럽시장에 진출하기 위해서는 성능을 높이는 데 주력해야 해요.

C: 제가 갑자기 아이디어가 떠올랐는데, 가격이 싼 차는 젊은 층을 대상으로 개발하고, 가격이 비싼 차는 중년층을 대상으로 개발하는 게 어떨까요?

회의가 끝난 후에 K과장은 오늘도 특별한 소득이 없었다는 것을 깨닫게 되고, 구성원들의 문제가 무엇인지를 더욱 고민하게 되었다.

출처: 국가직무능력표준 사이트(www.ncs.go.kr). 문제해결능력 교수자용 매뉴얼 p. 67.

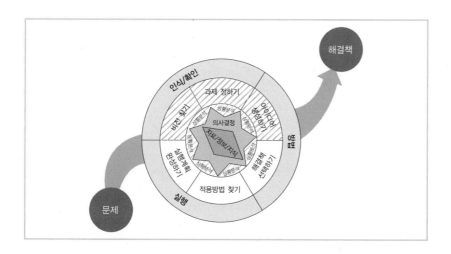

사례 1. 해설

　A, B, C가 문제를 인식하는데 각자 다른 관점에서 본인의 아이디어만을 제시하였다. K과장은 조직원의 다양한 의견 제시에 혼란스러움을 느끼고 '회의의 성과'가 없다고 판단하였다. A, B, C의 의견 중 누구의 의견이 옳고 그르냐는 판단의 한계 때문에 회의에 진전이 없었다고 생각했는지 모른다. CPS 과정에서 이 사례는 '아이디어 생성하기'로 보이지만 사실은 상황분석 단계부터 부족했기 때문에 발생한 일이다.

　A 경우는 많은 자료에서 적용의 우선순위를 정하거나 적절한 선택안 도출 방법이 부족함을 알 수 있다. B 경우는 개인의 경험에 근거하여 지나치게 확신하고 있다. C 경우는 A와는 반대로 근거자료 없이 지나치게 직관적인 방법을 제시하고 있다. 따라서 A, B, C 모두 상황분석에 근거한 진단적 사고가 부족했다고 말할 수 있다.

　상황분석이 잘 되지 않는다면, 과제수립을 위한 전략설정이나 해결을 위한 아이디어 생성 역시 힘들 것이다. 즉, K과장을 포함하여 전체 팀원들은 우선 상황을 진단할 수 있는 근거자료 혹은 데이터를 수집하고, 분석해야 한다. 다음으로 새로운 제품 개발을 위한 초기 사업의 목표를 분명하게 정해야 할 것이다.

　CPS에서 상황분석은 CPS 원의 중앙에 위치하고 있음을 기억하자. 상황분석은 곧 모든 과정의 의사결정에 영향을 주고 실행이 가능하다. 상황분석, 즉 데이터 수집은 사고기법에서 지속적으로 행해짐을 유의하자.

💼 사례 2. 확산적 사고

가위를 생산하는 Q사의 개발부서 1팀과 2팀에게 새로운 가위를 생산하기 위한 아이디어를 제출하라는 지시가 내려왔다. 1팀과 2팀은 모두 부서원들이 참석하는 개발회의를 열었다. 1팀에서는 부서장이 새로운 가위를 개발하기 위해 좋은 아이디어를 부서원들에게 제시해 보라고 하였고, 부서원들은 "몇 번을 잘라도 잘리는 정도가 같은 가위를 개발하는 것이 좋겠다." "가위를 손쉽게 가지고 다니기 위해서 가위집으로 덮인 가위를 개발하는 것은 어때요?" 등등 이런 저런 아이디어를 제시하기 시작했다. 회의는 여러 가지 아이디어가 제시되면서 열띠게 진행되었다. 그러나 회의가 끝날 무렵, 아이디어는 많이 제시된 것 같은데 정리할 수가 없었다. 반면, 2팀에서는 얼마 전 창의력 개발과정에 참여한 부서장을 중심으로 차트와 포스트잇, 필기구를 준비하여, 다양한 아이디어 개발 방법을 사용하여 회의를 진행하였다. 그들은 우선 생각나는 대로 자유롭게 아이디어를 제시하게 하고, 각 아이디어를 포스트잇에 하나씩 적어 나갔다. 그리고 포스트잇에 적힌 아이디어를 종합해서 관련성이 있는 아이디어끼리 묶어 가는 과정을 통해서 신상품 가위의 개발 방향, 방법, 홍보 등에 대한 결론을 내릴 수 있었다.

출처: 국가직무능력표준 사이트(www.ncs.go.kr). 문제해결능력 교수자용 매뉴얼 p. 90.

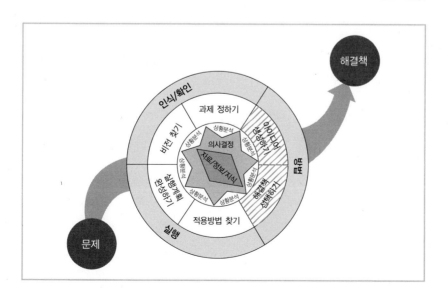

⌨ **사례 2. 해설**

　사례 2는 창의적 사고 중 발산적 사고를 활용하는 방법을 제시하였다. 사례에서 제시된 1팀과 2팀 모두는 아이디어들을 많이 제시했지만 그 결과는 차이점을 보였다. 1팀은 단지 아이디어를 제시하는 상황에 그친 반면, 2팀은 아이디어를 종합, 정리하면서 조직이 원하는 성과를 산출했다. 이 두 팀의 차이는 무엇일까? CPS 과정의 아이디어 생성하기 단계는 유사하지만 해결책 선택하기에서 1팀과 2팀은 차이를 보였다. 1팀의 경우 해결책을 위한 아이디어의 합리성과 특성을 분류하지 않았다. 반대로 2팀은 다양한 아이디어를 시각적으로 분류하여 진행하였다. CPS에서 다이아몬드 사고를 위한 수렴적 사고과정에 따라 성과 측면의 기여도가 다르게 나타날 수 있다.

　CPS 모델에서 '해결책 선택하기' 단계에 필요한 사고기법은 평가적 사고다. 해결책의 수립을 위해서는 여러 가지 아이디어나 해결방안 중, 실행 가능하고 효율적인 방법을 찾아야 한다. 이것은 많은 CEO의 관리기법 혹은 자기계발에 응용되기도 한다. 즉, 목표를 설정하고 목표를 달성하기 위한 방향을 설정한 뒤, 목표 달성의 다양한 방법을 발산적 사고로 탐색할 수 있다. 생성된 모든 아이디어를 수용할 수는 없기 때문에 실행 가능한 것을 선택하고 집중하는 해결책 선택하기가 필요하다.

　창의적으로 문제를 해결하기 위해서는 발산적 사고와 수렴적 사고 모두 중요하다. 여기서 발산적 사고방식은 아이디어를 생성하고, 수렴적 사고방식은 평가할 수 있는 다이아몬드 사고를 활용하길 추천한다.

제3부

창의적 사고기법으로 NCS 접근하기

제10장

비전적 사고로 NCS 접근하기

앞장에서, NCS의 직업기초능력에 대한 여러 가지 사항을 알아보았다. 이제부터는 본격적으로 직무역량에 대하여 어떻게 대응하고 준비해야 하는지 CPS를 이용하여 생각해 보자. 각자 주어진 상황에서 목표를 수립하고 해결책을 정하여 수행할 수 있어야 한다. 해결책에 대한 방법을 생각하기 전에 비전을 가져야 한다.

그렇다면, 왜 비전이 필요한 것일까? 어려서부터 흔히 접한 질문이다. "넌 꿈이 뭐니?" 정말 중요한 질문이지만 그 속에 담긴 진정한 의미를 모른 채 사람들은 이런 질문을 받을 때, 그냥 떠오르는 직업을 이야기할 때가 많다. 비전이 있으면 해야 할 일이 생기고, 그에 따른 방법을 다양하게 생각해 볼 수 있으며 시간의 중요성을 깨닫고, 어떻게 시간 관리를 해야 하는지 스스로 자극할 수 있다. 여기에서는 비전적 사고의 개념을 이해하고, 실천방법을 살펴보겠다. 꿈꾸기를 통해 목표지점의 이미지를 생생하게 표현하면서 비전적 사고를 인식할 수 있다. 비전적 사고의 실천방법으로 성공지대(success zone)와 스토리보드(storyboarding)라는 두 가지 도구를 소개하겠다. 진로에 대한 중·장기적인 목표나 방향을 설정하기 위한 사고도구로 활용 가능할 것이다.

1. 비전적 사고란 무엇인가

Bennis와 Nanus(1985)는 60명의 미국 CEO를 연구하여 그 공통점을 찾아냈다. 그들은 현재와 미래를 연결하는 것이 비전이라고 주장하였다. 비전적 사고 (visionary thinking)란 사람의 마음을 움직여 높은 업무성과 기준이 실행되도록 이끄는 능력이다.

현재 상황에 머무르지 말고 꿈이 미래에 실현 가능하다고 상상해 보자. 실제로 이루어질 것이라는 이미지를 자꾸 그리면 믿음이 생긴다. 그리고 그 믿음은 현실로 나타날 수 있다. 비전을 꿈꿀 때는 얻고자 하는 구체적인 것에 초점을 맞추어야 한다. 비전은 단순히 이루고 싶은 꿈이 아니라, 중 · 장기적 수행의 목표를 세우기 위한 선행단계다. 너무 불확실한 목표들은 시간낭비, 절망 그리고 아무런 행동도 하지 않는 결과를 만들 수 있다. 구체적인 실행노력을 전제로 하여 행동으로 성취가능한 비전을 확인해야 한다.

비전적인 사고로 현재 존재하지 않는 미래 상황을 생생한 이미지로 꿈꿔보자. 비전을 구체적 이미지로 상상하게 되면 현실로 실현될 가능성이 높아진다. 미래의 명확한 이미지가 있을 때, 자신의 현재 역할을 찾을 수 있는 법이다. 아무런 비전 없이 단순한 지시나 관리에 따르는 행동 속에서는 도전의식과 변화를 위한 의지가 생기지 않는다. 미래를 꿈꾸는 비전적 사고가 있어야 현재 역할의 중요성을 인식할 수 있다.

비전이 없는 사람은 작은 문제나 장애물에 쉽게 좌절해버릴 수 있다. 실제 직업환경에서 나타나는 복잡한 상황에서는 어떤 생각으로 무슨 일을 해야 하는지 매우 난감하다. 그러한 상황에서 문제해결책을 찾기 위해서는 명확한 비전설정에 따른 목표를 정립하여야 한다. 원하는 곳으로 가기 위한 큰 그림을 그릴 수 있어야 하며 정확한 목표지점을 확인해야 한다. 그리고 현재 나를 둘러싸고 있는 장애물을 확실하게 파악할 수 있어야 한다. 이러한 사고의 과정을 통해 무엇을 해야 하는지 스스로 판단할 수 있어야 한다. 이를 의사결정(decision making)능력이라고 한다.

중요하고 의미 있는 목표를 설정하여 자신의 에너지를 집중할 수 있도록 삶을 디자인해 보자. 주변을 둘러싼 문제에서 해결책을 찾는 하나의 큰 원칙이나 방향을 제시해 볼 수 있다. 예를 들어, 세계적으로 유명한 영화감독이 되기 위해서는 비전을 세우고 현재의 시점에서 미래 지향적인 과정을 실행해야 한다. 비전이 분명하면, 현실의 여러 가지 상황의 문제들을 어떻게 해결하고 극복해야 할지 명확한 방향을 알 수 있다.

2. 비전의 실천방법

미래는 불확실하다는 이유로 비전의 중요성을 인정하지 않으려는 사람들이 많다. 어느 날 한 학생이 질문했다.

> 학생: 하루하루 해야 할 일을 하면서 그냥 열심히 살면 되는 거 아닌가요? 이루어지지도 않을 꿈을 왜 생각해야 되는지 그 필요성을 느끼지 못하겠어요.
>
> 교수: 그러면, 학생은 정말 하루하루를 후회하지 않고 열심히 살고 있다고 생각하세요?
>
> 학생: 아니요.
>
> 교수: 자신만이 가지는 꿈을 적어 보고, 말로 표현하면 지금 당장 어떤 큰 비용이 드나요?
>
> 학생: 아니요. 그렇지는 않습니다.
>
> 교수: 지금의 현실과는 거리감이 느껴질지라도 2~3년 후 하고 싶은 일을 그려 보면, 그렇게 이루어질 확률이 70~80%라고 가정해 봅시다. 지금 당장 어떤 비용이 드는 것도 아닌데, 한번 그렇게 해 보면 어떨까요? 당첨 확률이 매우 낮은 복권도 가끔씩 구입하지 않나요? 복권 당첨률보다 지금 꿈꾸었던 일이 현실로 이루어질 확률이 더 높다면 어떻게 하시겠어요? 지금 여러분들만의 비전 복권을 구매할 생각이 없으세요? 복권 비용은 비전을 지금 이 순간 직접 기록해 보는 시간입니다.

지금부터는 자신이 선택한 비전의 중요도와 성공 가능성을 진단해 보는 것이
필요하다. 또한 현실과 비전과의 차이를 알고 그 사이를 어떤 방법으로 채워 나
가야 하는지 생각해 보자.

1) 성공지대

미래에 대한 비전이 성공 가능한지 확인해야 한다. Treffinger(1992)가 제안한
성공지대(success zones)는 다양한 미래의 시나리오를 평가할 수 있는 평가도구
다. 잠재력이 얼마나 발휘될 수 있는지의 선택기준은 '중요도'와 '성공 가능성'
이다. 첫 번째 중요도는 선택한 사항의 성공요인을 판단하는 기준이다. 중요도
의 기준은 평상시 생각해 두었던 사명과 얼마나 일치되는지의 여부를 의미한다.
두 번째 성공 가능성은 목표달성을 위한 자신감의 정도를 판단하는 기준이다.
환경적 요인을 고려해서 어느 정도 가능성이 있는지 살펴볼 수 있다. 하나의 목
표를 이루기 위해서는 많은 에너지와 노력이 필요하다. 에너지를 얼마나 투입할
수 있을지 판단해 보자. 미래의 목표를 설정하기 전에 반드시 평가해야 될 것이

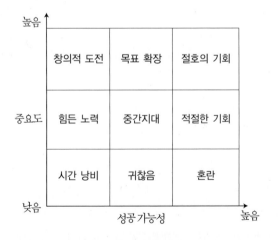

[그림 10-1] 성공지대

출처: Treffinger(1992).

있다. 먼저 현재 상황을 명확하게 인식하는 것이 중요하다. 기존에 활용된 선택 기준을 재평가할 수 있다. 성공지대의 활용법은 [그림 10-1]과 같다.

- 중요도와 비교하여 선택사항을 평가한다. 중요한 정도에 따라 구분하여 체크한다.
- 가로축은 성공 가능성을 세로축은 중요도를 나타내는 바둑판 평면을 만든다.
- 성공 가능성과 비교하여 선택사항을 평가한다. 성공할 가능성이 가장 높을 때 오른쪽 방향으로 체크한다. 성취하기 힘들고 과도하게 많은 에너지가 낭비될 것 같으면 왼쪽 방향으로 체크한다.
- 먼저 성공 가능성 정도를 표시하고 중요도의 정도를 확인한다. 바둑판 평면에 목표를 표시한다. 선택된 목표는 9개 영역 중 하나에 배치되도록 한다. 선택된 목표를 매트릭스에 놓고 평가한다.

평가를 위해 각 박스에 이름을 붙인다. '절호의 기회'는 성공 가능성과 중요도 모두가 높은 선택영역이다. 이 선택은 가치 있는 미래의 목표가 될 수 있다. 성취하는 데에 그렇게 많은 에너지가 들지 않는 영역이 '목표 확장'이다. '창의적 도전'은 성취하기 어렵지만 중요한 의미와 가치를 지닌다. 장애물을 극복하기 위해 에너지가 필요하므로 '창의적 도전'이라고 할 수 있다. 여기서는 반드시 성공을 방해하는 문제들을 확인해야 한다. 성공 가능성이 낮고 중요도가 중간 정도면 '힘든 노력', 성공 가능성은 높지만 중요도가 중간 정도이면 '적절한 기회'가 된다. 오른쪽 아래 끝부분은 성공하기는 쉽지만 상대적인 가치가 거의 없다고 판단되므로 '혼란'에 해당한다. 왼쪽 아래의 끝부분은 성공 가능성과 중요도 모두가 낮기 때문에 '시간 낭비'에 해당한다. 마지막으로 선택사항의 '중간지대'까지 포함한 9개의 부분을 비교해 볼 수 있다.

2) 스토리보드

미래의 다양한 시나리오를 그려 보자. 특별히 시각적 이미지를 강조한 스토리보드(storyboarding)를 소개하겠다. 스토리보드는 수세기 동안 의사소통의 수단으로 사용되어 온 전통적인 인류의 비전적 사고기법이다. 그림, 숫자 혹은 단어를 사용하여 중요한 변화에 따라 순서를 퍼즐처럼 맞추어 흥미로운 이야기로 엮을 수 있다(Forsha, 1995). 연재되는 만화들 또한 스토리보드의 한 형태다. 현재부터 이야기를 시작해서 미래의 희망하는 결과에 이르기까지 중요 사건을 강조하는 컷으로 구성된 스토리보드를 만들어 보자.

스토리보드 사용법은 [그림 10-2]와 같다.

- 어떤 목표를 성취하기 위해 특별한 이슈를 찾는다.
- 6개 이상, 8개 이하의 컷을 활용하여 커다란 종이나 카드에 그림을 그린다. 만화처럼 그림 칸들을 순서대로 배열한다.
- 첫 번째 컷에서 현재 상황을 보여 주는 그림을 그린다.
- 재미있게 미래를 상상해 본다. 결과에 대해서는 판단을 미루어야 한다. 미래에 대한 바람직한 결과를 마지막 컷에 그린다.
- 현재 상황과 목표하는 결과를 향한 과정에서 일어날 수 있는 주요한 활동과 이야기로 나머지 칸을 채워 나간다.
- 각각의 이미지를 상세하게 다듬는다. 스토리보드는 이미지로 단순히 제한하지 않는다. 활동과 관련된 장애물을 극복하거나 혹은 관련된 이슈를 통찰하는 데 도움을 준다. 필요하다면 문장으로 설명을 추가할 수 있다.

개별적으로 스토리보드를 구별해서 완성했다면, 하나의 이야기로 합쳐야 한다. 이를 위해 스토리보드를 공유할 수 있는 시간이 필요하다. 스토리보드를 활용하여 과제를 인식할 수 있고, 다음 단계인 전략적 사고에 몰입할 수 있다.

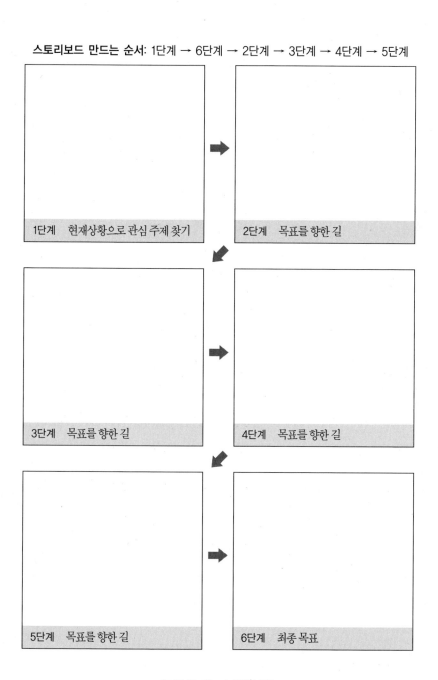

[그림 10-2] 스토리보드

3. 비전적 사고로 NCS 적용하기

1) 성공지대

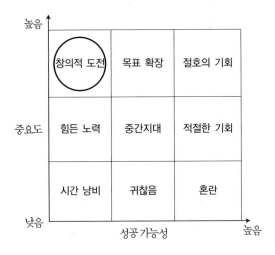

[그림 10-3] NCS 알기 전 성공지대

[그림 10-3]은 취업준비생으로서 자신의 비전을 성공지대 도구로 활용한 사례다. NCS를 이해하기 전, 막연히 '대기업에 입사하는 것'을 목표로 취업준비를 하고 있다. 취업준비생의 입장에서 이 목표는 매우 중요하지만 높은 경쟁률과 준비 부족으로 인해 성공 가능성은 낮다고 판단된다. 그래서 현재의 비전을 '창의적 도전'에 표시하였다.

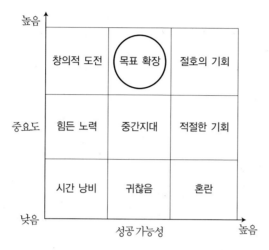

[그림 10-4] NCS 이해 후 성공지대

[그림 10-4]와 같이 NCS를 이해한 후, '대기업 입사'라는 막연한 목표에서 '기업 홍보' 직무라는 구체적인 목표를 세우게 되었다. 비록 경쟁률은 높지만 NCS에 제시된 직무역량과 NQF에 제시된 요구역량에 맞춰 세부적인 준비를 할 수 있게 되었다. 성공 가능성이 NCS를 이해하기 전보다 높아졌다. 그리고 이 목표는 비전을 향한 취업준비생의 입장에서 매우 중요하기 때문에 '목표 확장'이라 할 수 있다.

2) 스토리보드

[그림 10-5]는 NCS를 이해하기 전, 평상시 생각했던 비전을 그린 스토리보드다. 현재 취업을 준비하는 대학생으로서 취업 성공을 최종 목표로 하고 이를 달성하기 위해 어떤 일들을 해야 하는지 작성하였다. NCS를 이해하기 전에는 스펙 쌓기와 같이 막연한 계획을 세운 것이 전부였다. 최종 목표는 원하는 기업의 직무에 지원하여 취업에 성공하는 것으로 설정하였다. 그리고 현재의 위치를 1단계, 최종 목표지점을 6단계로 지정하여 나머지 2, 3, 4, 5단계를 설계한 내용이다.

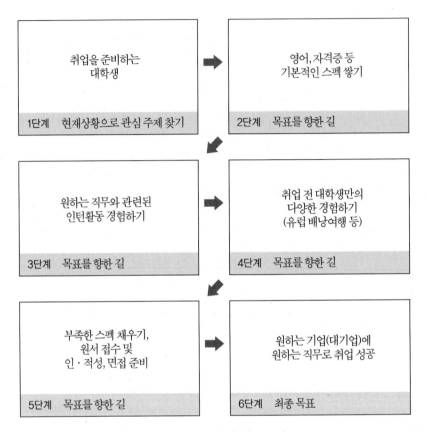

[그림 10-5] NCS 알기 전 스토리보드

NCS를 이해한 후, '기업 홍보' 직 취업을 목표로 삼고, 구체적으로 '기업 홍보' 직에 필요한 능력이 무엇이고, 부족한 능력이 무엇인지 확인하였다. 이를 위해 국가직무능력표준 사이트에 들어가 [그림 10-6]의 NCS 직무능력진단을 해 보았다. [그림 10-7]은 세분류 '기업홍보'에서 대졸 사원 기준으로 일반적인 경력수준인 4수준 중 '온라인 홍보'를 선택하는 과정을 표시한 스토리보드 설명이다.

[그림 10-6] NCS 직무능력진단

출처: 국가직무능력표준 사이트(www.ncs.go.kr).

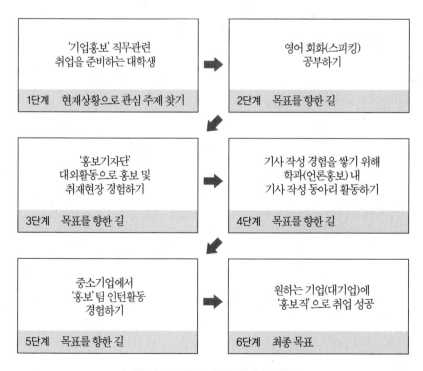

[그림 10-7] NCS 이해 후 스토리보드

직무능력진단을 통해 부족한 직무능력을 확인하고, '기업 홍보' 직 취업을 최종 목표로 정해 [그림 10-7]과 같이 스토리보드를 작성해 보았다. 직무능력진단을 한 결과, '기업 홍보' 직의 직업기초능력인 '외국어로 의사소통하는 능력'이 부족하다는 것을 깨닫고, 첫 단계를 영어회화 공부로 설정했다. 그리고 직무수행능력 중 가장 기본적이면서 필수능력인 '기사작성' 능력이 부족하다는 것을 파악하였다. 특히 NQF 4단계 수준에서 홍보자료를 기사화하는 것과 기획 방향, 컨셉에 맞춰 기사의 키워드와 헤드라인을 작성하고 기사를 쓰는 것은 무엇보다 많은 경험이 요구됨을 파악하였다. 이러한 역량을 갖추기 위해 홍보기자단 대외활동과 기사 작성 동아리 활동을 통해 경험을 쌓을 계획이다. 또한 '기업 홍보'의 실무를 경험하기 위해 인턴활동을 하면서 '기업 홍보' 직무능력을 개발할 것이다.

생각해 볼 문제

1. 미래목표를 제시하는 단어의 목록을 작성해 보자. '지금으로부터 5년 후, 10년 후, 또는 20년 후 내가 어디에 있길 원하는가?' 삶의 모든 측면(유대 관계, 경력, 건강, 경제, 기타)에 대해서 20개 이상의 문장을 만들어 보자. 가장 가능성이 높은 목표를 선택해 보자.

2. 팀을 만들어 비전을 공유하고 결과를 예측해 보자. 비전을 만들기 위해 스토리보드를 이용해 보자. 스토리보드의 작성내용에 대하여, 수행결과에 집중하지 말고, 스토리보드의 각 단계에 나오는 수행의 과정에 대하여 평가하고 토론해 보자.

3. 현재 생각하고 있는 비전이나 목표 한 가지를 선택하자. 선택한 비전이나 목표의 유용성을 성공지대를 활용하여 확인해 보자.

직업기초능력 사례와 CPS 사례 해설

 사례 1. K씨의 자기계발

K씨는 올해로 직장에 들어온 지 3년 차다. 신입사원으로 들어왔을 때는 나름대로 촉망받는 인재였지만 3년 동안 업무에 시달리다 보니 새로 들어오는 신입사원보다 자신의 능력이 뒤떨어지는 것을 느끼게 되어, 자신의 전문성을 신장시키고 다른 사람과 차별성을 유지할 수 있는 일을 배워 보기로 결심하였다.

그런데 막상 결심은 하였으나 K씨는 어떤 것을 시작해야 될지 고민이 되었다. 그래서 그는 빈 종이를 들고 다음과 같이 연속적으로 떠오르는 생각을 적어 나갔다.

'나는 어떤 능력을 계발해야 되는가?'

'나에게 부족한 능력은 무엇인가?'

'이 능력은 어떻게 계발할 수 있는가?'

'나의 장기적인 경력에서 이 능력은 어떻게 활용될 수 있는가?'

출처: 국가직무능력표준 사이트(www.ncs.go.kr). 자기계발능력 교수자용 매뉴얼 p. 46.

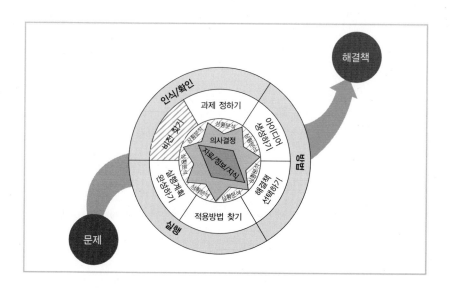

🗄 사례 1. 해석(상황분석, 비전 찾기)

사례 1은 NCS 직업기초능력의 자기계발 영역에서 제시된 사례다. K씨는 직업인으로서의 문제를 파악하고 해결책을 찾으려는 시도를 하고 있다. 신입사원 때 가졌던 막연한 비전이나 목표와는 달리 현실적인 업무의 전문성에 문제가 있다는 것을 느꼈다. 자신에게 어떤 문제가 있다는 것을 인식하는 자체가 매우 긍정적인 반응이다. 이때 목표를 설정해서 구체적인 방법의 필요성을 생각해야 한다.

따라서 이 사례를 CPS 과정으로 접근해 본다면 상황분석, 비전 찾기, 과제 정하기로 표현할 수 있다. 상황분석에서는 '진단적 사고'가 필요하다. 현재 상황에 대한 검토와 올바른 판단을 위한 정보수집과 분석을 해야 하기 때문이다. 다시 말하면 과거와 현재의 상황을 비교하고 자신의 위치를 분석할 수 있어야 한다. 이러한 전제조건이 선행된다면 비전 찾기 단계로 갈 수 있다. 여러 가지 상황분석으로 실제 자신의 방향에 대한 이상적 목표와 결과를 추측, 추론하는 것이다. 이는 CPS 단계 중 비전 찾기, 즉 비전적 사고기법에 해당된다.

K씨의 비전은 장기적으로 자신의 경력을 개발해서 자신의 분야에 전문가가 되는 것이다. 그러한 비전을 위해 구체적으로 어떤 일을 해야 하는 것인지 알아야 한다. 현재 상태에서 목표로 하는 미래가 실현 가능한 것인지 고민해야 한다.

K씨는 자신의 문제를 몇 가지 질문을 시작으로 기술하고 있다. 먼저 자신의 능력을 평가하는 '자아인식'이 필요하다. 환경에 대한 객관적이고 자기주도적인 진단이 상황분석이라면 '자아인식'은 비전 찾기나 과제를 정하기 전에 반드시 생각해야 한다. 목표를 이루기 위해서는 현실적인 업무수행 과정에서 '자기관리'를 할 수 있어야 한다. 이러한 과정을 거치면서 점점 업무와 관련된 경험을 많이 하게 되고, 성찰을 거듭하면서 '경력개발'을 지속할 수 있다. CPS의 상황분석, 비전 찾기, 그리고 과제 정하기 단계를 잘 활용하여 직업인으로서 경력개발을 할 수 있도록 한다.

사례 2. 40대에 다시 쓰는 내 인생의 이력서

인생은 고해라지만 40대야말로 그 클라이맥스가 아닐까 한다. 40대는 의무와 권리 사이에서 의무 쪽으로 가장 심하게 기울어진 연령일 것이다. 직장에서는 어떤가. 잘나가는 일부를 제외하고는 중간쯤에서 위아래의 요구에 짓눌려 칭찬은 고사하고 욕먹는 일만 많은 자리에 있기 쉽다. 그런 자리마저도 보전하기 어려워 잠재적인 실업을 두려워하며 전전긍긍하는 나날을 보내기 십상이다. '인생의 후반전을 준비하는 대한민국 아저씨들을 위한 인생 업그레이드 제안'이란 부제에 맞게 구체적인 지침도 소개하고 있다.

출처: 동아일보 2006. 11. 10일자

첫째, 자신과의 관계다. 사람들은 실제로 자신에 대한 지식과 정보에 어두운 편이다. 특히 지금의 40대가 살아온 시대는 '자기'라는 게 존재하는 것조차 모르고, 몰라야만 적응할 수 있었던 그런 때가 아닌가 싶다. 무엇보다 자기와의 관계를 복구하지 않는다면 지금 이상의 진전이나 자기만의 브랜드를 갖기 어려울 것이다.

두 번째, 가족과의 관계다. 이 책의 큰 미덕은 저자의 가족이 어려운 시기를 겪어 가는 과정을 기록했다는 데 있다. 책에서는 아내와 딸의 육성으로 가족에게 닥친 어려움을 이기고 더욱 단단해지기까지의 과정을 소상하게 들려준다.

세 번째, 타인과의 관계다. 저자의 주장은 간단하다. 존중하고 배려하라는 것이다. 지금 어떤 자리에서 어떤 역할을 하든지 고객, 동료, 친구, 상사, 부하직원과 예의바르고 친밀한 관계를 맺는 것이야말로 측정할 수 없는 큰 사회적 자산으로 되돌아온다는 것을 알려 주고 있다.

출처: 국가직무능력표준 사이트(www.ncs.go.kr). 자기계발능력 교수자용 매뉴얼 p. 164.

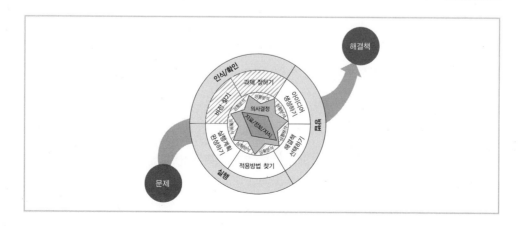

📇 **사례 2. 해석(상황분석, 비전 찾기, 과제 정하기)**

이 사례는 중·장년층의 경력단계의 특징으로 40대 직장인의 경력 재설정과 관련된 신문기사 내용이다. 여기서 알 수 있는 것은 비전이 반드시 젊은 사람들에게만 필요한 것이 아니라, 중·장년층에게도 똑같이 중요한 의미를 가진다. 기사는 세 가지 항목을 제시하면서 흘러간다. 이 사례는 경력중기와 경력말기의 과도기로 볼 수 있다. 지금까지의 직업적 경험과 경력을 기반으로 새로운 직업이나 직무를 고민하는 중·장년층의 현실을 나타내고 있다.

CPS과정의 '상황분석' '비전 찾기' '과제 정하기' 단계에서 생각해 보자. '상황분석'에서 40대 중·장년층은 인생 후반전을 준비하기 위한 자료나 정보를 수집해야 한다. 지금까지 쌓아 온 지식, 네트워크, 사회적 경험 등 자신의 모든 자산을 기반으로 상황을 진단해야 할 것이다. 다음으로 40대 인생을 업그레이드하기 위해 '비전 찾기'를 해야 한다. 열심히 목표를 이루면서 살다가 그 과정에서 만날 수 있는 행운을 위해 새로운 비전을 가져 볼 수 있다. 인생 후반전을 위한 경력개발의 방향을 설정하여 자기주도적인 경력 전환을 고려해 볼 수 있다. 인생의 허무함을 느낄 수 있는 시점에서 새로운 비전과 목표를 세워 의미 있게 도전해 보자. 잠시 의무감에서 탈피하여 자신만의 권리를 선택해 볼 수 있다. 뛰어난 성과를 내면서 주변 사람들에게 인정받으려고 노력할 필요는 없다. 처음에는 새로운 목표를 세워 아이디어를 구상하면서 즐겁게 시간을 보내는 것에 가치를 둘 수 있다.

제11장

전략적 사고로 NCS 접근하기

모든 문제가 '해결'되었다고 생각했는데, 동일한 문제가 다시 발생했던 경우가 있었는 가? 그 이유는 무엇일까? 문제의 근본적인 원인을 해결하기보다는 겉으로 드러난 증상만 을 급하게 처리했기 때문이다. 남들이 취업과 관련된 걱정을 한다고 해서 무턱대고 취업난 을 걱정할 필요는 없다. 자신이 진심으로 원하는 일을 하는지부터 생각해야 한다. 그리고 비전과 목표의 차이를 생각해 보자. 비전은 미래에 나의 목표를 성취함으로써 이룰 수 있 는 꿈이다. 목표를 달성하기 위해서는 해야 할 일들을 실행해야 한다. 비전은 넓은 의미에 서 방향을 설정하는 것이다. 전략적 사고로 현실적인 과제를 파악하여 목표를 세울 수 있 다. 여기서는 비전을 세워 해야 할 일이나 방해요소를 찾는 전략을 소개할 것이다. 특히 NCS가 지향하는 능력중심의 인재가 되기 위해 전략적 사고를 어떻게 활용해야 하는지 살 펴보겠다. 자신의 직무역량 수준을 진단해 보는 것이 사회에 진출하기 전에 해야 할 중요 한 과제다. 다양한 관점에서 진로와 경력개발 문제를 바라보고 이해할 수 있어야 하며 잠 재적인 기회를 노출시켜 해결책을 찾을 수 있도록 한다. 문제해결을 위한 전략적 사고를 지원하기 위해 생각 그물(web of abstraction)이라는 도구를 활용해 보자.

1. 전략적 사고란 무엇인가

비전적 사고는 추상적이고 개념적인 넓은 의미의 방향을 제시한다. 전략적 사고(strategic thinking)는 비전을 세우고 가는 길에 '무엇을 해야 하는가?'에 대한 구체적인 경로와 명확한 방향을 만들어 주는 능력이다. 전략적 사고는 현재와 미래를 이어 주는 다리 역할을 한다. 미래 목표달성의 효과적인 방법을 결정하기 전, 최대한 다양하고 잠재적인 경로를 살펴야 한다.

전략적 사고가 필요한 이유는, 첫째, 문제의 근본적인 원인을 찾기 위해 고정관념에서 벗어나야 하기 때문이다. 다양한 관점에서 진로와 경력개발에 필요한 사항을 살펴보자. 그동안 깨닫지 못했던 기회를 발견할 수 있게 될 것이다. 둘째, 복잡한 과제 안에 숨겨진 문제를 정확하게 파악하기 위해서다. 잘못된 해결책을 어떠한 검증 절차도 없이 실행하게 되면, 엄청난 에너지를 낭비할 수 있다. 셋째, 미성숙한 해결책을 성급하게 판단하지 않기 위해서다. 왜냐하면 어떠한 해결책이라도 성공 가능성이 제로인 경우는 드물기 때문이다.

전략적 사고는 현재 상태와 목표하는 상태가 불일치하다는 것을 자각하고, 신중하게 파악하는 능력이다. 차이점이 있다는 것을 감각적으로 지각할 수 있어야 한다. 차이점을 알고 느낀다는 것은 장애물을 발견할 수 있다는 것을 의미한다. 분명한 사실에 중점을 두기보다 알지 못했던 사실을 발견해야 한다. 업무 중에 무언가를 놓쳤다는 느낌이 들 때가 있을 것이다. 이러한 직감적인 차이점을 그냥 무심하게 넘겨서는 안 된다. NCS가 채용, 인적자원관리(HRM), 인적자원교육(HRD)에 필요한 국가직무능력체계임을 인식한다면, 개방적인 마음으로 받아들일 필요가 있다. 차이점을 감각적으로 느낄 수 있다는 것은 문제의 핵심을 발견하고 다른 방법으로 해결해 보겠다는 의미다. 예를 들어, 올해엔 반드시 새로운 일자리를 찾아보겠다고 가정해 보자. 그동안 경제적 어려움이 방해요인이 되었다면, 구직을 하겠다는 목표가 생긴 순간 그동안의 어려움은 그렇게 큰 장애요소가 되지 못한다. 먼저 새로운 구직 시장의 정보를 알아보거나 인적 네트워크를 활용하는 여러 가지 방법을 생각해 볼 것이다. 구직에 필요한 정책 중 NCS가 본인에게 유용한 정보를 제공한다면, NCS 시스템을 사용해야 한다. 기존의 채용양식과 NCS 기반의 채용양식을 비교하면서 이력서, 자소서를 작성해야 한다. 현재 상황과 원하는 직종의 차이점을 자각하고 서류 작성을 위한 해결책을 찾아보아야 한다. 이러한 차이점을 극복하기 위해 아이디어가 생성된다면, 중요한 해결책을 선택하여 성공할 수 있게 될 것이다. 예를 들어, 취업을 목표로 하는 구직자에게는 먼저 목표를 수행하기 위하여 구체적으로 어떤 해결방안이 필요하다. 역량이나 자원을 총동원하여 취업을 위한 직무나 직업의 종류 또는 구체적 기업이 될 수 있는 목표를 세운다. 다음으로 목표수행에 대한 문제를 확인하여 구체적인 과제를 정해야 한다. 실현 가능한 최적의 목표를 수립하는 것이 '전략적 사고'의 개념이다.

문제해결 과정으로 들어가기 전에, 겉으로 드러나지 않는 문제를 발견할 수 있어야 한다. 즉, 업무와 관련된 모든 문제를 파악할 수 있어야 한다. 이를 위해 문제를 구조화하여 사고할 수 있는 과정이 필요하다. 문제 해결 과정에서는 두 가지 개념을 명확히 해야 한다. 첫째, 문제가 일어난 상황의 범위를 알아야 한다. 문제의 시작과 마무리를 알아야 한다. 둘째, 문제해결의 방향을 알아야 한다. 문제해결을 위한 최선의 방법을 선택할 수 있어야 한다. 현재의 상황과 목표하는 비전 사이에서 문제의 범위에 영향을 미치는 모든 장애물을 정확하게 파악해 본다. 장애물을 극복하려는 노력은 추진할 수 있는 방향을 결정한다. 생산적으로 업무를 추진하기 위해서는 문제의 범위와 방향에 영향을 미치는 요인에 늘 관심을 두어야 한다. 하지만 동일한 관점과 방식으로 업무를 보는 습관은 발전의 장애요인이 될 수 있으니 주의해야 한다.

다양하게 문제의 근본원인을 살펴볼 수 있는 사고도구가 필요하다. 이러한 사고도구는 어떤 사건의 근본원인을 밝혀 성공적인 해결책을 제안할 수 있도록 안내할 것이다.

전략적 사고는 문제를 발견하여 새로운 대안을 찾을 수 있도록 이끄는 능력이다. 그동안 어떤 분야를 잘 알고 있다고 생각했지만, 미처 제대로 대비하지 못했던 경우가 많았을 것이다. 가장 중요한 문제를 먼저 파악하고 정의하는 데 시간을 좀 더 할애한다면, 문제의 반은 이미 해결된 것이다. 진로를 설정했는데 불안감은 더욱 깊어진다거나, 취업준비가 힘들 때, 원하는 직장에 들어갔지만 본인의 적성과는 맞지 않아 일을 그만두고 싶을 때 등 여러 가지 문제의 원인을 알고 해결책을 찾는 것이 중요하다. 결국 전략적 사고는 순간적인 결정이나 즉흥적인 판단이 아니라, 근본적인 문제해결을 위한 사고과정에서 반드시 필요하다.

2. 문제해결을 위한 전략

훌륭한 전략가는 비전과 관련된 다양한 문제를 충분하게 검토하여 생각을 구조화한다. '생각 그물(web of abstraction)'이라는 도구를 활용하면, 사고를 구조화할 수 있고 감추어진 문제를 신속하게 발견할 수 있다. 생각 그물이란 자신이 정한 한 가지 비전을 가지고, 그것을 360도 회전하면서 검토해 볼 수 있는 사고기법이다. 그물 중심에 비전이나 추구하는 결과를 표시하고 두 가지 질문을 사용하여 그물망을 확장해 보자. 그리고 '무엇이 나의 길을 가로막는 것일까?'라는 질문을 해 본다. '왜?'라는 질문으로 문제를 더욱 구체적으로 확인할 수 있다. '무엇이 나의 길을 가로막는가?'에 대한 질문을 하면서 구체적이고 조직적인 문제를 확인해 본다. 이러한 두 가지 질문에 계속 답을 하고 나면 생각이 지도처럼 펼쳐지게 될 것이다.

생각 그물의 사용법은 [그림 11-1]과 같다.

① 목표나 비전을 워크시트의 중심부에 적는다.

② '왜'라는 질문을 하고, 그 대답을 위의 방향으로 뻗어 간다. '이것이 왜 나에게 중요한가?'라는 질문을 스스로에게 던지고 계속 답변해 본다.

③ '어떻게 하면 내가 ~할 수 있을까?'에 답을 하고 새로운 대답이 나오지 않을 때까지 질문을 반복한다.

④ 새로운 문제에 대해서 '그 밖에 다른 이유는?'을 계속 질문하면서 다양한 과제를 정의해 본다.

⑤ 문제를 더욱 구체적으로 탐색하기 위해 '나의 길을 가로막는 방해요인은 무엇일까?'라는 질문을 한다. 처음의 목표나 비전으로 돌아가 다시 생각해 보자.

생각 그물을 활용하는 장점은, 첫째, 비전과 관련된 문제와 장애물을 한 눈에 볼 수 있다는 점이다. 비전을 중심에 두고 해결해야 할 중요한 문제를 지도로 만들어 구조화한다면, 숨겨진 해결책을 효과적으로 찾을 수 있을 것이다. 생각 그물은 겉으로 드러나지 않은 문제를 발견하기 위해 무엇을 해야 하는지 명확하게 파악할 수 있다. 둘째, '어떻게?' '왜?' 그리고 '방해하는 요인은 무엇인가?'라는 질문은 문제를 다양한 관점에서 파악할 수 있도록 도와준다. 그 이유에 대해 계속 질문하고 답하면서, 실제로 다른 목표에 의해 가려진 진짜 문제를 발견해 보자. 그물을 완성하는 과정은 어둠 속에 가려진 진짜 문제들을 드러나도록 전시하는 효과와 같다.

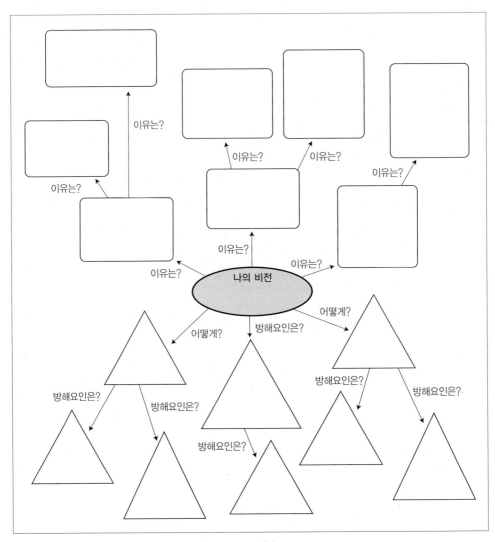

[그림 11-1] 생각 그물

3. 전략적 사고로 NCS 적용하기

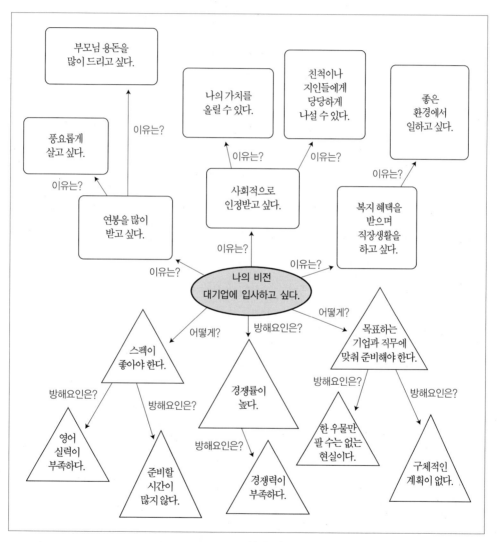

[그림 11-2] NCS 알기 전 생각 그물

NCS를 이해하기 전에는 [그림 11-2]와 같이 막연히 '대기업 입사'라는 비전을 가지고 있었다. 전략적 사고를 통해 왜 대기업에 입사하고 싶은지와 대기업 입사를 방해하는 요인이 무엇인지 생각해 보았다. [그림 11-3]과 같이 연봉을 많이 받아 풍요롭게 살고 싶고, 사회적으로 인정을 받으며 친척들과 지인들에게 당당히 나서고 싶다. 또한 복지가 좋은 환경에서 일하고 싶기 때문에 대기업에 입사하고 싶은 것이다. 그러나 대기업에 입사하기 위해서는 흔히 말하는 스펙이 좋아야 하지만 준비할 시간이 부족하다는 방해요인이 있다. 이렇게 전략적 사고를 해 본 결과, '대기업 입사'라는 목표는 구체적인 계획이 없는 막연한 목표라는 것을 알게 되었다.

NCS를 이해한 후에는 '기업 홍보'라는 직무의 방향을 설정하고, 요구되는 직무역량을 더욱 자세히 알게 되었다. 이러한 비전을 바탕으로 전략적 사고를 하면서 기업 홍보직으로 취업하고 싶은 이유와 이를 방해하는 요인이 무엇인지 생각해 보았다. 전공인 '언론·홍보학'과 관련된 직무를 원하고, 가장 자신 있는 분야가 '홍보' 직이기 때문에 '기업 홍보' 직을 목표로 하게 되었다. 또한 이전과는 다르게 NCS를 기반으로 한 채용에 대해 알게 되면서 이에 맞춰 NCS 직무체계에서 분류된 '홍보' 직무수행능력의 수준을 키우는 방향으로 준비해야 함을 알게 되었다. 그러나 NCS에 대해 잘 알지 못해 어떻게 준비해야 하는지 모르고, NQF 기준으로 현재 내 수준이 어느 정도인지 명확하지 않다는 방해요인이 있다. 또한 '기업 홍보' 직의 기초능력 중 외국어 의사소통능력이 부족하다는 방해요인이 있다. 그동안 어학공부 등을 열심히 하지 않았기 때문이다. 이를 통해 직무의 요구역량을 바로 알고 구체적인 계획을 세워야 한다.

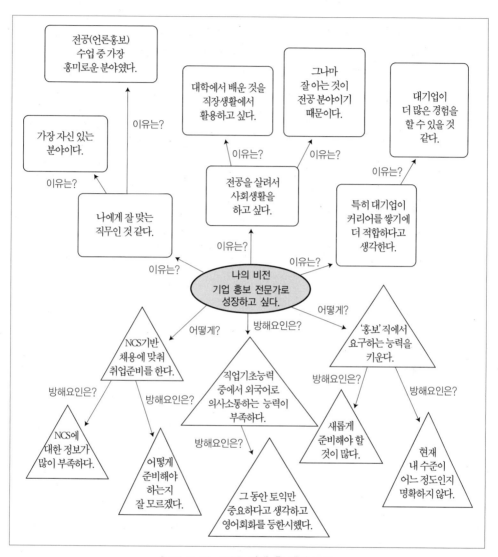

[그림 11-3] NCS 이해 후 생각 그물

생각해 볼 문제

1. 비전설정과 목표설정의 차이를 알고 직업선택이나 진로선택(경력개발)에 있어 어떤 비전에서 어떤 목표를 수립했는지 생각해 보자.

2. 기존의 채용시스템에서 나타나는 인재와 NCS 채용프로세스에서 강조하는 인재가 어떤 차이가 있는지, CPS 사고기법의 '전략적 사고'를 중심으로 토론해 보자.

3. 비전과 관련된 다양한 문제에 대하여 '생각 그물'을 활용하면서 목표를 이루기 위한 '사고의 구조화'를 실습해 보자. '생각 그물'로 자신의 생각이나 문제를 표현하면서 성찰의 시간을 가져보자.

직업기초능력 사례와 CPS 사례 해설

📠 사례 1. 문제를 해결했는데 왜……(전략적 사고)

L은 보험 소송 전문회사의 관리자로서 최근 문제해결 팀을 이끌면서 시간당 처리할 수 있는 소송건수를 늘리는 데 주안점을 두고 지속적으로 작업한 결과 프로세스 개선을 이룰 수 있었다.

L은 프로세스를 개선하는 데 그치지 않고, 시간당 처리되는 소송건을 모니터링할 수 있는 방법을 개발하겠다고 결심했다. 이를 위해서 우선 한 달 동안의 데이터를 수집하고, 이전에 해결방안을 도출하는 과정에서 발생한 여러 가지 문제점들을 다시 분석하기 시작했다. 비록 이전에 수행했던 해결방안도 성공적이었지만, 계속되는 실행계획 수립, 실행, 평가를 통해서 이전에 수행했던 해결방안을 더욱 정교화할 수 있게 되었다.

출처: 국가직무능력표준 사이트(www.ncs.go.kr). 문제해결능력 교수자용 매뉴얼 p. 175.

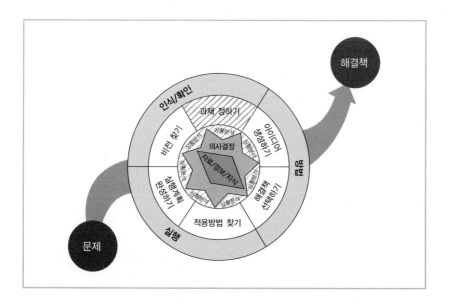

📠 사례 1. 해석(상황분석, 과제 정하기)

해결되었다고 생각했던 문제가 다시 발생하는 경우는 흔히 있는 사례다. 문제가 재발하는 이유는 근본적인 문제를 해결하지 않고, 드러난 증상만을 급하게 처리했기 때문이다. 문제의 핵심적인 원인을 살펴보는 것이 필요하다.

보험회사에 근무하는 L씨는 문제해결을 위하여 '소송건을 모니터링 할 수 있는 방법'이라는 구체적이고 실현 가능한 목표를 정립하였다. 그리고 다양한 자료를 분석하여 상황분석을 시행한 뒤 여러 가지 기존의 문제점을 파악하여 해결방안을 도출하고 있다.

CPS 과정에서 문제해결을 위해 할 수 있는 일을 정확하게 파악하는 전략적 사고와 평가적 사고가 필요하다. 즉 다양한 관점으로 문제의 근본원인을 인식하고 구체적인 해결방법을 찾아야 한다. 잠재적인 기회를 노출시키면서 해결방법을 선택해야 한다. 평가적 사고는 단순히 직관적이거나 감정적이거나 순간적인 판단이 아니라 기존의 자료나 상황, 경험을 분석, 판단하여 해결책을 합리적으로 이끄는 사고기술이다.

L씨는 과거에 수행했던 해결방안보다 더욱 신중한 문제해결을 위해, 현재 상태와 목표하는 지점의 차이점을 명확하게 인식하여 과제를 설정하였다. 그리고 마침내 실행과 평가를 위한 전략으로 작업 프로세스를 개선하여 시간당 처리할 수 있는 소송건수를 늘릴 수 있었다.

사례 2. 업무수행 계획과 성과의 관계

의류회사에 근무하는 K씨는 매일 허둥지둥 일을 하느라 바쁘다. 항상 업무 마감일에 쫓기기 때문이다. 반면에 같은 사무실에 근무하는 L씨는 언제나 그렇듯 차분하게 일을 하고 있다. K씨는 L씨에 비해 자신이 야근도 더 많이 하고 점심도 거를 정도로 더 열심히 하는 것 같은데, 정작 회사에서 인정을 받는 사람은 L씨인 것이 마음에 걸렸다.

그래서 K씨는 오늘 L씨의 일과를 유심히 관찰해 보기로 했다. 우선, L씨는 회사에 오자마자 다이어리에 무언가를 열심히 적는다. 가까이 가서 보니, 동그라미, 네모, 세모로 그림을 그리고 있는 게 아닌가! '아니 뭐야? 왜 이런 사람이 인정을 받는 거지?' L씨가 다이어리를 펴 놓고 잠깐 자리를 비운 사이, K씨는 이를 자세히 보았다.

이것은 단순한 그림이 아닌 업무 추진도였다. 언제 일을 시작해서, 언제 누구를 만나고, 세부적으로 언제까지 무슨 일을 끝내고 등등의 일정이 자세하게 적혀 있었다. K씨는 이제야 L씨에 비해 업무에 대해 체계적으로 계획을 수립하지 못하여 업무 성과가 낮다는 것을 깨달았다.

출처: 국가직무능력표준 사이트(www.ncs.go.kr). 조직이해능력 교수자용 매뉴얼 p. 193.

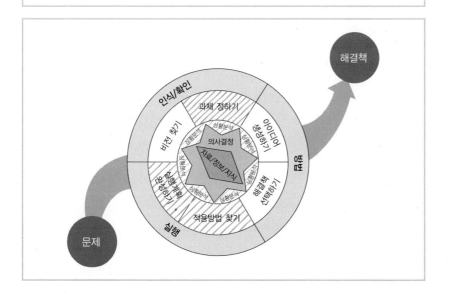

📠 **사례 2. 해석(상황분석, 과제 정하기, 적용방법 찾기, 실행계획 완성하기)**

제시된 사례는 NCS 직업기초능력 중 조직이해능력이다. K씨는 체계적인 업무수행이 아니라 그때그때 당면한 업무를 부지런하게만 처리하는 유형이다. K씨의 성과가 L씨에 미치지 못하는 이유는 K씨의 실력이나 불성실함이 아니라 조직이 요구하는 역량을 적절히 수행하지 못했기 때문이다. L씨는 체계적인 업무계획을 수립하고 실행한다. CPS 사고기법의 전략과 전술, 두 가지를 다 활용한다고 볼 수 있다.

첫 번째, 전략적 사고는 중요한 기준을 확립하고 목표를 향한 방법론을 찾는 것이다. 전략적 사고로 목표로 하는 미래결과에 대한 기대치와 현재의 상황이나 현실의 일치, 불일치를 판단하여 과제를 정할 수 있다. L씨는 하루의 일과를 실행 가능한 일정으로 분류하여 순차적으로 일을 진행해야 함을 알고 있다. 두 번째, 전술적 사고로 성과창출을 위한 구체적인 실행계획을 완성한다. 측정 가능한 단계로 성과가 측정 가능해야 한다. 이러한 의미에서 역량은 성과를 측정하는 능력이라 볼 수 있다.

대부분의 직장인들은 조직이나 회사가 원하는 체계적인 업무수행을 요구받고 있다. CPS 사고기법인 '전략적 사고'와 '전술적 사고'를 활용한다면, L씨와 같이 업무의 체계적 관리가 가능할 것이다. NCS는 국가직무능력표준이다. 여기서 직무능력이란 직무를 수행함에 있어서 제시되는 필요 능력을 의미한다. 즉, NCS의 목표는 직무역량이 높은 인재를 양성하는 것이다. 직무역량을 높일 수 있는 방법 중 하나가 조직을 이해하는 능력이다. 조직이 요구하는 업무지침을 확인하고 활용할 수 있는 차원에서 업무진행 문서를 작성할 수 있어야 한다. 따라서 자신에게 주어진 조직의 상황을 이해하고 분석해야 한다. 과제를 정하고 실행계획을 완성하여 실행할 수 있어야 한다.

제12장

이상적 사고로 NCS 접근하기

20세기 산업화 시대에서는 한 가지 직종에서 열심히 한 우물만 파야 그 분야의 전문가로 인정받을 수 있다는 인식이 강했다. 그러나 21세기 정보화 시대는 한 가지 직무만으로는 경쟁력이 떨어지니 다양한 직무수행능력을 갖춘 인재가 필요하다. 다른 직무를 이해하면서 새로운 변화에 적응해 가야 하기 때문이다. 진정한 즐거움을 느끼면서 자유롭게 아이디어를 가지고 논다고 생각할 때, 창의적인 아이디어가 폭발할 수 있다. 어떻게 아이디어를 만들고, 효과 있는 결과를 도출할 수 있을까? 발산적이고 수렴적인 사고인 다이아몬드 사고기법을 사용할 수 있다. 아이디어 발상의 대표적인 도구로 가장 유용하게 활용되는 것은 브레인스토밍(brainstorming)이다. 여기서는 목표한 활동을 이루기 위해 브레인스토밍의 개념과 강제 결합법(forced connections)이란 활용법을 소개할 것이다. 또한 퍼실리테이터(facilitator)의 개념과 아이디어 생성자로서의 역할을 살펴보겠다. NCS에서 제시하는 '직무능력중심의 인재'란 직무와 관련된 '지식' '기술' '태도'로 표현되는 역량이 높은 사람을 의미한다. 창의적인 사고로 자신의 직무에 대하여 다양한 아이디어를 제시하고, 조직이 원하는 아이디어를 선택할 수 있어야 한다.

1. 아이디어란 무엇인가

주변에서 새로운 아이디어를 많이 만들어 낼 수 있는 사람을 흔하게 찾을 수 있는가? 초기의 아이디어는 정신적 활동의 생산물로 대부분 형체가 존재하지 않는다. 아이디어는 잠재적인 가능성과 가치를 가진다. 이상적 사고를 잘하는 사람이 많은 아이디어를 생성해 낸다. 이상적 사고(ideational thinking)는 현실적으로 존재하는 문제에 반응하려는 초기 과정에서 이미지를 만들어 낼 수 있는 능력이다. 아이디어는 세상 모든 곳에 존재한다. 하지만 그 문제와 관련이 깊은 사람들의 아이디어 속에서 우수한 해결책이 나올 확률이 높다.

새로운 아이디어는 철저한 형식이나 준비를 갖추고 있지 않기 때문에, 실질적인 형태가 되기까지 관리와 지원이 필요하다. 완벽한 아이디어는 아니지만, 실패를 허용할 여유가 있다면 그 아이디어는 큰 효력을 발휘할 수도 있다. 반대로 처음에는 매우 훌륭한 아이디어처럼 판단되었지만 갈수록 효과가 사라지는 경우도 있다. 초기의 불완전한 아이디어를 익숙하지 않다는 이유로 그냥 쉽게 포기해서는 안 된다. 누구나 아이디어를 즐길 수 있도록 격려해야 한다. 주변상황에서 일어날 수 있는 가능성을 살피면서 아이디어 탐색의 즐거움을 가져 보자.

이상적 아이디어를 잘 활용하게 되면 도전적인 경쟁 상황 속에서 예상하지 못했던 기발한 아이디어로 문제를 쉽게 해결할 수 있다. 새로운 관점으로 접근하게 되면 평범한 아이디어 차원을 뛰어넘을 수 있다. 생동감 있는 활기로 더욱 역동적인 에너지를 주변에 전파할 수 있다. 자신의 능력을 긍정적으로 의식하면서 즐거운 마음으로 몰입할 때, 새로운 태도, 생각, 전략, 그리고 통찰력이 발휘된다. 새로운 변화를 희망하는 사람들은 즐거운 분위기 속에서 부정적인 판단을 흡수해 버릴 수 있다. 그러므로 이상적인 사고를 할 때는 즐거워야 한다. 브레인스토밍 작업을 할 때는 최대한 판단을 자제하면서 재미와 웃음이 넘쳐나도록 분위기를 조성해야 한다. 즐거운 분위기 속에서 새로운 아이디어가 많이 생성된다. 위기 상황에서도 실수를 통해 배울 수 있고, 도전할 수 있는 분위기가 필요하다.

이상적 사고에서는 자유롭게 아이디어를 탐색하면서 고정관념의 선입견을 버려야 한다. 해야 할 일의 정도와 수준에 맞추어 새로운 방법을 자유롭게 생각해 보자. 다만 문제 리스트를 정확하게 진술하는 것이 중요하다. 새로운 방법으로 문제를 해결할 수 있는 아이디어를 생성해 보자. 참신한 아이디어가 강력한 가능성의 에너지를 가진다면, 자연스럽게 수렴적 사고의 단계로 흘러갈 것이다.

다양한 아이디어를 모아 평가해야 할 때 주의할 점이 있다. 반드시 충분한 시간을 확보하여 신중함을 잃지 말아야 한다. 재미와 게임은 스릴이 넘치고 매력적이다. 그러나 너무 과하게 아이디어 생성하기 단계에서 시간을 낭비하지 않도록 주의하기 바란다. 한동안 그 자체를 즐기도록 허락하되, 시간적 제한을 두어야 한다. 발산적이고 수렴적인 사고의 균형을 조절하면서 새로운 아이디어를 만들어 보자.

2. 아이디어 생성방법

가능한 많은 아이디어를 생성하는 것이 좋다. 하지만 지금까지 주입식 교육으로 수렴적 사고를 강요한 학습 방법에 더욱 익숙한 사람들에게는 아이디어 생성이 쉬운 일은 아니다. 대부분 처음부터 많은 아이디어가 떠오르지 않을 것이다. 갑자기 새로운 아이디어를 생성하라고 하는 것은 누군가에게는 매우 힘든 시간이 될 수도 있다. 이상적 사고의 방법으로 가장 대표적인 두 가지 사고도구를 설명하겠다. 브레인스토밍과 강제 결합법이다.

1) 브레인스토밍

브레인스토밍은 많은 아이디어를 만들 수 있는 가장 널리 알려진 도구다. 누구나 쉽게 어디서나 아이디어를 도출할 수 있는 사고기법이다. 발산적 사고의 지침을 효과적으로 적용한다면 브레인스토밍이라는 사고도구 하나만으로 매우 다양하고 독특한 아이디어를 무수히 만들어 낼 수 있다. 브레인스토밍이 언제나 정확한 방법으로 사용되지는 않지만, 아이디어를 생성하기 위해 가장 대중적으로 사용할 수 있으므로 간단히 소개하고자 한다.

대부분의 사람들은 브레인스토밍을 단순히 건조하게 활용한다. 때로는 브레인스토밍을 하는 과정에서 서로의 아이디어 흐름을 차단해 버릴 수도 있다. 브레인스토밍의 진행 규칙에 대해서는 중간에 '평가하지 않기'라는 한 가지만 언급한다. 브레인스토밍을 만든 Alex Osborn(1963)은 "자발적인 구성원들의 아이디어를 모아 문제해결의 구체적 방법을 위한 협상 기술을 훈련하는 것"이라고 개념을 정리하였다. 여기서 '발산적 사고를 위한 네 가지 지침', 즉 '가능한 많은 수의 아이디어 내기' '새로움을 추구하기' '비판적인 판단 자제하기' '연결하여 생각하기'를 확인해 보겠다. 브레인스토밍의 효과를 극대화하기 위해서는 여러 사람의 의견을 정리할 수 있는 안내자가 필요하다.

이러한 안내자를 '퍼실리테이터(facilitator)'라고 한다. 퍼실리테이터란 문제해결이나 어떤 결정을 내릴 때, 결정권은 가지지 않고 아이디어 생성과 과정에만 도움을 제공하는 사람이다(Schwarz, 1994). 퍼실리테이터는 회의 과정을 관리하지만 회의 내용과 결정에는 관여하지 않는다. 퍼실리테이터의 행동목표는 회의를 자연스럽게 진행하는 것이다. 유능한 퍼실리테이터는 확산적 사고의 원리에 따라 그룹을 역동적으로 움직이게 만들 수 있다. 즉, 혁신적인 아이디어의 가능성을 확장해 주는 사람이다. 퍼실리테이터가 이끄는 브레인스토밍에서 더욱 효율적인 아이디어가 생성될 수 있다. 브레인스토밍을 정확하게 활용할 수 있는 방법은 다음과 같다.

〈표 12-1〉 브레인스토밍 활용법

① 누구를 브레인스토밍에 참여시킬지 신중히 생각한다. 브레인스토밍의 목적을 서로 진지하게 공유할 수 있는 사람으로 초대한다. 참여하는 인원은 5~8명이 적당하다.
② 브레인스토밍 참석자들에게 구체적인 문제를 설명한다. 참석자들이 이해할 수 있도록 정보를 제공한다. 주로 육하원칙(누가, 무엇을, 어디서, 언제, 왜 그리고 어떻게)을 활용한 시각화된 자료를 사용한다.
③ 언급된 문제를 의문 형식의 진술문으로 표현한다. '어떻게 ……하면 좋을까요?' 모두가 볼 수 있도록 과제 진술문을 적어 보자. 아이디어를 생성하기 전에 질문을 할 수 있는 시간적 여유를 제공한다.
④ 모든 아이디어를 기록한다. 가능하다면 녹음기도 준비한다. 문제해결과 관련하여 충분한 아이디어가 나왔다고 느낄 때까지 계속 진행한다. 참석자에게 포스트잇을 제공하고 아이디어를 기록하도록 요청할 수 있다. 한 장의 포스트잇에 하나의 아이디어를 기록한다. 참석자들이 아이디어를 크게 말할 수 있도록 격려한다. 참가자 모두가 볼 수 있도록 모든 내용을 플립차트에 붙여 전시한다.

2) 강제 결합법

강제 결합법은 다른 상황의 아이디어를 가져와서 특정한 문제해결에 활용할 수 있는 사고기법이다(Gordon, 1961). 발산적 사고 원리의 연결 짓기와 비슷하며, 다른 틀을 결합시키는 방식이다. 의도적으로 특정대상과 해결해야 할 문제를 연결하여 새로운 아이디어가 생기되도록 자극할 수 있다. 아이디어 기준은 목표의 한계를 뛰어넘을 수 있도록 호기심과 상상력으로 활기차게 즐길 수 있는 것으로 한다. 강제 결합법의 사용방법은 〈표 12-2〉와 같다.

〈표 12-2〉 강제 결합법 활용

① 문제를 정확하게 알아야 한다. 문제해결을 위해 의문문 형식의 진술문을 사용한다. '어떻게 하면 좋을까(How might)?' 예) '내가 어떻게 새로운 직업을 찾을 수 있을까?'
② 문제와 관계없는 대상을 선택한다. 어떤 대상이라도 사용할 수 있다. 예) 의자, 소파 혹은 동식물을 생각하며 새로운 아이디어를 떠올려 보자.

③ 선택한 대상의 특성을 살펴본다. 대상의 모양, 색깔, 쓰임새, 냄새 등의 독특한 특성을 관찰해 보자.
 예) 나무는 땅에 뿌리를 깊이 내리고 영양분을 초록색 잎사귀까지 전달할 수 있다.

④ 선택한 대상과 문제를 강제로 결합시킨다. '(이 대상)의 어떤 특성을 아이디어(과제를 삽입)로 활용할 수 있을까?'
 예) '나무라는 대상에서 새로운 직업을 구하기 위한 어떤 아이디어를 취할 수 있을까?' '어떤 나무는 새로운 종으로 경작되어 특이한 이력을 가진다. 또한 다른 종류로 가지치기를 할 수 있다.' 이러한 표현을 적용할 때, 확산적 사고의 원리를 생각하면서 활용한다.

⑤ 대상을 반복적으로 추가할 수 있다. '의자로부터 새로운 직업을 얻는 데 필요한 아이디어는 무엇일까?' '소파는?' 새로운 아이디어를 생성하기 위해 계속해서 새로운 대상과 연결하여 생각해 본다.

⑥ 오감을 모두 느끼면서 생각할 수 있다. 단지 시각적인 효과를 넘어 냄새와 촉각, 소리의 느낌까지 연결하여 생각해 본다.
 예) 악기를 연주하는 몸짓을 맛으로 연결하여 표현할 수 있다.

〈표 12-2〉의 강제 결합법 활용방법을 근거로 본인만의 아이디어를 〈표 12-3〉에 기록해 보자.

〈표 12-3〉 강제 결합법

단계		과정 안내	아이디어 만들기
1	문제인식	어떻게 새로운 방법을 찾을 수 있을까?	
2	문제와 관계없는 대상 선택	어떤 대상을 이용할 수 있을까?	
3	대상의 특성 파악	오감을 통해 느낄 수 있는 특성은 무엇일까?	
4	대상과 문제를 강제로 결합	선택한 대상의 어떤 특성과 연결하여 아이디어로 활용할 수 있을까?	
5	대상 추가	직업을 구하기 위해 새로운 대상을 계속 선택해 보자.	
6	다양한 감각	그 대상으로부터 느낄 수 있는 다른 감각과 연결하여 생각해 보자.	

3) 아이디어 생성하기를 위한 수렴적 사고

　무수히 많은 후보 아이디어가 나왔다면, 그중에서 가장 적절한 아이디어를 선택해야 한다. 그동안 나온 아이디어를 분류하고 가장 좋은 아이디어를 선택해 보자. 수렴적 사고 단계에서도 참신한 내용을 반드시 포함해야 한다. 수렴적 사고의 지침을 생각하며 '아이디어 체크'와 '하이라이트'를 사용할 수 있다. 문제해결을 위한 가장 적합한 아이디어를 분류하고, 어떤 아이디어가 좋은지 선택해 본다. 아이디어가 다음과 같은 항목 어디에 해당되는지 표시해 보자.

- 상상력을 자극한다. (　)
- 호기심을 발휘한다. (　)
- 미소 짓게 만든다. (　)
- 독특하다. (　)
- 생동감 있는 활력을 일으킨다. (　)
- 목표와 정확하게 일치한다. (　)
- 확실하게 목표를 이룰 수 있다. (　)

　선택되지 않은 아이디어를 한 번 더 살펴보고, 신중하게 검토해 보자. 참신한 아이디어의 잠재력과 가능성을 최대한 놓치지 않기 위해 필요한 단계다.

- 지금 당장 실행하기 어렵겠지만, 전략적인 차별화 공략에 도움이 될 것이다. (　)
- 다른 사람들에게 제안하기에는 어렵지만, 누군가 높은 관심을 보이고 있다. (　)
- 처음에는 너무 어리석게 보였지만, 생각할수록 매력적인 아이디어로 느껴진다. (　)

이러한 수렴적 사고를 통해 최종적으로 선택된 아이디어를 다음 상자에 기록해 보자.

(아이디어 작성하기)

- _____
- _____
- _____
- _____
- _____
- _____
- _____
- _____
- _____
- _____
- _____
- _____
- _____
- _____
- _____
- _____
- _____
- _____
- _____

3. 이상적 사고로 NCS 적용하기

〈표 12-4〉 강제 결합법을 적용한 예

단계		과정 안내	아이디어 만들기
1	문제인식	어떻게 새로운 방법을 찾을 수 있을까?	• 1차 서류전형에서부터 다 떨어진다. • 1차 서류 중 자기소개서를 어떻게 써야 할지 모르겠다. • 서류 스펙이 부족한 것 같다.
2	문제와 관계없는 대상 선택	어떤 대상을 이용할 수 있을까?	• 전기밥솥
3	대상의 특성 파악	오감을 통해 느낄 수 있는 특성은 무엇일까?	• 쌀로 맛있는 밥을 지어 준다. • 맥반석 계란, 찐 고구마, 케이크 등 다양한 요리를 할 수 있다. • 반드시 전기가 있어야만 작동할 수 있다.
4	대상과 문제를 강제로 결합	선택한 대상의 어떤 특성과 연결하여 아이디어로 활용할 수 있을까?	• 쌀이 밥으로 만들어지는 것처럼 나의 다양한 경험들을 연결하고 잘 다듬어 하나의 스토리로 만들어 낸다. • 전기밥솥은 밥뿐만 아니라 다양한 요리를 하는 전자기구다. 이처럼 흔하게 볼 수 있는 서류양식만을 고집하지 않고, 다른 방식을 활용하여 작성해본다. • 전기밥솥이 제대로 작동하기 위해서는 전기가 필요하듯이 서류를 잘 쓰기 위해 다른 누군가의 충고나 도움을 받는다. 나에게 전기처럼 에너지를 줄 수 있는 멘토를 찾아본다.
5	대상 추가	직업을 구하기 위해 새로운 대상을 계속 선택해 보자.	• 돋보기안경
6	다양한 감각	그 대상으로부터 느낄 수 있는 다른 감각과 연결하여 생각해 보자.	• 돋보기안경은 가까운 것이 잘 안 보이는 사람들에게만 필요한 물건이다. 눈이 좋은 사람에게는 필요 없다. • 스펙이 부족하다고 해서 내가 원하는 직무와 관련 없는 아무 스펙이나 다 쌓을 필요는 없다. 그 직무와 관련해서 나에게 부족한 능력이 있는지 돋보기 안경을 쓴 사람처럼 찾아본다.

아래의 사례는 '강제결합법'을 응용한 예시를 나타낸 것이다. 홍길동 씨는 취업준비생으로서 입사하고 싶은 대기업에 지원했지만 1차 서류전형부터 합격한 적이 없다는 문제를 가지고 있다. 이 문제를 해결하기 위해 강제 결합법을 사용해 보았는데 그 결과, 평소 전기밥솥으로 맥반석 계란을 자주 해 먹던 것을 떠올리며 이 문제와 전혀 관계없는 '전기밥솥'에서 해결책을 발견할 수 있었다. 전기밥솥의 역할은 반드시 밥 짓기만 하는 것은 아닌 것처럼 남들이 생각해 내지 못한 참신한 방식을 활용하여 자기소개서를 작성해 보기로 했다. 즉, 다른 경쟁자와 나를 차별화할 수 있는 자기소개서에 작성하기로 했다.

생각해 볼 문제

1. 한 팀에 6~8명의 구성원을 만들어 문제해결을 위한 브레인스토밍을 시작해 보자. 한 사람이 퍼실리테이터 역할을 한다. 발산적 사고의 지침 내용을 강조한다. 40~50개 정도의 아이디어를 생성해 보자. 생성된 아이디어를 연결해 보고, 판단과 질문 그리고 토론은 최대한 보류한다. 지켜야 할 원칙은 초보자나 평상시 조용한 사람들의 아이디어를 격려하는 것이다.

2. 혼자 일하거나 아이디어가 생각나지 않을 때 강제 결합법을 시도해 보자. 강제로 연결되어 사용할 수 있는 대상을 주위에서 찾아 새로운 아이디어를 만들어 보자. 발산적 사고의 지침을 기억하면서 강제 결합법을 사용하자.

3. 퍼실리테이터 역할을 할 수 있도록 모의토론을 실시한다. 퍼실리테이터란 문제해결이나 어떤 결정을 내릴 때, 결정권은 가지지 않고 아이디어 생성과 과정에만 도움을 제공하는 사람이다. 모의토론에서 퍼실리테이터의 역할을 교대로 맡아서 진행해 보자.

직업기초능력 사례와 CPS 사례 해설

 사례 1. 뱁새가 황새를 따라가면……

　보험회사에 다니는 J과장은 이번 달 초에 원대한 목표를 수립하였다. 자신의 모든 역량을 총 동원하여 이번 분기 보험 판매왕이 되기로 결심한 것이다. 그런데 한 달이 다 되어 가도록 성과가 없어서 자기 자신에 대한 실망감이 이만저만이 아니다.

　보험을 판매하려고 해도 주변에 아는 사람도 별로 없고…… 다른 사람 앞에서 얘기한다는 게 너무 수줍기도 하고…… 자신의 보험상품을 잘 알고 있다는 자신감에 출발하였지만 날마다 허탕만 치고 아침부터 밤까지 발품만 팔고 있다.

　사실 J과장은 판매라는 직업이 자신에게 맞지 않는다는 생각을 오래전부터 해왔지만 이미 정한 직업이기 때문에 이제 와서 되돌릴 수도 없고…… 많은 고민에 빠지게 되었다.

출처: 국가직무능력표준 사이트(www.ncs.go.kr). 자기계발능력 교수자용 매뉴얼 p. 84.

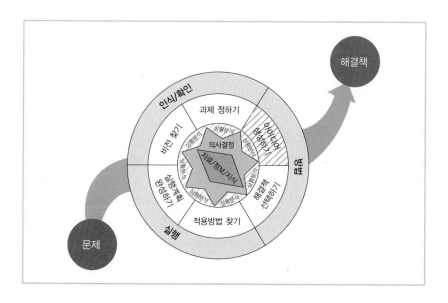

사례 1. 해설(상황분석, 아이디어 생성하기)

제시된 사례는 성과를 이루지 못해서 고민하는 상황을 묘사하고 있다. 보험회사에 다니는 J과장은 자신의 적성과 직무 환경의 불일치를 심각하게 경험하고 있다. 단순히 흥미나 적성에 맞지 않아 직무에 소홀한 경우도 아니다. J과장은 단기적인 현상만 바라볼 것이 아니라 장기적인 관점에서 자신을 파악할 수 있어야 한다.

두 가지 대응방안을 제안해 볼 수 있다. 하나는 직업이나 직무를 바꾸는 것이고, 또 다른 하나는 현재 직무에 대한 성취를 위해 자신의 역량을 진단하고 경력을 개발하기 위해 노력하는 것이다. 물론 이외에도 여러 가지 대응방안을 생각해 볼 수 있다. 다만 제시된 사례에서 J과장은 '이미 정한 직업이기 때문에 되돌릴 수도 없고……'라고 표현하였다. 따라서 가능한 자신의 현재 직업을 유지하고 발전시킬 수 있는 차원에서 방법을 찾아야 한다.

CPS 사고기법의 '상황분석'과 '아이디어 생성하기' 단계를 중심으로 이 사례에 접근해 보자. J과장의 경우 직업적 스트레스의 수준이 상당히 높음을 알 수 있다. J과장의 이와 같은 상황을 고려할 때, 성급한 결론을 자제하고 직무와 관련하여 철저한 자기분석을 해야 한다. 자신의 잠재된 능력을 발휘할 수 있는 구체적이고 실현 가능성이 높은 업무활동을 상상해 본다. 주위를 둘러싼 직무 환경을 이해하면서 최대한 다양한 아이디어를 만들어 보자. 이때 중요한 것은 즐거운 마음으로 업무활동과 관련된 여러 가지 행동을 도출해 보는 것이다. 반드시 목표한 성과에 도달하겠다는 압력에서 벗어나야 한다. 진심으로 자신의 일을 즐기는 순간 우수한 성과는 따라오기 마련이다.

회사나 고객의 이해관계와 관련된 조건을 이해하면서 업무를 수행할 수 있는 방법을 찾아보자. 강제 결합법을 사용하여 다양한 방법을 적용해 볼 수 있다. 예를 들어, 개구리를 어느 날 관찰하게 되었다고 가정해 보자. 개구리만이 가진 장점을 활용하여 새로운 방법을 찾아낸 후 특정 고객에게 다가갈 수 있을 것이다. 즉흥적으로 행동하는 것이 아니라 다양한 아이디어를 생성한 후, 효과가 있을 것으로 판단되는 아이디어를 진행해 볼 수 있다. 이러한 '생각의 틀'을 활용하여, 선택에 대한 합리성을 키워 나가는 사고 습관을 길러야 할 것이다.

사례 2. 해결안이 여러 개라면?

H사는 최근 왜 특정 광고 우편물을 받은 고객들이 다른 고객들보다 더 많은 의류를 구입하는가 하는 문제에 대한 조사에 착수, 4개월간의 측정, 분석과정을 끝마쳤다. 문제의 원인은 광고에 사용된 색상의 종류와 제지 원료의 무게, 그리고 고객들이 우편물을 받은 간격과 관계가 있는 것으로 조사되었다. 이에 대한 해결방안을 만들기 위해서 팀 회의가 열렸을 때, A팀에서는 분석된 원인을 바탕으로 고객들에게 더 화려한 색상의 종이에 매달 마지막 목요일에 우편물을 받아볼 수 있도록 하면 된다는 해결안을 제시하였다.

그러나 B팀은 색상의 종류, 제지 원료의 무게, 고객들이 우편물을 받은 간격에 따른 다양한 해결안을 개발해서 브레인스토밍을 하였고, 고객의 연령에 따라 원하는 색상과 우편물을 받고자 하는 시기가 다름을 발견하였다. 이를 통해 색상과 우편물을 받는 간격에 대한 다양한 해결안을 제시하였다.

한참의 시간이 지난 후 우편물에 따른 고객들의 의류 구입 정도를 조사한 결과, A팀에서 발송한 우편물을 받은 고객보다 B팀의 우편물을 받은 고객들의 구매액이 훨씬 많음이 밝혀졌다. 그리고 이러한 결과가 나오게 된 이유를 조사한 결과 B팀이 다양한 해결안 중에서 중요도와 실현 가능성을 고려해서 최적의 해결안을 선택했기 때문으로 나타났다.

출처: 국가직무능력표준 사이트(www.ncs.go.kr). 문제해결능력 교수자용 매뉴얼 p. 167.

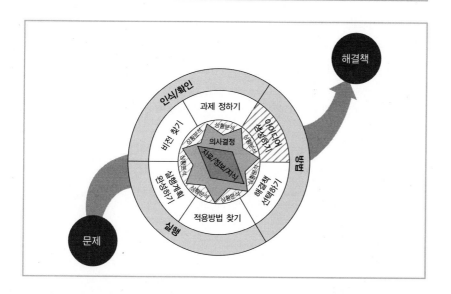

사례 2. 해석(상황분석, 아이디어 생성하기)

사례 2에서 A팀은 CPS의 상황분석을 바탕으로 해결방안을 결정한 후, 고객에게 우편물을 매달 마지막 목요일에 배송하였다. 그러나 B팀은 다양한 구성원들의 의견을 바탕으로 해결방안을 선택하게 한 후, 고객의 요구사항을 구분하여 우편물을 배송하였다. 즉, 고객의 특성을 분류하여 다양한 우편물을 제공하였던 것이다. 매출 향상을 위한 해결책의 선택 과정에서 A팀과 B팀의 차이를 발견할 수 있다.

A팀은 한 가지 방안을 제시하여 실행하였고 B팀은 다양한 해결방안을 고객에 맞추어 실행 가능하도록 제시하였다. 이러한 문제해결 과정의 차이는 실제 성과의 차이로 나타나게 된다. NCS의 직업기초능력 중 문제해결능력의 영역에 속하는 이 사례의 내용은 '분석되는 원인에 따라 다양한 해결책을 평가하여 최적의 해결안을 도출'하는 것을 강조한다. 중요도와 성공 가능성에 따라 문제를 진단할 필요가 있다.

물론 모든 문제해결의 시작은 의사결정을 하기 위한 상황분석이다. 따라서 먼저 상황분석에서 필요한 모든 자료와 정보를 탐색해야 한다. 의사결정에 영향을 미치고 지원할 수 있는 자료를 바탕으로 의사결정을 해야 하기 때문이다. 상황분석까지는 A팀과 B팀이 동일한 과정으로 문제해결을 진행하였다. 그러나 A팀은 구성원들 간의 다양한 의견이나 아이디어 생성과정을 거치지 않고 바로 해결책을 선택하였다. B팀은 H사가 추구하는 고객 서비스와 관련된 비전을 확인하고, 그에 따른 아이디어 생성과정을 추가하였다. 비전 찾기, 과제 정하기, 아이디어 생성하기라는 사고단계를 실행하여 해결책을 찾았기 때문에 그에 따른 결과도 다르게 나타날 것이다. 신속하게 문제를 해결하는 기업보다 의사결정 과정을 중시하는 기업이 더욱 혁신적으로 성장할 수 있음을 보여 주는 사례다.

제13장

평가적 사고로 NCS 접근하기

처음에는 정말 대단한 아이디어라고 생각했는데 시간이 지날수록 그렇게 대단해 보이지 않았던 아이디어가 많다. 만약 불완전한 아이디어가 그대로 실행된다면 어떤 일들이 발생할까? 먼저 판단의 오류로 인한 비용이 들 것이고, 수치심도 느낄 수 있다. 그리고 부담스러운 책임을 져야 할 때 그에 따른 고통은 아마 상상을 초월할 수도 있을 것이다. 그러나 어떤 아이디어의 가치를 급하게 결정해야 할 때가 있다. 평가적 사고를 하게 되면 판단오류로 인한 피해를 최대한 줄일 수 있을 것이다. 많은 아이디어를 생성한 후, 감각적인 직감으로만 무언가를 판단해선 안 된다. 여기서는 논리적인 기준을 정하고, 효율성과 잠재력을 고려하여 평가할 수 있는 방법을 살펴볼 것이며 평가 매트릭스를 활용하여 평가적 사고를 연습할 것이다. NCS 인재상에 부합되는 직무역량을 습득하기 위해서는 왜 평가적 사고가 필요한가? 직무를 수행하는 데 수많은 정보를 조합하고 분석하고 실현 가능한 최선의 방법을 선택해야 하기 때문이다. 복잡한 문제를 해결해야 하고 선택사항이 많을수록 평가적 사고가 더욱 필요하다.

1. 평가적 사고란 무엇인가

문제가 있으면 누구나 답을 찾으려 한다. 문제해결을 위한 가장 중요한 질문은 '답은 무엇인가?' '그래서 무엇을 해야 하는가?'다. 이럴 때일수록 해결책을 찾아야 한다는 책임이나 그 상황에서 잠시 벗어나 보는 것도 좋은 방법이다. 문제 그 자체의 도전을 즐길 수 있는가? 평가적 사고(evaluating thinking)는 아직은 해결책이 아닌 미숙한 아이디어의 합리성과 가치에 따라 결정하려는 생각이다. 평가적 사고를 하기 위해서는 신중하게 생각해 볼 수 있는 시간이 필요하다. 준비가 잘 갖추어지지 않은 아이디어가 바로 실행되지 않도록 주의하기 바란다.

그러나 참신한 해결책을 찾기 위해서는 미성숙한 아이디어를 받아들일 수 있는 개방성과 여유가 필요하다. 흔한 실수는 본인이 할 수 있는 것만을 기준으로 잡고 행동한다는 것이다. 어떤 중요한 제안이 들어왔을 때, 능력이 없어서 할 수 없다고 미리 단정 지어 판단하지 말자. 성공이란 처음부터 화려한 모습으로 다가오지 않는다. 아무도 알아보지 못하게 누추한 모습으로 성공이라는 기회가 찾아오는 경우가 흔하다.

성공적인 성과를 내기 위해서는 명확한 해결책이 있어야 한다. 이를 위해, 첫째, 개방적인 마음으로 아이디어의 가능성을 고려해 봐야 한다. 미숙하고 낯선 아이디어가 처음엔 새롭지만 실용적인 방법으로 전환될 수 있는지 확인해야 한다. 해결책으로 발전 가능성이 높은지 반드시 살펴 보자. 둘째, 아이디어의 장점과 단점을 신중하게 분석한다. 새로운 아이디어는 익숙하지 않다는 이유로 사람들에게 외면받기 쉽기 때문에, 그 가치를 확인할 수 있는 기회가 반드시 주어져야 한다. 다양한 관점에서 아이디어가 해결책으로 실행될 수 있는지 확인해야 할 것이다. 셋째, 최종 결과가 알려지기 전에 스스로 판단을 할 수 있어야 한다. 대부분의 사람들은 무언가를 결정한다는 것에 두려움을 느낀다. 아이디어 생성하기 단계는 야생마를 발견하고 밧줄로 잡는 것에 비유할 수 있다. 해결책을 선택하는 단계에서는 그 야생마의 독특한 본성을 지키면서 길들일 수 있는 방법을 찾는 것이다. 즉, 그 아이디어의 독특한 특성을 살리면서도 사회의 요구에 맞게 길들일 수 있는 무엇인가를 획득하는 것이 창의적으로 문제를 해결하는 근본적 이유다. 아이디어를 실행단계로 전환하기 위해서는 확산과 수렴의 통합으로 다이아몬드 사고를 적극 활용할 수 있다. 완벽한 결과물일수록 힘든 과정을 거쳐야만 할 때가 많다. 원하는 결과가 처음부터 완성된 형태로 나올 수 있다는 믿음은 마치 신화 속에 나오는 이야기와도 같다. 기발한 상상력이라 믿고 막상 실행은 했지만, 신중하지 못한 사고로 인해 찾아오는 피해는 최대한 줄여야 할 것이다. 미흡한 평가적 사고로 인한 통찰력의 부족은 탐욕을 불러일으킨다. 그리고 그 모습은 머지않아 반드시 어떠한 형태로든 드러난다는 것을 잊지 말자. 결정을 재촉하는 외부압력이 있어도 섣부른 판단은 반드시 자제해야 한다.

2. 새로운 해결책을 찾을 수 있는 평가방법

평가를 해야 하는 이유는 새로운 아이디어가 실행 가능한 해결책으로 전환될 가능성이 얼마인지 판단하기 위해서다. 이때 더욱 통합된 접근이 필요하다. 어떤 해결책을 실행하느냐에 따라 발산적 사고와 수렴적 사고의 속도는 달라진다.

1) 선택의 기준 정하기

효과적인 의사결정을 위해 어떤 기준을 선택할 수 있을까? 선택의 기준은 기대를 얼마나 충족시키느냐에 따라 달라질 수 있다. 원하는 것과 그것을 달성하기 위해 필요한 행동 사이의 간격을 채울 수 있는 기준을 만들어 보자. 선택의 기준은 대부분 의사결정권자의 목소리에 의해 판단되는 경우가 많다. 가능하다면 결론을 바라보는 관점을 다양하게 하면서 객관성을 높여야 한다. 독단적인 평가의 폐단을 줄이면서 긍정적인 마음으로 선택할 수 있어야 한다.

급하게 무언가를 성취한 후, 감추어진 측면을 놓치고 나서야 진정으로 자신이 원하는 것을 깨달은 적이 있었는가? 완전하지 않은 기준에서 발산적 사고가 확산될 수 있다. 확산적 과정에서 "……일까?" 또는 "……가능한가?"라는 질문을 사용하면서 기준을 설정해 보자. 일자리의 필요성을 인식하는가? 내가 그 기업에 취업이 된다면, 어떤 느낌을 받을 수 있을까? 어떤 직무에 지원하는 것이 가능할까? 연봉은 높을까? 기준을 만들기 위한 확산적인 과정을 충분히 거친 후, 수렴적인 태도를 취해야 한다. 아이디어를 선택하기 위해 어떤 기준을 만들었는가? 〈표 13-1〉과 같이 '선택기준 정하기'에서 평가해야 될 사항의 기준을 적어 보도록 하자.

〈표 13-1〉 선택기준

기준사항	선택기준으로 정한 이유

기준사항을 가장 많이 충족시키는 아이디어가 최고의 선택일 가능성이 높다. 이렇게 선별된 기준은 독립된 도구로 사용할 수 있고, 평가 매트릭스로 더욱 발전시킬 수 있다. 선택의 평가 기준은 스스로 상황을 파악할 수 있는 해결책을 실행하고자 할 때 만들어진다. 외부로 인한 의견으로 흔들리지 않는 가치를 조성할 수 있어야 한다. 기준은 평가하기 위해 단독으로 사용되지만, 의사결정 도구인 평가 매트릭스의 필수 요소가 되기도 한다. 여기서 언급한 '기준사항'은 NCS 체계의 능력단위 등에서 제시되는 '수행준거'와 관련하여 생각할 수 있다.

2) 평가 매트릭스

평가 매트릭스(evaluation matrix)는 명백한 기준에 반하는 선택사항 4~10개를 장점이 될 수 있도록 평가하기 위해 사용할 수 있다. 처음에는 그것을 선택하는 데 약점이라고 판단되었지만, 보완하게 될 경우 더욱 훌륭한 결과를 나타낼 수 있는 가능성을 살펴야 한다. 평가단계에서는 아이디어의 객관성을 최대한 확보하여 평가해야 한다. 논리적인 평가지침의 기준이 필요하다. 이러한 요구를 충족할 수 있는 평가 매트릭스의 활용법은 다음과 같다.

① 선택하기 위해 기준을 만들어 전개한다(선택기준 정하기 참고).

② 다른 기준과 비슷하거나 내용이 겹치지 않도록 확인한다. 한 가지 기준이 다른 기준에 포함되지 않도록 주의한다. 주관적으로 강조하고 싶을 때는 반복적으로 표현할 수 있기 때문이다. 그리고 부정적인 표현은 에너지를 낭비하게 만들기 때문에 긍정적인 언어로 표현하는 것이 좋다.

③ 사용 가능한 매트릭스를 만들어 본다. 선택기준이 만족스럽게 작성되었을 때, 매트릭스의 기울어진 선 위에 하나의 기준을 적어 본다. 중요하다고 판단되는 기준에 우선순위를 둘 수도 있다.

④ 선택사항을 어떻게 평가해야 하는지 설계한다. 예) 숫자 1~5를 사용하는 5점 척도, +, -, 0(중립) 등 상황에 맞추어 필요를 충족해야 한다. 숫자는 구체적이어야 하고, 객관적이어야 한다.

⑤ 각 선택사항을 '아래 방향'으로 평가하도록 한다. 아래 방향으로 평가하는 이유는 무심코 선호하는 것에 더 높은 점수를 줄 수 있는 후광효과를 피하기 위해서다. 모든 선택사항이 평가될 때까지 기준에 따라 표시해 본다.

⑥ 모든 선택사항 중에서 가장 큰 장점으로 보이는 것에 집중한다. 만약 숫자로 평가체계를 사용하였다면, 문항의 점수들을 합산하지 않는다. 신뢰성이 없는 점수로만 선택할 확률이 높기 때문이다.

⑦ 최종 결정을 내린다. 단순하고 성급한 판단이 아니라 비교적 낮은 점수의 영역도 신중하게 다시 생각해 본다. '이 선택사항을 어떻게 발전시킬 수 있을까?' 평가된 기준들이 개선될 영역으로 이동이 가능한지 확인한다.

선택		기 준						결 정		
		예산의 적합성	사용자 편리성	적합성	주문 제작 가능성	서비스 및 지원		수용	수정	기각
	ACME	1	3	2	3	4				V
	ABC	0	1	1	2	3				V
	Alpha	3	3	3	3	4				V
	Beta	4	5	5	3	5			V	
	Omega	5	3	5	5	5		V		
	New Century	1	2	3	3	3				V
	Brand X	0	5	0	1	1				V

평가척도: 0=미흡   3=양호   5=탁월

[그림 13-1] 평가 매트릭스 예: 소프트웨어 선택하기

출처: Isaksen & Treffinger(1985)에 기초한 매트릭스 틀.

[그림 13-1]은 어느 기업의 구매팀이 관리 소프트웨어 시스템을 어떠한 것으로 구입할지를 결정해야 하는 상황에서 완성한 평가 매트릭스의 예다. 적절한 기준을 정하고 선별한 후에 팀의 구성원들은 선택된 모든 소프트웨어 시스템을 평가하기 위해 각 준거의 아래 방향으로 작업하였다. 시스템을 평가하기 위해 0에서 5의 척도를 사용한 평가결과로 두 시스템을 선택 후보로 하였다. 만약 총 점수로만 선택한다면 이 팀은 오메가 시스템을 선택했을 것이다. 그러나 구매팀이 베타 시스템을 선택하기로 결정했다는 점을 주목해 보자. 오메가 시스템이 많은 기준을 충족하였지만, 구매팀은 베타 시스템의 사용자 편리성을 더 중요하게 생각했다. 하지만 베타 시스템은 주문 제작 맞춤 서비스 준거에서 낮은 점수를 받았기 때문에, 고객 맞춤의 개선이 가능한지 확인해 보았다. 이것이 불가능했다면 구매팀은 오메가 시스템을 선택하여 진행했을 것이고, 베타 시스템을 선택하지 않았을 것이다.

어떤 기준으로 평가해서 판단하느냐, 즉 의사결정의 순간에 운명의 형태는 바뀐다. 그러므로 평가할 때에는 효과성과 효율성을 신중하게 분석해야 한다. 목표했던 일이 이루어지는 것이 효과성이고, 저렴한 비용으로 목표를 달성하는 과정을 평가하는 것이 효율성이다. 해결책은 효과성과 효율성 모두를 갖추어야 한다. 객관적으로 평가해서 성과를 확인할 때가 있다. 복잡한 문제를 단순화하게 진행하면서 일관성 있게 문제를 해결했는지 성과를 확인해 볼 수 있다.

과정을 중시한다고 표현하지만, 대부분 당장의 해결책을 원하고 있다. 역량이란 조직의 요구에 맞게 성과를 내는 것이다. 간단한 방법으로 정확한 해결책이 효과를 보일 때, 사람들은 집중한다. 눈에 보이는 화려한 성과에 주목하기보다는 그 해결책이 어떤 과정으로 만들어졌는지 관심을 가질 필요가 있다. 과정을 분석할 수 있어야 진정한 기준을 설정하여 최선의 선택을 할 수 있다.

〈표 13-2〉 평가 매트릭스를 활용하여 본인이 평가하고자 하는 기준과 항목을 적어보자. 항목별 기준에 따라 0~5점으로 계산하여 평가해 보자.

〈표 13-2〉 평가 매트릭스

평가 / 항목	기준				결정	

3. 평가적 사고로 NCS 적용하기

1) 선택의 기준 정하기

〈표 13-3〉 선택기준 정하기

기준사항	선택기준으로 정한 이유
전공 관련 직무	- 전공과 관련된 일을 하고 싶다.
연봉	- 연봉이 높은 직장에서 인정받으며 근무하고 싶다.
복지후생	- 복지 혜택이 많은 직장에서 일을 하고 싶다. 특히 가족과 나눌 수 있는 복지 혜택이 많았으면 좋겠다.
재무상태	- 기업의 총자산, 부채 정도, 연매출, 영업이익 등을 확인해 안정된 기업에 들어가고 싶다.
적성	- 적성에 맞을 때, 해야 할 일을 더 재미있게 할 수 있기 때문이다.
채용정보	- 채용시기와 인원을 미리 알고 역량을 인정받을 수 있도록 열심히 준비할 것이다.
시설	- 직장의 위치나 시설이 좋은 곳에서 일하고 싶다.
기업문화	- 기업 문화가 나의 가치관과 맞아야 그 기업에 적응을 더 잘할 수 있을 것 같다.
기업의 인재상	- 내가 기업의 인재상과 어느 정도 일치해야 합격 확률이 높아지기 때문이다.
계열사	- 내가 하고 싶은 직무를 준비함과 동시에 계열사를 확인하면서 취업을 준비해야 한다.
윤리성	- 사람들에게 긍정적으로 인정받을 수 있는 일을 하고 싶다.
경쟁률	- 경쟁률이 너무 높으면 취업에 성공하기가 힘들기 때문이다.
CEO의 경영철학	- CEO의 이력과 철학에 따라 성공 가능성이 높은 기업임을 판단할 수 있을 것이다.

취업준비생으로서 지원할 기업을 선택해야 한다. 그 과정에서 어떠한 기준에 의해 지원할 기업을 선택할지 선택기준 정하기 활동을 통해 작성해 보았다. 기업이 정한 인재상을 따르기 전에 스스로 기업을 선택하여 자신에게 내재적 동기를 부여하였다.

2) 평가 매트릭스

〈표 13-4〉 평가 매트릭스 적용하기

평가 항목	기준					결정		
	직무 적합성	기업문화	연봉	재무상태	복지후생	지원	도전	배제
A기업	5	5	3	3	5		V	
B기업	1	4	0	5	1			V
C기업	2	5	5	5	5	V		
D기업	5	3	5	3	5		V	
E기업	3	1	0	1	4			V
F기업	5	4	5	2	5		V	
G기업	0	5	5	0	2			V
H기업	1	3	5	0	1			V

평가척도: 5=탁월   3=양호   0=미흡

앞서 진행한 선택기준 정하기 활동을 통해 작성된 기준사항을 5개의 기준으로 구분하였다. 〈표 13-4〉에서 알 수 있듯이 '직무적합성, 기업문화, 연봉, 재무상태, 복지후생'이라는 다섯 가지 평가 기준을 만들었다. 평가 매트릭스를 진행한 결과, C기업이 가장 높은 점수이기 때문에 지원할 기업으로 가장 적합하다고 볼 수 있다. 하지만 선택기준에서 가장 큰 비중을 차지한 '직무적합성'이 2점으로 매우 낮다. 한편 A, D, F기업을 살펴보면, '기업문화, 연봉, 재무상태' 부분이 다소 낮은 점수이기는 하지만 '직무적합성'이 5점으로 가장 높기 때문에 충분히 도전해 볼 만하다.

〈표 13-5〉 NCS 이해 후 평가 매트릭스 적용

평가 / 항목	기준					결정		
	활용 경험	학습 경험	현재 수준	흥미 적합성	중요도	개발시급	보완필수	보류
외국어로 의사소통	1	5	2	4	5		V	
인터뷰 능력	5	3	4	5	4			V
기사 작성	1	4	3	3	4	V		
환경 분석	5	2	4	3	5			V
컨셉 설정	4	4	4	3	5			V
콘텐츠 제작	5	5	4	4	5			V
언론 모니터링	5	3	1	3	5		V	
분석 평가 능력	4	3	4	4	5			V

평가척도: 5=높음/우수   3=보통   0=낮음/미흡

〈표 13-5〉는 NCS에 제시된 '기업 홍보' 직무의 수행능력을 바탕으로 부족하다고 생각한 능력을 항목에 나열하였다. 그리고 다섯 가지의 기준을 만들어 이 중에서 가장 부족한 능력을 알아보았다. '활용 경험' '학습 경험' '현재 수준' '흥미 적합성' '중요도' 다섯 가지다. 평가 매트릭스로 분석한 결과, 이 중에서 가장 낮은 점수인 '기사 작성' 능력개발이 시급한 상황이라 할 수 있다. 또한 학습 경험은 많으나 활용 경험이 낮아 능력 수준이 향상되지 않는 '외국어로 의사소통' 능력과 현재 수준이 가장 낮은 '언론 모니터링' 능력이 보완되어야 한다. 그러므로 '기업 홍보' 직무를 준비하는 과정에서 '외국어로 의사소통' 능력과 '언론 모니터링' '기사 작성' 능력의 개발이 우선적으로 진행되어야 할 것이다.

생각해 볼 문제

1. 훌륭한 제안이라고 생각했는데 어떻게 실행해야 할지 몰라서 그냥 포기해 버린 아이디어가 있었는가? 만약 있다면, 그 아이디어를 다시 활용할 수 있는 방법을 토론해 보자.

2. 몇 가지 선택사항 중에서 평가를 위한 기준을 만들어 보자. 가장 뛰어난 결과물을 상상해 볼 수 있다. '……일 것인가?' 선택의 평가를 위한 기준 수립 방법으로 이와 같은 질문을 사용해 보자.

3. 가장 중요한 기준을 선택하여 자신만의 매트릭스를 만들어 보자. 각 선택사항이 그 기준에 맞는지 평가해 보고, 그것이 올바른 결정을 하는 데 도움이 되는지 또한 살펴보자.

4. NCS로 자신이 원하는 직무방향을 정하고, 목표하는 직업이나 직무에 대하여 선택기준을 평가 매트릭스로 설명해 보자.

직업기초능력 사례와 CPS 사례 해설

 사례 1. 다양한 협상전략

〈사례 A〉

철수는 자신의 집에 페인트칠을 하려고 하였으나, 여윳돈이 부족하였다. 그리하여 여러 사람을 수소문해 본 결과 자신의 학교에 페인트칠을 하여 학비를 대고 있는 동료를 발견하였다. 그의 정보를 알아봤더니 그는 작문에 자신이 없어 항상 고민하는 것으로 나타났다. 따라서 철수는 그에게 페인트칠을 싸게 해주는 대가로 작문 개인교습을 해 주는 것을 제안하였다. 그는 만족해하며 철수의 제안을 받아들였다. 결국 철수는 훨씬 저렴한 가격으로 자신의 집에 페인트칠을 할 수 있었다.

〈사례 B〉

중소기업 K사의 대리인 철수는 기업 L에서 부품을 구매하는 역할을 담당하고 있다. K사는 매우 중요한 부품인 스위치를 개당 3,000원에 L사로부터 항상 구입해 왔다. 그런데 L사는 어느 날 스위치의 가격을 개당 3,500원으로 올리겠다는 의사를 보였다. 이에 철수는 곰곰이 생각해 본 후, L사의 제안을 기꺼이 받아들였다. 철수는 단기적으로는 약간 자신의 회사가 손해를 보더라도, 장기적으로 L사와의 관계를 생각해 볼 때 L사의 제안을 받아들이는 것이 훨씬 이익이라고 생각하였다.

〈사례 C〉

대기업 영업부장인 L씨는 신제품 출시 가격에 대해서 도매업체 T와 가격 협상을 하고 있었다. 그런데 도매업체 T는 새로 출시된 신제품에 별반 관심을 보이지 않았고, 적극적이지 않았다. 또한, L씨는 시간과 노력을 투자하여 T와 협상할 가치도 낮다고 느끼는 중이었다. 따라서 L씨는 과감하게 협상을 포기하였다.

〈사례 D〉

대기업 영업부장인 L씨는 기존의 재고를 처리할 목적으로 업체 T와 협상 중이다. 그러나 T는 자금부족을 이유로 이를 거절하였다. L씨는 자신의 회사에서 물품을 제공하지 않으면 업체 T는 매우 곤란한 지경에 빠진다는 사실을 알고 있었기 때문에 앞으로 T와 거래하지 않을 것이라는 엄포를 놓았다. 이에 따라 L씨는 성공적인 협상을 이끌어낼 수 있었다.

출처: 국가직무능력표준 사이트(www.ncs.go.kr). 대인관계능력 교수자용 매뉴얼 p. 204.

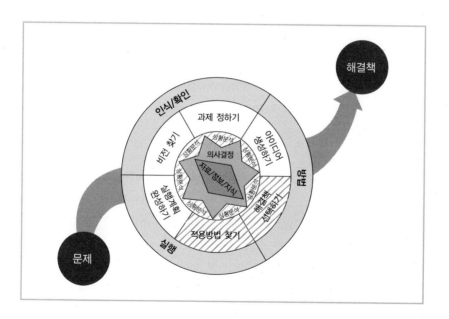

📠 사례 1. 사례 및 해설

사례 1에 제시된 네 가지 사례는 NCS 대인관계능력 중 '협상전략'과 관련한 사례다. '협상전략'은 크게 네 가지로 구분된다. 협력전략, 유화전략, 회피전략 그리고 강압전략이다. 사례 A의 경우 협력전략을, 사례 B는 유화전략을, 사례 C는 회피전략을, 사례 D는 강압전략을 설명하고 있다.

사례 A의 경우, 철수는 자신의 능력을 동료에게 제시함으로써 서로가 도움이 되는 협상을 하였다. CPS 사고기법으로 해석하면, 철수는 상황에 대한 면밀한 검토(상황분석)를 기반으로 해결책 선택하기와 적용방법 찾기의 과정을 시행하였다. 페인트칠을 위한 자금이 부족하다는 상황을 분석하여 지원과 방해요소를 확인하였다. 페인트칠이라는 목표달성의 평가적 사고와 주변의 자원을 활용할 수 있는 맥락적 사고의 조화로 대인관계능력 중 '협상전략'을 진행할 수 있었다. 하지만 철수는 동료의 페인트칠과 본인이 제공하는 작문 개인교습의 등가성에 대한 가치를 어떻게 평가할지에 대해 신중해야 할 것이다.

사례 B의 경우, 철수는 당장의 손해를 감당하더라도 중·장기적 기대이익을 위해 유화전략의 자세를 보이고 있다. 주도면밀하게 상황을 분석할 수 있는 진단적 사고를 하고 나서 실행 가능한 해결책을 선택해야 한다. 이를 위해 현재와 미래에 어떤 기준이 더 영향력을 행사할 것인지를 신중히 고려하여 평가적 사고로 판단할 수 있다. 순간의 감정적인 기준으로 성급하게 판단하는 것이 아니라 당장에는 손해를 보더라도 장기적인 안목으로 판단 기준에 맞게 결정해야 한다.

사례 C의 경우, 영업부장 L씨는 도매업체 T와의 가격협상을 과감하게 포기하였다. 그는 당장 눈에 보이는 협력적 관계보다 중·장기적 목표의 성취 기준에 따라 결정한 것이다. B사례와 같이 지원과 방해요소를 분석하였지만, 판단은 T와의 가격협상 포기라는 결정을 했던 것이다. 따라서 사례 B와 같이 해결책 수립을 위한 '맥락적 사고'를 활용한 것이라 할 수 있다.

　　마지막으로 사례 D는 문제를 해결하기 위해 CPS의 전술적 사고로 강압전략을 사용하여 협상에 성공하였다. 자신의 이익을 극대화하기 위해 상대방의 입장을 고려하지 않은 협상이다. 효과적인 성과를 내기 위한 전술이다. 직무 수행상 발생하는 다양한 문제에 대하여 CPS 과정으로 각각의 사례를 진단한 후, 상황에 따른 사고기법을 활용하여 해결할 수 있다.

　　앞의 제시된 사례에서 알 수 있듯이, 다양한 직무상황(문제)에서 여러 가지 협상전략이 필요하다. 사례의 인물이 문제해결을 위하여 선택한 협상전략에는 상황의 정보수집, 해결책 탐색과 더불어 전체 상황에 대한 맥락적 사고가 필요함을 알 수 있다.

 사례 2. 갈등해결의 문제파악 및 해결책 모색

〈상황 A〉

　　영업팀 팀원인 '김주임'은 재고를 줄이길 원하는데, 또 다른 영업팀 팀원인 '박주임'이 반대함으로써 갈등의 존재가 분명해졌다. 김주임은 자신의 제안이 회사에 도움을 줄 것이라고 생각한 반면, 박주임는 그렇지 않다고 생각했다. 이와 같은 김주임과 박주임의 갈등에, 팀장인 '이과장'은 3명만의 모임을 별도로 가지는 것이 갈등을 해결하는 최선의 방법이라고 느꼈다. 그는 다음 날 미팅 계획을 세웠다. 미팅에서 이과장은 김주임이 자신이 배정받아야 한다고 생각했던 좋은 판매지역을 박주임이 배정받았다는 것 때문에 박주임를 매우 비난하고 있음을 알았다. 박주임의 지역 배정에 대하여, 김주임은 분노하였고 이는 팀의 발전을 가로막고 있었다고 보여진다.

〈상황 B〉

　　이와 같은 갈등 속에 진행된 팀 회의 결과로서, 김주임과 박주임은 양자의 타협점을 찾기 위해 노력하기로 결정했다. 김주임의 개방적 자세는 갈등의 독침을 제거해 주었으며, 박주임으로 하여금 재고 축소가 회사에 이익이 될 것인지 해가 될 것인지를 검토해 보도록 만들었다. 김주임은 다른 팀원들로부터 의견을 구했다.

〈상황 C〉

결국 김주임과 박주임은 팀의 도움을 받아서 해결책을 마련하기로 동의했다. 박주임과 구매부는 부정적인 결과를 낳지 않고 축소시킬 수 있는 재고 항목을 파악할 것이다. 예를 들어, 특정 공급선이, 기일이 짧은 통지를 받고서도 주문에 맞추는데 대해 추가의 요금지불을 요구하지 않는다면, 재고를 쌓아 둘 필요는 없을 것이다. 박주임이 작성한 목록은 회사에서 재고를 줄일 수 있는 정도를 결정할 것이다. 팀은 이러한 해결책에 만족했다.

출처: 국가직무능력표준 사이트(www.ncs.go.kr). 대인관계능력 교수자용 매뉴얼 변형.

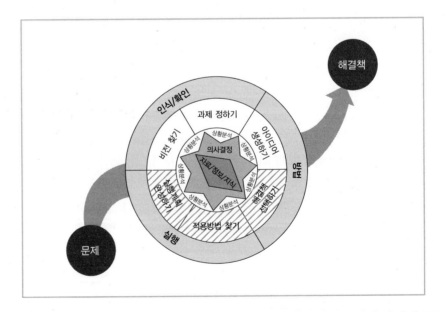

🖥 사례 2. 사례 및 해설

사례 2는 NCS 직업기초능력 중 대인관계능력에서 제시된 것이다. 주어진 상황에서 갈등해결과 관련하여 문제를 파악하고 해결책을 탐색하는 상황을 나타내고 있다.

CPS 모델의 관점에서 본다면, '해결책을 선택하고 적용방법을 찾아 실행계획을 수립함'까지 해당된다. 여기서 가장 중점을 둘 것은, 갈등을 유발하는 원인이나 문제가 무엇인지 파악하고 문제해결방법을 선택하는 과정이라 볼 수 있다. 김주임과 박주임은 회사의 문제해결을 위하여 동일한 목표를 가지고 있지만, 해결방법에 대하여 타협을 보지 못하고 있다. 이때 자신의 의견만 주장하고 상대방과 타협하지 않는다면, 문제해결은 고사하고 갈등이 더욱 깊어질 것은 자명하다. 하지만 팀장인 이과장의 주선으로 팀 회의를 통해 각자의 아이디어를 제시하면서 동시에 실행 가능한지 탐색, 분석하는 과정을 거치고 있다.

조직의 문제해결을 위한 해결책 선택에는 우선 조직의 환경과 상황 및 조건을 객관적으로 인정하고 평가할 수 있는 능력이 필요하다. 즉, 실행 가능한 해결책을 위해 아이디어의 합리성과 특성을 평가해야 한다. 사례 A와 사례 B의 차이는 문제를 해결해야 하는 상황(환경)에서 그것을 어떻게 평가하고 또한 통합적으로 어떻게 이해할 수 있는지와 관련한 사고능력을 의미한다.

'평가적 사고'를 거쳐, 상황 B와 상황 C에서 문제해결을 성공적으로 수행하고 있다. 앞의 사례를 통하여 문제해결을 위한 사고기법의 중요성을 깨달을 수 있다. 개인의 의사결정이 아닌 팀이나 조직의 의사결정이나 문제해결을 위해서는 자신의 의견이나 주장만이 아니라 조직의 관점에서 합리성이 전제되어야 한다.

CPS 사고기법에서는 이를 해결책 수립을 위한 평가적 사고기법이라 설명할 수 있다. NCS 직업기초능력 중 대인관계능력에서 제시되는 직업적 상황은 소통과 경청을 통한 조직 전체의 합리적 문제해결방법을 탐색하고 수행하는 경우가 많을 것이다.

제14장

맥락적 사고로 NCS 접근하기

생각한 아이디어를 열정적으로 누군가에게 소개하고 있는 상황을 상상해 보자. 그런데 정작 타인의 반응이 기대수준 이하였던 경우가 많았을 것이다. 어떻게 하면 그 아이디어가 상대방에게 선택될 수 있을까? 제안된 아이디어가 선택될 수 있는 방법은 무엇일까? 아이디어의 성공 가능성을 높이려고 한다면, 그 아이디어가 사용될 곳의 전반적인 상황을 반드시 파악해야 한다. 그리고 제안된 아이디어에 대한 다른 사람들의 피드백에 적절하게 대응할 수도 있어야 한다. 지금까지 문제해결의 목표, 과제, 아이디어, 해결책이라는 전개 과정을 연습했다. 이제부터는 문제의 요인을 내부적 발견에서 외부적 상황으로 초점을 돌려보자. 아이디어가 선택되기 위해서는 주변의 상황에 맞게 어느 정도 수용 가능한지를 알아보는 것이 중요하다. 상황을 맥락적으로 어떻게 분석하고 이해하는지가 중요하다. 맥락적 사고는 아이디어가 실행될 수 있는 환경의 조건에 중심을 두면서 생각하는 능력이다. 맥락적 사고는 여러 가지 상황이나 환경, 요소에 따른 관계를 잘 알고 적절한 해법을 찾아가는 '생각의 틀'이다. 따라서 맥락적 사고기법은 직무역량을 발휘해야 하는 여러 직무상황에서 꼭 필요한 사고기법 중 하나다. 맥락적 사고의 실천으로, 첫째, 지원자와 저항자, 둘째, 이해관계자 분석이라는 방법을 연습해 볼 것이다.

1. 맥락적 사고란 무엇인가

빠르게 변화하는 세계 경제의 시대에 효과적으로 반응하고 살아남기 위한 방법은 무엇일까? 복합적 상황을 인식하고 적절하게 대응한다는 것은 결코 쉬운 일은 아니다. 상황을 살필 수 있는 정해진 공식이 없기 때문이다. 여러 가지 상황을 합리적으로 인식하기 위해서는 맥락을 파악할 수 있는 능력이 필요하다. 우리는 다른 사람들과 함께 일을 해야 하는 사회 속에서 살아가고 있다. 그러한 주변과의 맥락에서 해결책을 찾아야 한다. 새로운 해결책을 실행하기 전에 반드시 생각해야 할 것이 있다. 바로 성공 가능성이다. 아이디어를 통해 나온 해결책이 얼마나 성공할 수 있을까? 먼저 물리적이고 심리적인 주변 상황을 민감하게 인식하고 느낄 수 있어야 한다.

주변 상황에 맞도록 해결책을 투입하기 위해서는 적용방법을 찾아야 한다. NCS가 진로 문제에 도움을 줄 수 있는 해결책이라면 어떻게 내 경력에 적용시켜야 할 것인지 생각해야 한다. 그 해결책을 사용하기 위해 심사숙고하는 시기가 필요하다. 이러한 과정을 '적용방법 찾기 단계'라고 할 수 있다. 아이디어가 일어나기 위해서는 억제된 상태를 풀어 주어야 한다. 맥락적 사고를 하면서 성공적인 결과로 해결책을 실행할 수 있어야 한다. 맥락적 사고(contextual thinking)란 아이디어를 성공적으로 실행하기 전에 주변 환경에서의 도움이나 방해가 되는 조건을 파악할 수 있는 능력이다. 맥락적 사고가 아이디어의 실패를 어느 정도 막아줄 수 있을까?

맥락적 사고는 아이디어가 성공할 수 있는 가능성을 최대한 높여 준다. 따라서 맥락, 즉 상황의 흐름이 어떻게 연결되었는가 인식하는지가 중요하다. 예를 들어, 제안된 아이디어나 해결책에 대하여 의사결정권이 있는 개인, 집단을 정확히 알아야 성공 가능성을 높일 수 있다(Puccio, Murdock, & Mance, 2005). 상황을 결정할 수 있는 사람은 누구이며, 상황을 움직이게 만드는 요인들을 찾아내는 것이 중요하다. 아이디어의 성공 가능성을 높이기 위해 주변의 도움이나 방해요소를 잘 살피지 못하면, 목표한 것을 잘 이루지 못하게 된다. 아이디어를 실행하기 전에 주변을 잘 이해하지 못해 실패를 겪었던 수많은 닷컴 회사의 사례가 있다. 예를 들어, 애완동물을 키우는 사람들이 인터넷을 통해 애완용품을 구매할 확률이 어느 정도인지 확인하지 않고 사업을 시작했던 한 닷컴 회사는 곧 어려움을 겪어야만 했다(Kaplan, 2002).

아이디어는 사회적으로 적용이 가능하고 성공할 수 있는지의 평가 과정을 거쳐야 한다. 평가 과정을 거친 후, 신중하게 실행 여부를 판단해야 한다. 주변 상황을 잘 모르면 예상하지 못했던 문제가 발생하여 엄청난 피해를 볼 수 있기 때문이다. 따라서 심리적이고 사회적인 지지를 보장받으려면 든든한 지원부대를 확보하고 있어야 한다. 그들과 함께 목표를 달성하기 위해 어떤 구체적 방법이 필요하고 서로 협조해야 하는지 분명하게 해야 한다. 논의를 거쳐 지혜로운 방법을 찾고, 행동을 계획하면서 자료를 공유해 본다. 아이디어를 실행하고자 할 때는 더욱 객관적인 방법이 검토되어야 한다. 예상하지 못했던 문제로 인한 피해를 줄이고, 지원부대와 함께 성공할 확률을 높이기 위해서는 반드시 맥락적으로 상황을 분석하는 습관을 가져야 한다.

2. 맥락적 사고로 환경에 반응하기

주변에서 어떤 일들이 일어나고 있는지 관찰해 보자. 물리적이고 심리적인 주변 상황을 인식할 수 있어야 한다. 이를 환경에 대한 민감성(sensitivity to environment)이라고 한다. 풍부한 시간과 자원, 적절한 해결책이 있다고 해서 계획했던 일이 성공한다는 보장이 있을까? 반드시 그렇지만은 않다. 목표했던 일과 환경이 자연스럽게 조화를 이루어야 할 상황이라면 성공을 지지해 주거나 방해가 될 만한 조건을 반드시 확인해 보아야 한다.

먼저 언제, 어디서, 누구에게 그리고 어떤 최선의 방법을 내세워야 될지 생각해야 한다. 환경에 대한 민감성 부족으로 중요한 일을 놓친 다음의 사례를 통해 생각해 보자. 다음은 기존 방식의 패턴대로 행동했을 뿐인데, 문제를 해결하지 못한 유명한 사례다.

미국의 자동차 업계 CEO들이 정부의 긴급 구제금융을 요청하기 위해 워싱턴 DC에 갔을 때의 일이다. Ford, Chrysler, 그리고 General Motors의 임원들은 250억 달러라는 금액을 정부에 요청할 계획이었다. 하지만 그 당시 빅3 CEO들은 평상시와 같이 개인용 전용헬기를 타고 워싱턴 DC에 갔다. 바로 그 점이 그들에겐 예상하지 못했던 문제의 논란거리가 되었던 것이다. 당시 백악관의 재정부 담당 위원인 Gary Ackerman은 "긴급 구제금융을 요청하러 온 사람들이 전용헬기를 반드시 이용해야만 했을까? 이는 마치 고급 정장을 근사하게 차려 입은 신사가 무료 급식소에 잠시 방문하여 식사를 하는 상황과 같다."라고 비판하였다(Levs, 2008). 이러한 내용은 언론을 통해 신속하게 알려지고 빅3 CEO들의 부정적인 대중 이미지를 불러일으키게 되었다. 긴급 금융지원을 받기 어려운 상황이 연출되었던 것이다. 결국 그들의 안건은 의회에서 받아들여지지 않았다. 미국 자동차 업계의 빅3 CEO들은 주변 상황을 민감하게 파악하지 못했기 때문에 잠재적인 해결책을 실행하지 못한 경우를 만들었다(이경화, 최윤주, 2014에서 재인용).

새로운 해결책이 도입될 수 있도록 환경을 철저하게 조사하는 것이 맥락적 사고라고 하였다. 그렇다면 해결책 실행의 효과적인 방법은 무엇일까? 상황에 따른 해결책의 수용범위를 알아보고, 계획을 수립하는 단계를 연결할 수 있는 중요한 고리가 필요하다. 발산적이고 수렴적인 다이아몬드 사고를 활용해 보자. 해결책이나 변화가 적용될 환경조사를 통해 핵심적인 지원자나 저항자를 살펴볼 수 있다. 지원과 방해요소가 되는 자료를 최대한 많이 수집하고 그다음으로 해결책 실행의 중요한 요소를 파악해야 한다.

발산적 사고로 탐색의 시간을 거친 후 수렴적 사고를 하는 다이아몬드 사고의 역동적인 균형에서 적용방법을 찾을 수 있다. 계획을 세우기 전에 적용방법 찾기를 하게 되면, 더욱 정교한 행동방식의 성공 가능성을 확인하게 된다. 해결책을 실행하려면 맥락적 사고를 거친 실행계획의 행동사항이 필요하다. 하지만 주어진 환경의 여러 가지 영향력이나 요인의 반응에 대하여 충분히 고려하지 않은 상황, 즉 맥락적 사고가 부족하다면 실행계획은 단순하고 기계적인 행위일 뿐이다.

발산적 사고는 중요한 실행계획을 완성하기에 있어 혹시라도 그냥 지나쳤을지도 모르는 만일의 사태에 대한 경각심을 일으키는 데 도움을 준다. 발산적 사고를 하는 이유는 실행계획을 세울 때 생각해 봐야 할 요소들을 가능한 많이 찾아내기 위함이다. 하지만 이미 환경을 충분하게 인식하고 있는 경우에는 더욱 쉽게 해결책을 적용할 수 있을 것이다. 올바른 맥락적 사고를 구체적으로 실행해 보기 위한 두 가지 발산적 사고기법을 살펴보자.

1) 지원과 반대

제안된 해결책의 실행을 찬성하는 요소와 반대하는 요소가 있다. 지원과 반대(assisters and resisters)를 파악해 보는 사고기법은 매우 간단한다. 그러한 요소들을 되도록 완벽하게 탐색하기 위해서 육하원칙(who, what, where, when, why, how)을 사용하길 권장한다. 각 항목별로 지원과 반대를 구분할 수 있다. 육하원칙은 해결책을 지원하거나 방해가 될 수 있는 부분을 밝히는 데 유용한 질문을 제공한다. 다음 〈표 14-1〉의 항목을 잘 읽어 보고, 지원과 반대의 근본원인을 파악해 보도록 하자.

〈표 14-1〉 문제해결을 위한 지원과 반대의 원인

지원의 원인		반대의 원인
해결과정에 도움이 되는 개인 혹은 집단	Who	해결과정에 방해가 되는 개인 혹은 집단
제안된 해결책에 도움이 될 수 있는 사항(예: 자원, 가치, 체계, 정책 등)	What	제안된 해결책에 방해가 될 수 있는 사항(예: 자원, 가치, 체계, 정책 등)
과정을 촉진해 줄 수 있는 시기	When	과정에 방해가 될 수 있는 시기
성공을 지원하는 물리적 위치나 장소	Where	방해가 되는 물리적 위치나 장소
제안된 해결책을 지원하는 이유	Why	계획부터 반대하는 이유
다른 사람들이 그 아이디어를 지원할 수 있는 행동	How	다른 사람들이 그 아이디어를 반대할 수 있는 행동

출처: Isaksen et al.(1994).

2) 이해관계자 분석

해결책을 실행하기 전에 맥락적 사고로 이해관계자 분석의 틀은 〈표 14-2〉와 같이 사용해 볼 수 있다. 변화나 해결책의 실행을 위해서는 그 분야의 주요 핵심 인물을 파악하는 것이 중요하다. 어떤 분야에 대하여 의사결정권이나 기득권을 가지고 있는 사람을 이해관계자(stakeholder)라고 한다. 이해관계자 분석 (stakeholder analysis)은 전략적인 계획을 수립할 때 사용할 수 있다.

먼저 해결책 실행 분야의 이해관계자들을 알아야 한다. 그들이 지원하는 범위의 기준을 만들고 각각의 입장을 살펴보자. 지원자들이 어느 순간에 필요하고 반대 입장을 취하는 사람들을 조금씩 설득하여 지지할 수 있도록 이해관계자 각각의 행동방식을 만들어 보자.

이해 관계자 분석을 위한 과정

① 해결책 실행 분야에서 기득권을 가지고 있는 개인 혹은 집단의 모든 이해관계자들의 명단을 작성한다.

② 먼저 5~20개 이상의 명단을 확보한다.

③ 실행계획 단계에서 너무 많은 이해관계자가 있다면, 해결 상황을 더욱 난처하게 만들 수 있다. 가장 중요한 순서로 이해관계자를 선별하는 것이 좋다.

④ 작성된 이해관계자들의 현재 지원 정도를 파악한다. '성공적인 해결책을 실행하기 위해 이해관계자의 요구 사항을 어디에 두어야 할 것인가?'라고 각각의 이해관계자들에게 질문한다.

⑤ 이해관계자들의 지원 정도를 얼마나 더 높일 수 있는지를 예상해 본다.

⑥ 현재의 지원 수준과 필요한 지원 수준 간의 정도 차이를 좁히기 위한 행동방식을 작성한다.

〈표 14-2〉 이해관계자 분석

이해관계자	강한 반대　　　　보통　　　　강한 찬성			요구되는 행동사항
	├──┼──┼──┤			
	├──┼──┼──┤			
	├──┼──┼──┤			
	├──┼──┼──┤			
	├──┼──┼──┤			
	├──┼──┼──┤			

× = 이해관계자의 현재 입장
○ = 실행을 위한 필요 입장

3. 맥락적 사고로 NCS 접근하기

1) 지원과 반대

〈표 14-3〉 지원과 반대의 원인 분석

지원의 원인		반대의 원인
학생회, 학과 교수	Who	학과 학생들, 일부 학과 교수, 학부모, 잠재적 과원
물가상승, 부족한 예산, 학생회비 납부율 저조	What	학생회비 인상률, 학생회비 인상 원인
학생회비 예산을 책정할 때	When	학생회비 인상 관련 공지 이후
대학교(학과 내)	Where	대학교(학과 내)
인상되기 전 학생회비로 학과 행사 등을 운영하기에 많이 부족했음	Why	인상된 학생회비 책정 방법을 납득할 수 없음
인상된 학생회비 금액이 적절하다고 동의함	How	학생회비 인상계획을 철회할 것을 요구함

〈표 14-3〉은 ○○대학교 △△학과 학생회장의 입장에서 내년도 학과 운영을 위해 학생회비를 인상해야 하는 상황에 대한 지원과 반대의 원인을 분석한 내용이다. 이 상황에서 학생회장은 학생회원들과 과원들, 교수와 학부모, 나아가 잠재적 학과 사람들까지 설득해야 한다. 학생회비 인상 계획을 지원하는 학생회원들과 학과 교수들은 부족한 예산, 학생회비 납부율 저조의 원인으로 인상된 학생회비 금액이 적절하다며 찬성하고 있다. 하지만 이 계획을 반대하는 학과 학생들과 일부 학과 교수, 학부모 등은 학생회비 인상의 원인이 불분명하고 인상된 학생회비 책정 방법을 납득할 수 없다는 이유로 반대하고 있다. 학생회장은 반대 측 이해관계자들을 설득해야만 하는 상황이다.

2) 이해관계자 분석

〈표 14-4〉 이해 관계자 분석

이해관계자	강한 반대	보통	강한 찬성	요구되는 행동사항
학생회 (반대의견)	├─────┼─────╳─────┼─────○			기존의 학생회비로 학과 행사 등을 운영하는 데 많이 힘들었다는 점을 공유한다.
학과 학생들	╳─────┼─────┼─────○─────┤			기존의 학생회비로 운영한 결과 부족했던 점을 강조한다. 학생회장의 사비로 부족했던 예산을 채우는 등의 사례를 들어 설득한다. 인상된 학생회비 금액이 어떻게 책정된 것인지 투명하게 공개한다.
학과 교수 (반대의견)	├─────┼─────╳─────○─────┤			인상된 학생회비 금액이 어떻게 책정된 것인지 투명하게 공개한다. 한 해 학생회비 예산안을 작성하여 공유한다.
학부모	├─────╳─────┼─────○─────┤			인상된 학생회비가 어떻게 쓰일지 구체적인 한 해 학과 운영계획을 수립해 공유한다.
학과 지원자 (잠재적 과원)	├─────┼─────╳─────○─────┤			질 높은 수준의 학과 행사 등을 소개하고 앞으로의 운영계획을 공유한다.
잠재적 학부모	├─────┼─────╳─────○─────┤			학과 운영계획을 공유하고 학생회비 사용의 투명성을 강조한다.

> ╳ = 이해관계자의 현재 입장
> ○ = 실행을 위한 필요 입장

앞서 진행한 '지원과 반대의 원인 분석' 활동에 이어 〈표 14-4〉는 반대 측 이해관계자들을 분석하고 어떻게 설득할 것인지를 작성한 것이다. 학생회비 인상을 반대하는 학과 학생들은 학생회비 인상계획에 가장 큰 영향력을 행사하고 있기 때문에 반드시 찬성 측으로 설득해야만 한다. 따라서 기존의 학생회비로 운영한 결과 부족했던 점을 강조하며, 학생회장의 사비로 부족했던 예산을 채우는 등의 사례를 들어 설득하도록 한다. 또한 인상된 학생회비 금액이 어떻게 책정되었는지 투명하게 공개해야 한다. 이외에도 인상된 학생회비가 어떻게 쓰일 것인지 구체적인 한 해 학과 운영 계획서를 작성해 공유하는 등의 방식으로 반대 측 이해관계자들을 설득해야 한다.

생각해 볼 문제

1. 회의시간에 사람들이 주어진 주제나 상황에 대해서 어떻게 생각하고 행동하는지를 기록한다. 주제에 대해서 찬성 혹은 반대의 입장을 보여 줄 수 있는 목소리, 자세나 몸짓 등의 비언어적 행동을 파악해 보자.

2. 각각의 상황에서 무엇이 효과가 있었고 무엇이 효과가 없었는지를 분석해 보자. 다른 방식으로 행동했다면 어떤 일들이 일어날지를 상상하여 작성해 보자.

3. 해결책의 실현을 위해 지원이나 방해가 될 사항을 검토해 보자. 특히 지원요소들이 방해요소들을 극복하기 위해 어떤 영향을 주어야 하는지 생각해 보자.

직업기초능력 사례와 CPS 사례 해설

 사례. 팀원의 갈등해결 방법

사례 1. 팀의 프로젝트 진행에 문제가 생겨서 일정이 지연되고 있다. 팀원인 미숙은 프로젝트를 일정 안에 끝내기 위해 밤늦게까지 일에 매진하고 있다. 그녀는 조금도 불평하지 않은 채, 최선을 다해 프로젝트를 수행하고 있다. 그녀의 노력에 힘입어 프로젝트는 예정된 일정대로 무사히 마무리되었고, 기대 이상의 좋은 결과도 얻었다. 팀장인 당신은 어떻게 행동할 것인가?

사례 2. 미라의 업무 속도가 점점 나빠지고 있다. 그녀는 업무에 눈곱만큼도 관심이 없는 것 같고, 업무 자체를 지겨워하는 것처럼 보인다. 팀장인 당신은 이 상황을 어떻게 해결할 것인가?

사례 3. 상택은 부서에서 최고의 성과를 올리는 영업사원으로 명성이 자자하지만, 서류작업을 정시에 마친 적이 한 번도 없다. 그가 서류작업을 지체하기 때문에 팀 전체의 생산성에 차질이 빚어지고 있다. 팀장인 당신은 이 상황을 어떻게 해결할 것인가?

사례 4. 기용은 2년간 당신의 부하직원으로 일했는데, 업무능력이 대단히 뛰어났다. 최근 들어 당신은 그에게 회사 뉴스레터를 새로 디자인하라고 지시했는데, 결과물은 의외로 좋지 않았다. 깔끔하지 못했고 아마추어 분위기가 심하게 났다. 팀장인 당신은 이 상황을 어떻게 해결할 것인가?

출처: 국가직무능력표준 사이트(www.ncs.go.kr). 대인관계능력 교수자용 매뉴얼 p. 111.

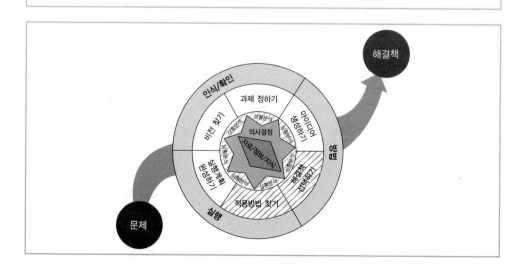

🖳 사례. 해설

이 사례는 조직 내 갈등해결과 관련된 내용으로 NCS 직업기초능력 중 대인관계능력에서 제시된 사례다. 네 가지 사례를 CPS 관점에서 살펴보겠다.

사례 1. 미숙이 과업을 우수하게 수행함으로써 팀장은 미숙에게 어떤 보상을 할 것인지 결정해야 한다. 예를 들어, 인사평점을 높게 준다든가, 다음 프로젝트에 좀 더 핵심적인 권한과 책임을 부여할 수 있을 것이다. 여러 가지 선택사항을 판단하려면, CPS의 평가적 사고로 해결책 수립단계를 적용할 수 있다. 단순히 이번 프로젝트의 보상으로 마치는 것이 아니라, 다음 프로젝트의 시너지를 위해 우수팀원에게 동기부여할 수 있다. 상황에 대한 합리적 평가와 향후 미래상황에 대한 연속성을 고려해야 한다.

사례 2. 팀장인 당신은 미라의 역량에 대하여 평가를 해야 할 것이다. 객관적인 성과에 중심을 두는 업무평가와 동시에 정성적 평가를 고려하여 미라의 업무능력 저하의 원인을 알아야 한다. 미라와의 면담이나 동료 인터뷰를 활용하여 미라의 상황을 분석할 수 있다. 그녀는 적성이나 흥미에 맞는 업무변경이나 팀 변동을 요구할 수도 있다. 팀장으로서 한 가지 상황이나 자료로 성급한 판단을 최대한 자제하고, 여러 가지 평가 기준을 만들어 봐야 할 것이다.

사례 3. 상택은 영업직무는 출중하지만 내부 서류작업에는 직무역량이 부족하다. 팀장이 맥락적 사고로 상택의 과업에 대한 성공요인과 방해요인을 파악해야 한다. 그리고 상택과 면담을 통해서 해결책을 찾아본다. 서류업무의 비중을 줄이거나 서류업무를 잘하는 팀원과 협업을 하게 하는 방법 등이 강구될 수 있다.

사례 4. 기용은 업무역량이 뛰어나지만 뉴스레터 디자인 작업에는 직무능력이 떨어진다. 이는 세 번째 사례와 유사하다. 팀장은 기용이 왜 뉴스레터 디자인 작업을 잘하지 못하는지 원인을 분석해야 한다. 뉴스레터 디자인 작업은 일정한 기간을 두고, 주기적으로 하는 업무다. 팀원 모두가 동시다발적으로 하는 일이 아니라, 누군가 팀 내에서 전담해야 한다. 팀장은 평가적 사고로 기용이 그 과업에 적절하지 않다면 다른 팀원에게 위임할 수 있을 것이다. 또는 기용이 아이디어 생성은 잘하지만 디자인 프로그램의 사용이 부족해서 그러한 결과를 초래했을 수 있다. 디자인 프로그램을 잘하는 팀원과 협업을 하여 성과를 낼 수 있게 하는 방법도 있다.

제15장

전술적 사고로 NCS 접근하기

계획한 일을 실행에 옮기기 바로 전 단계에 진입했다. 아무리 올바른 길에 있다 하더라도 움직이지 않고 가만히 있을 경우, 대형사고가 일어날 수 있을 것이다. 전략적인 해결책이 있고 상황을 파악했다면, 과감하게 실행할 때가 온 것이다. 주변사람들 중에는 무엇인가 마음속으로 결정한 후, 바로 실천하려는 행동 지향형이 쉽게 관찰된다. 하지만 미리 계획을 세우고 나서 행동으로 옮겨야만 성공 가능성은 높아질 것이다. 급하게 무언가를 실행하고 나서 나중에 시간과 에너지를 추가로 부담해야 했던 경험이 있을 것이다. 해결책 실행 전에 중요한 것을 간과해 버리진 않았나 더욱 신중할 필요가 있다.

여기서는 전술적 사고로 철저한 계획을 세워 어떻게 문제해결을 하는지 실행의 '계획'과 '실천'의 단계를 살펴보겠다. 실행계획 완성하기를 위한 도구로 실천단계 도출(generating action steps), How–How 사고모형, 순서 정하기(sequencing), 성과 측정표(performance dashboard)를 소개할 것이다.

1. 전술적 사고란 무엇인가

　전술적 사고(tactical thinking)란 실행 가능한 계획을 세워 목표에 맞는 효과적인 성과를 이끌어내는 사고기법이다. 이때 전략과 전술의 차이를 잘 구별하여야 한다. 전략은 목표수립을 위해 수행되는 사고기법의 수준이고, 전술은 목표를 수행하기 위한 현실적인 실행의 준비를 위해 필요한 사고기법이다.

　이전 단계에서는 목표에 맞춰서 해야 할 일들의 목록을 만들었다. 새롭지만 유익한 아이디어를 생각하면서 해결책으로 적절한 내용을 평가하였다. 이제는 문제해결 단계에서 실행하겠다는 의지로 현실에 부딪치면서 성취감을 느낄 차례다. '나는 이 일을 해낼 수 있어.'라고 반복적으로 표현하기 바란다. 어떤 일이 가능하며 그 일을 할 수 있다는 느낌은 목표를 향한 에너지의 초점을 모을 수 있기 때문이다.

　목표를 이루기 위해 구체적인 행동 계획을 세워 성취 가능성을 높여야 한다. 그 계획이 효과적인지 관찰하는 과정에서 전술적 사고가 필요하다. 전술적 사고는 좋은 성과를 내기 위한 일의 진행 여부를 판단하도록 도와준다. 시간과 예산에 맞추어 신중하게 생각했던 아이디어가 효율적인 결과로 나타날 수 있는 시기다. 문제를 해결하려면, 일정기한을 설정하여 필요한 모든 자원을 관리할 수 있어야 한다. 전체를 관리할 때에는 기타 세부적인 사항을 혹시 놓치고 있지 않은지 깊은 성찰의 시간도 확보해 두어야 한다. 중요한 문제를 해결하기 위해서 세부적인 사항을 가능한 모두 상상해 봐야 한다. 왜냐하면 계획은 비공개적인 절차로 만들어지지만 그 과정은 최종결과물로 평가받는다.

　NCS가 지향하는 인재는 직무능력이 높은 사람을 의미한다. 따라서 직무수행상 해결해야 할 문제에 대하여 스스로 문제해결방법을 찾을 수 있어야 한다. 즉, 머릿속으로 생각만 하는 단계가 아닌, 현실적이고 합리적으로 문제를 해결하기 위하여 어떻게 행동할 수 있느냐의 관점이다. 이와 같은 관점에서 앞서 말한 전술적 사고기법은 '최적화된 문제해결'을 수행하기 위한 핵심요소임을 알아야 한다.

전술적 사고로 계획을 세워야 하는 이유는 다음과 같다.

- 형체가 없는 아이디어를 실행하기 위해서 필요하다. 핵심 요소를 파악하면서 실천방법을 찾을 수 있다.
- 결정적인 사항을 잊어버리지 않도록 계획한 것을 다른 사람들과 공유하기 위해 필요하다. 의사결정에 중요한 사람이 동의하지 않아서 시작이 지연되는 경우가 많다. 이해관계가 달린 상황에서는 확실한 성공을 위해 필요한 요소를 명백하게 해 두는 것이 중요하다.
- 실행을 하는 동안 시간과 모든 에너지의 비용을 최대한 줄이고 효율을 최대한 높이기 위함이다. 계획을 세울 때에는 세부적인 내용과 구체적인 특성의 정확성을 높여야 한다. 대규모 프로젝트를 실행해 본 사람은 익숙하게 느낄 수 있다.
- 복잡한 상황에서 해결책을 실행할 수 있게 관리하기 위해서 필요하다.
- 급하게 진행되는 과정 속에서도 신중하게 생각해 볼 수 있는 여유를 가지기 위해 필요하다. 너무 급하게 해결책을 도입하여 실행하다 보면, 계획할 때부터 중요하게 생각해야 했던 부분을 무시해 버리기 쉽기 때문이다. 세부적인 내용에 민감하지 못하면, 뜻하지 않은 곳에서 어려움에 처할 수 있고, 다시 후퇴해야만 하는 상황이 올지도 모른다.

2. 전술적 사고로 계획 세우기

계획을 세운다는 것은 행동으로 옮기기 전, 실제로 해야 할 일이 무엇인가를 구체적으로 표현하는 것이다. 평가와 수정이라는 검증 단계가 지났다면, 실행의 준비가 된 것이다. 정기적으로 해야 할 일의 리스트를 만들 때는 선택할 수 있는 수렴적인 사고가 필요하다.

먼저 마음속으로 실패할 수 있다는 불안감에서 자유로워야 한다. 실행과정에서 장애물을 극복하는 데 필요한 정신적 도구가 바로 위험 감수다. 대부분의 사람들은 실패의 가능성이라는 두려움으로 어려운 판단은 회피하고 보다 안정적인 직업을 선호하는 경향이 높다. 그래서 안정성이 보장되는 직업이나 기업의 경쟁률은 상상을 초월할 정도로 높다. 2015년 상반기 9급 교육행정공무원의 경쟁률이 무려 299:1이라는 사실만 봐도 알 수 있는 현상이다. 교육행정공무원이라는 직업에 대한 안정성이 큰 것은 장점이지만, 299:1의 경쟁률을 감안할 때, 실패할 위험은 얼마인지에 대한 종합적 분석이 필요하다. 이와 같이, 약 300:1이라는 높은 경쟁률이 시사하는 바는 '대부분의 구직자는 안정적인 위치를 확보해 두고 싶어 한다.'는 사회적 트렌드다.

한때 최고라고 생각했던 직장생활을 정리하고, 자기 사업을 시작하려고 한다고 가정해 보자. 만약 여러분이 실패의 과정에 대한 두려움을 느끼면서도 새로운 직업을 찾으려고 노력한다면 어떠한 가능성이 펼쳐질까? 위험 감수를 할 수 있는 정도는 그 사람의 역량에 달려 있다. 만약 더 이상 잃어버릴 것이 없는 상황이라는 것을 인정하고 도전하는 상황이라면 어떤 에너지가 발휘될 수 있을까? 검증되지 않은 스펙을 지나치게 믿고 자신의 운명을 걸 수 있다. 반대로 실패의 두려움으로 직업을 찾아보려고 시도조차 하지 않고 집 안에만 머무르려는 실직자의 경우도 있다. 이러한 경우에는 전진을 위한 위험감수를 무조건 회피하려 할 것이다.

일단 목표를 향한 계획을 구체적으로 명확하게 세운다. 실행에 따른 필수 요소들을 현실적으로 평가해야 한다. 그리고 그 결과물이 실행 노력의 가치가 있는 것인지 한 번 더 확인한다. 지금부터 제시하는 전술적인 발산적, 수렴적 사고기법은 계획과 실행 전반에 걸쳐 안내자 역할을 할 것이다.

1) 발산적 사고로 계획 세우기

계획을 세우기 위한 두 가지 도구를 제시하겠다. 물론 여러분이 잘 알고 익숙한 사고도구를 활용할 수 있다. 다양한 사고도구는 프로젝트 관리 책자나 소프트웨어 콘텐츠 등을 통해 찾아볼 수 있다. 그러나 단순하게 사고도구의 종류를 아는 것은 절대 중요하지 않다. 그 사고기법을 사용하면서 자신만의 소중한 가치를 담아 어떻게 실행할 것인가에 의미를 부여해야만 한다.

전술적 사고기법으로 먼저 무엇을 해야 하는가를 결정한 후, 해야 할 일의 구체적인 방법을 디자인할 수 있는 도구를 소개하겠다.

(1) 실천단계

아침에 일어나서 해야 할 일들을 모두 적은 다음 하루를 시작해 본 경험이 있는가? 여러 가지 활동을 하는 사람은 먼저 해야 할 일들의 리스트를 적어야 한다. 해결책의 리스트를 만들면서 실행하기 위한 모든 요소를 생각해 보는 시간이 필요하기 때문이다. 실천단계(action steps)는 목표를 달성하기 위해 반드시 해야 하는 관찰 가능한 활동이다(Isaken et al., 1994). 이때는 반드시 공식적이고 구체적인 생각을 해야 한다. 실천단계를 사용하는 방법은 〈표 15-1〉과 같다.

〈표 15-1〉 실천단계 양식

1 단 계	실천하고자 하는 해결책에 대한 설명을 적어 본다. 상황을 동작 동사로 자유롭게 표현한다(예: 만든다, 제안한다, 개발한다, 제공한다 등).	"나는 ( )을/를 할 것이다." 이러한 진술문은 생각을 집중하고 몰입하는 데 도움이 된다.
2 단 계	모든 잠재적 행동을 가능한 한 많이 적어 본다. 실천단계를 기술하기 전에 앞장에서 연습한 지원과 반대, 이해관계자 분석을 활용할 수 있다.	"나는 ( )을/를 하기 위해서 무엇을 해야 할까?" 목표달성을 위한 모든 실천단계가 파악될 때까지 생각해 본다.

(2) How-How 사고모형

실천단계는 직관적인 탐색으로 무엇을 하느냐를 결정하는 사고기법이다. 솔직히 '무엇을 하느냐'보다 '어떻게 하느냐'가 더 중요하다. How-How 사고모형은 행동단계를 더욱 구체적이면서 구조적으로 활용할 수 있다(Higgins, 1994; Majaro, 1991). 하지만 행동단계를 먼저 인식할 수 있어야 How-How 사고모형으로 활동방법을 찾을 수 있다. How-How 사고모형을 사용하는 방법은 먼저 행동단계를 작성한 다음 활용할 수 있다(Puccio, Murdock, & Mance, 2005). 구체적인 방법은 〈표 15-2〉와 같다.

⟨표 15-2⟩ How-How 사고모형 활용법

1. 작성한 행동단계 양식을 확인한다.
2. '어떻게 이 일을 해낼 수 있을까?'라는 질문에 대한 답으로 오른쪽에 그려진 빈칸에 대답을 적는다.
3. 처음의 실천단계들을 나열한 다음에 다시 '어떻게?'라는 질문을 한다. 해당되는 실천단계의 반응을 오른쪽 방향으로 다양하게 열거해 본다.
4. 논리적인 해결책에 도달할 때까지 질문하고 기록하는 과정을 반복한다.

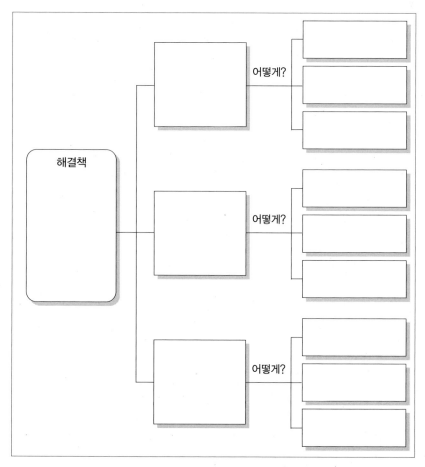

[그림 15-1] How-How 사고모형

출처: 이경화, 최윤주(2014).

2) 수렴적 사고로 계획한 내용을 실천하기

실천단계의 리스트를 간단하게 작성하였는가? 지금부터 일정에 따른 행동의
순서를 결정하는 것과 점검 과정에 대하여 살펴보겠다.

첫째, 일의 순서 정하기(sequencing)는 시간에 따라 단계별로 실천방법을 정하
는 데 도움이 된다. 둘째, 성과 측정표(performance dashboard)는 시각적인 방법으
로 제안된 해결책의 진행정도를 표시할 수 있는 도구다. 이미 해결책을 실행하
기 위해 도움이 되는 다양한 도구를 사용하고 있을 것이다. 새로운 사고도구를
제한 없이 사용하는 것보다 본인이 익숙한 사고도구를 자유롭게 사용해 보는 것
도 매우 중요하다.

(1) 일의 순서 정하기

앞에서 설명한 '실천단계'에서는 '해야 할 일' 목록의 중요도와 우선순위를
정해서 효율적인 성과방법을 찾을 수 있었다. 일의 순서 정하기는 시간에 따라
언제, 어떤 행동을 취해야 하는지에 대해 확실한 도움을 주는 도구다(Isaksen et
al., 1994). 목표를 이루기 위해서는 효율적인 관리와 진행을 점검할 수 있어야 한
다. 일의 순서를 정할 때에는 구성원들이 서로 협력하고 책임을 지도록 한다. 구
체적인 사항은 〈표 15-3〉과 〈표 15-4〉와 같다.

〈표 15-3〉 일의 순서 정하기 활용법

① 앞에서 작성한 행동단계 양식에서의 해결책을 확인하고, 목표를 적어 본다.
② 해결책의 실행을 위한 상황을 고려하여 시간 범위를 결정한다. 시간 범위는 문제의 특성에 따라 매우 다양할 것이다. 상황에 따라 한 주 혹은 몇 년이 걸릴 수도 있을 것이다.
③ 단기적, 중기적, 장기적 시간대를 인식하면서 일정표를 분류한다. 단기적 시간대는 해결책 실행에 따른 변화가 하루나 이틀 안으로 나타나는 범위로 정한다. 나머지 중기적, 장기적 시간대는 2단계에서의 기한을 고려하여 정할 수 있다. 시간대를 구체적으로 분류하면 진행 정도를 평가할 수 있는 길잡이가 될 수 있을 것이다.

④ 실천단계를 단기적, 중기적, 장기적 시간대로 위치하여 구성한다.

⑤ 혹시 생각하지 못한 실천단계가 있는지 확인한다. 각 시간대별 구분은 3단계가 아니라 더욱 세분화될 수 있다. 중요한 것은 실천단계를 빠뜨리지 않았는지 다시 한 번 검토해 보는 것이다.

〈표 15-4〉 실행계획 활용지

목 표			
	활동 내용	구체적 기간	최종 목표
단기적			
중기적			
장기적			

(2) 성과 측정표

전술적 사고에서는 성과나 목표가 얼마나 이루어졌는지 알 수 있어야 한다. 이를 위해서는 측정 가능한 단계들을 계획할 수 있어야 한다. 성과 측정표(Senge et al., 1999)의 목적은 [그림 15-2]와 같이 바람직한 결과를 확인할 수 있도록 시각적 자료를 제공하는 것이다. 예를 들어, 기금 모금 정도를 알리는 게시판을 본 경우가 많을 것이다. 대표적으로 이들은 온도계 모양을 하고 있다. 붉은 선의 높이는 그날까지 모금된 총 기금액을 표시한다. 이러한 시각적 자료는 그것을 보는 사람에게 '기금 모금 노력'으로 어느 정도 진행되었는지에 대한 결과를 알려 준다. 붉은 선이 꼭대기에 도달할수록 목표지점에 가깝다는 것을 쉽게 알 수 있다. 성과 측정표는 이러한 기금 모금 온도계와 동일한 방식으로 진행될 수 있다.

목표를 향한 진행과정에서는 중요한 산출물의 실행 여부를 판단할 수 있는 자료가 있어야 한다. 지금부터 성과 측정표를 만들어 사용해 보자. 성과 지표와 관련해서 시각적 피드백을 제공하는 그래픽 도구를 활용할 수 있다. 정기적으로 성과 지표를 점검해야 한다. 성과 지표에서 보여 주는 정보를 이용하여 진행이 예정대로 되고 있는지, 아니면 문제를 극복하기 위해서 시정 조치가 필요한지를 파악할 수 있다.

급하게 일을 진행하면서 처리하고 싶을수록 실행과정에 더욱 신중하게 제동을 걸어야 한다. 계획을 세우기 위해 충분히 가능한 시간을 확보하자. 계획을 잘못 설계하면 결국 원하는 목표를 얻지 못할 것이다.

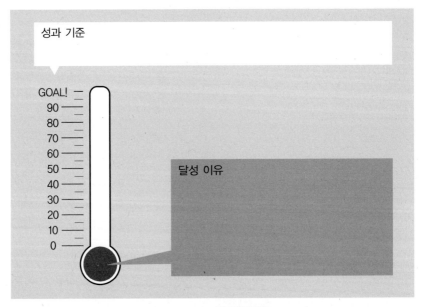

[그림 15-2] 성과 측정표

3. 전술적 사고로 NCS 접근하기

1) How-How 사고모형

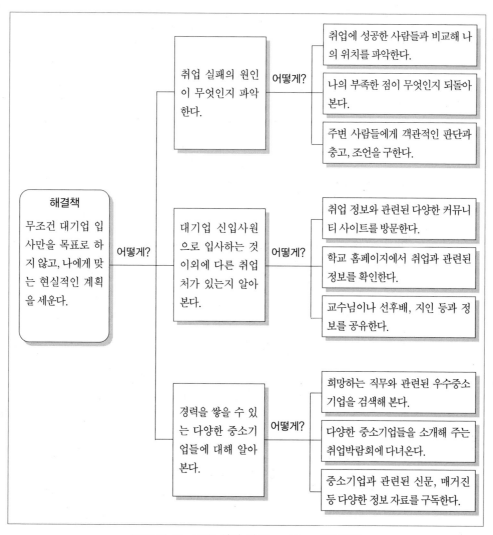

[그림 15-3] NCS 알기 전 How-How 사고모형

이제 '전술적 사고'로 취업준비를 하는 취업준비생의 가상 사례를 생각해 보기로 하자. NCS를 이해하기 전의 [그림 15-3], 막연히 대기업에 들어가는 것을 목표로 준비하고 있었는데 앞서 진행했던 활동들을 통해 이것이 문제라는 것을 알게 되었다. 그래서 무조건 대기업 입사만을 목표로 하지 않고, 나에게 맞는 현실적인 계획을 세우기 위한 구체적 방법으로 How-How 사고모형을 통해 분석해 보았다. NCS에 기반을 둔 분석 내용은 [그림 15-4]와 같다.

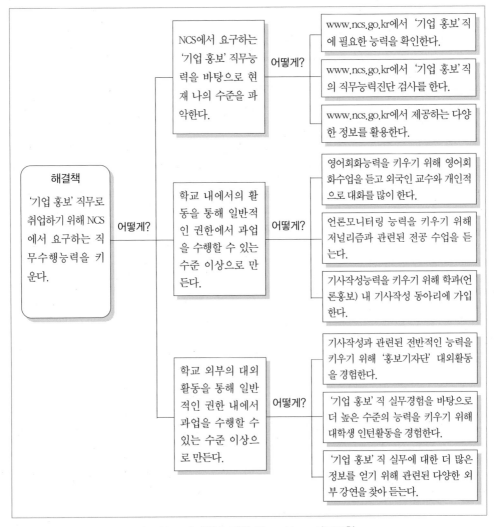

[그림 15-4] NCS 기반 How-How 사고모형

NCS에서 요구하는 직무수행능력에 맞춰 준비해야 한다는 것을 알게 되었다. 그래서 구체적으로 어떻게 준비해야 하는지 How-How 사고모형을 통해 분석해 보았다. 우선 현재 나의 수준을 파악하고, 요구되는 능력 중 부족한 능력이 무엇인지 알아야 한다. 그리고 학교 내, 외부 활동을 통해 더 높은 직무수준으로 성장하고 부족한 능력을 개발할 수 있도록 다양한 활동을 알아보아야 한다. 대표적으로 학교 내부 활동으로 네 번째 수준의 기사작성능력을 키우기 위해 학과(언론홍보) 내 기사작성 동아리에 가입해 기획 방향에 맞추어 기사를 작성하는 능력을 키우도록 한다. 또한 학교 외부 활동으로 '홍보'팀 대학생 인턴활동을 통해 '기업 홍보'의 실무를 경험하고 관련된 전반적인 직무능력을 향상하고자 한다.

2) 일의 순서 정하기

〈표 15-5〉 사회조사 분석사 실행계획 활용지

목 표	사회조사 분석사 2급 자격증을 취득한다.		
	활동 내용	**구체적 기간**	**최종 목표**
단기적	자격증에 대한 정보 및 공부 방법에 대해 검색한다.	1일 안에	기본적인 정보 파악
	공부할 교재를 선택한다.	2일 안에	교재 구입
	공부 계획을 수립한다.	3일 안에	공부 방법 선택
중기적	1차 필기준비: 내용 암기와 문제 풀이를 한다.	3개월 안에	모든 책 내용 암기
	1차 필기준비: 모르는 내용을 함께 공유하는 스터디를 한다.	3개월 안에	모르는 내용, 어려운 부분 공유 및 숙지
	1차 필기준비: 기출 문제를 푼다.	3개월 안에	1차 필기시험 준비 완료 및 1차 합격
장기적	2차 실기준비: 인터넷 강의를 듣는다.	4~6개월 안에	인터넷 강의 완료
	2차 실기준비: 내용 암기와 문제 풀이 및 스터디를 한다.	4~8개월 안에	모든 책 내용 암기, 모르는 내용, 어려운 부분 공유 및 숙지
	2차 실기준비: 기출 문제를 푼다.	8~9개월 안에	2차 실기시험 준비 완료 및 최종 합격

　　사회조사 분석사 2급 자격증을 취득하기 위해 10개월 동안의 공부 계획은 〈표 15-5〉와 같다. 사회조사 분석사 2급 자격증에 대한 기본적인 정보와 공부 방법에 대해 알아보는 시간을 하루 정도로 잡고, 교재 선택 및 공부 계획 수립을 3일 안에 완성하도록 계획하였다. 그리고 본격적으로 3개월 동안 1차 필기시험 준비를 진행하고 합격한다는 가정하에 4개월째부터 2차 실기시험 준비를 진행할 것이다. 1차 필기시험은 상대적으로 쉬운 난이도이기 때문에 교재로 내용 암기와 기출문제 풀이를 하지만 2차 실기시험은 어렵기 때문에 4개월째부터 3개월 동안 이론에 대한 인터넷 강의를 수강할 것이다. 또한 인터넷 강의 수강과 동시에 5개월 동안 내용 암기와 문제풀이, 그리고 스터디에 참여할 것이다. 사회조사 분석사와 같은 자격증 공부는 장시간 동안 준비해야 하는 경우가 많은데, 이를 준비하는 데 있어 실행계획 활용법을 통해 계획을 세운다면 보다 더 체계적으로 진행할 수 있을 것이다.

〈표 15-6〉 대학생 인턴 실행계획 활용지

목표	인턴 기간 내(1년)에 기업(인턴활동 중인) 페이스북 페이지 '좋아요' 수를 8,000개 이상으로 늘린다		
	활동 내용	**구체적 기간**	**최종 목표**
단기적	페이스북 페이지 운영현황을 파악한다.	1일 안에	업로드 콘텐츠 및 고객 참여 유형 파악
	현재 운영방식의 문제점 및 개선계획을 세운다.	3일 안에	페이스북 페이지 개선방안 계획서 작성
	업로드 콘텐츠 및 운영계획을 세운다.	5일 안에	페이스북 페이지 운영계획서 작성 및 제출
중기적	매주 업로드할 콘텐츠에 대한 아이디어 회의를 한다.	6개월 안에 (매주)	바이럴 마케팅 효과를 일으킬 만큼 흥미로운 콘텐츠 아이디어 제시
	매주 업로드할 콘텐츠를 제작한다.	6개월 안에 (매주)	매주 완성도 높은 콘텐츠 업로드

	고객과 댓글, 메시지 등으로 소통한다.	6개월 안에 (항상)	고객의 요구에 대응 및 요구에 맞춰 개선
장기적	그동안의 페이스북 페이지 운영에 관한 분석을 한다.	6~7개월 안에	운영성과 및 개선점 확인, 평가서 작성
	평가서를 바탕으로 수정·보완하여 페이지 운영을 진행한다.	7~11개월 안에 (매주)	온라인에서 기업 홍보 및 페이지 '좋아요' 수 증가
	페이스북 페이지 운영 매뉴얼을 작성한다.	11~12개월 안에	앞으로의 페이스북 페이지 운영에 반영

○○ 중소기업에서 마케팅팀 대학생 인턴으로 일하면서 온라인 홍보를 주된 업무로 했던 경험이 있다. 이 경험을 바탕으로 진행했던 온라인 홍보채널 운영 과정을 〈표 15-6〉으로 작성해 보았다. 작성된 표는 NCS에 제시된 기업 홍보 직무수행능력 중 '온라인 홍보'와 관련한 내용이다. 인턴활동을 하던 당시 그 기업의 다양한 온라인 채널들 중 페이스북 페이지의 운영이 가장 미흡했다. 특히 페이지 '좋아요' 수는 1,200개를 겨우 도달한 상황이었다. 그래서 인턴 기간 내 (1년)에 페이스북 페이지 '좋아요' 수를 8,000개 이상으로 만드는 것을 목표로 일을 진행하였다.

약 일주일 동안 현재 페이지 운영상황을 분석하고 현재 운영방식의 문제점과 개선점을 바탕으로 운영계획을 세웠다. 그리고 6개월 동안 매주 업로드 콘텐츠 회의를 통해 완성도 높은 콘텐츠를 제작해 업로드하였다. 6개월째 되었을 때 5개월 동안의 운영과정 및 방식을 평가하였으며 평가서를 바탕으로 운영방식을 수정·보완하여 진행하였다. 인턴기간이 끝나기 한 달 전부터 1년 동안의 페이스북 페이지 운영을 토대로 페이지 운영 매뉴얼을 작성하였다.

3) 성과 측정표

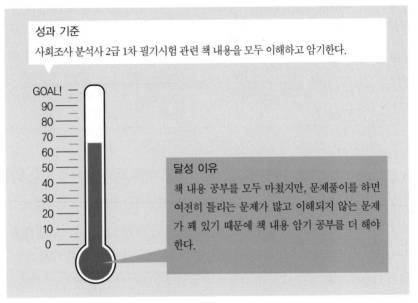

성과 기준
사회조사 분석사 2급 1차 필기시험 관련 책 내용을 모두 이해하고 암기한다.

GOAL!
90
80
70
60
50
40
30
20
10
0

달성 이유
책 내용 공부를 모두 마쳤지만, 문제풀이를 하면 여전히 틀리는 문제가 많고 이해되지 않는 문제가 꽤 있기 때문에 책 내용 암기 공부를 더 해야 한다.

[그림 15-5] 사회조사 분석사 2급 자격증 성과 측정표

[그림 15-5]와 같이, 사회조사 분석사 2급 자격증을 취득하기에 앞서 1차 필기시험에 대비해 관련 책 내용을 모두 이해하고 암기하는 것을 성과 기준으로 삼았다. 책 내용 공부는 모두 마쳤지만 여전히 틀리는 문제가 많고 이해되지 않는 문제가 종종 있기 때문에 65% 정도 달성했다고 할 수 있다.

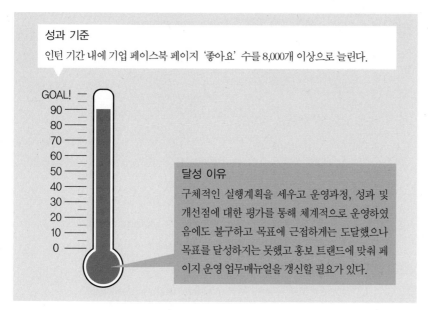

성과 기준

인턴 기간 내에 기업 페이스북 페이지 '좋아요' 수를 8,000개 이상으로 늘린다.

달성 이유

구체적인 실행계획을 세우고 운영과정, 성과 및 개선점에 대한 평가를 통해 체계적으로 운영하였음에도 불구하고 목표에 근접하게는 도달했으나 목표를 달성하지는 못했고 홍보 트랜드에 맞춰 페이지 운영 업무매뉴얼을 갱신할 필요가 있다.

[그림 15-6]　대학생 인턴 실행 성과 측정표

앞서 진행한 인턴활동 경험과 관련된 실행계획 활용지에 이어 페이스북 페이지 '좋아요' 수 8,000개 이상을 목표로 한 운영결과가 어떠하였는지 [그림 15-6]과 같이 평가해 보았다. 구체적인 실행계획을 세우고 운영과정, 성과 및 개선점에 대한 평가를 통해 체계적으로 운영하였음에도 불구하고 페이지 '좋아요' 수가 8,000개에 근접하였지만 목표에 도달하지는 못했기 때문에 90% 정도 달성했다고 할 수 있다.

생각해 볼 문제

1. 실행준비가 완료된 팀 과제의 여러 가지 행동방식을 생각해 보자. 실행계획을 위해 다이아몬드 사고를 활용하여 아이디어를 선택해 보자.

2. 해야 할 일들의 목록을 순서대로 기록해 보자.

3. How-How 사고모형을 사용하여 구체적인 실천단계와 실행의 시간표를 만들어 보자.

4. 팀 과제에서 성과 측정표를 사용하여 결과물의 진행과정을 점검해 보자.

5. 다양한 직업 환경에서 제기될 수 있는 직무 상황을 고려하여, 전술적 사고기법을 이용하여 문제를 해결할 수 있는 사례를 수집하고 토론해 보자.

직업기초능력 사례와 CPS 사례 해설

 사례. H씨의 하루

서른여덟 살인 H씨는 여성 패션 잡지사에서 기자로 일하고 있으며, 네 살짜리 아이가 있다. 체계적으로 업무를 처리하고 평온함을 즐기며 재촉이나 강요당하는 일을 싫어한다. 또한 직장생활과 가정의 균형을 유지하기 위해 부단히 노력한다.

그녀는 매일 아침 6시 45분, 아이를 깨우는 일로 하루를 시작한다. 아이를 어린이집에 들여보낸 후에는 '엄마 지향적'에서 '업무 지향적'으로 자세를 전환하는 데 약간의 시간이 필요하다는 것을 알고 있다. 그래서 매일 아침 지하철에서 잡지를 읽는다. 지하철을 타고 회사에 도착할 때는 일에 집중할 준비가 된다. 근무시간 역시 정해진 순서대로 진행된다. 오전에는 기사를 쓰고, 오후에는 자료조사와 인터뷰를 하고 회의에 참석한다.

일정표에서 무슨 일을 해야 할지 정확히 확인한 후 일을 시작하며, 마감을 어기지 않는다. 그녀는 일주일에 5일, 9시 30분에서 5시 30분까지 일한다. 일주일에 3일은 어린이집으로 아이를 데리러 가지만 월요일과 목요일에는 친정어머니나 남편이 그 일을 대신한다. 그래서 월요일 저녁에는 늦게까지 일을 하고 목요일이면 친구와 영화를 보러 가기도 한다.

또한 H씨는 모든 일에 걸리는 시간을 정확하게 파악한 후 일정을 여유 있게 조절한다. 예를 들어, 매일 아침 아이에게 옷을 입히는 데 걸리는 시간을 예상한 후, 때맞춰 아이를 깨운다. 그녀는 시간관리를 통해 자신의 성향과 가치관에 일치하는 풍요롭고 보람된 생활을 하고 있다.

출처: 국가직무능력표준 사이트(www.ncs.go.kr). 자원관리능력 교수자용 매뉴얼 p. 70.

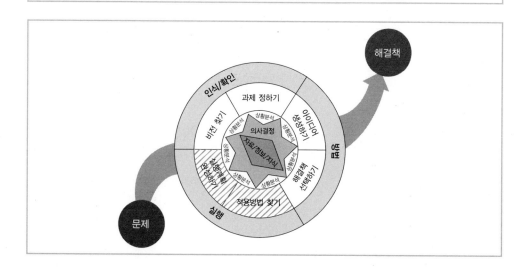

📻 **사례. 해설**

제시된 사례는 CPS 사고기법에서 '실행계획 완성하기'와 관련된 사항이다. H씨는 집안에서 주부의 역할과 직장에서의 역할 모두 잘 수행하기 위하여 시간 관리를 적절하게 수행하고 있다. 시간 관리를 잘한다고 하는 것은 실행 가능한 계획을 잘 수립하고 실행한다는 의미다. 따라서 CPS의 마지막 단계인 전술적 사고로 실행계획을 완성할 수 있다. 전략적 사고와 전술적 사고의 구분이 필요하다.

전략적 사고는 목표를 향한 과정의 장애물을 확인하고 과제를 정해서 문제해결방법을 찾는 것이다. 하지만 전술적 사고는 전략적 사고보다는 좀 더 구체적이고 측정 가능한 단계별 행동수칙을 정하는 것이다. 따라서 전술적 사고로 이루어지는 '실행계획 완성하기'에서는 효과의 검증이 가능해야 한다. 주어진 사례에서 H씨는 한 주의 단위를 명확하게 정해 놓고 규칙적으로 수행한다. 이는 직장인에게 매우 중요한 요소다. 대부분 직업인의 경우 시간 관리에서 스트레스를 받는다. 스트레스의 관리는 결국 계획대로 실행하였는지의 여부로 결정된다.

H씨는 집에서는 '엄마 지향적'에서 회사에서는 '업무 지향적'으로 역할을 전환한다. 맥락적 사고로 연결하여 CPS의 '적용방법 찾기' 단계를 활용할 수 있다. 맥락은 여러 가지 상황이나 조건을 전체적으로 통합하면서 이해할 수 있다.

H씨는 시간 관리를 통하여 자기성향과 가치관을 일치하면서 생활하고 있다. 시간 관리를 잘하는 주부와 직장인, 두 가지 역할을 잘 소화하는 것이다. 자신에게 둘러싼 상황을 잘 관리하여 바람직한 행동방안을 꾸준하게 수행하고 있다. 따라서 대부분의 직장인이 힘들어하는 시간과 관련된 스트레스나 강박관념에 대해서 H씨는 효율적으로 자신의 생활을 잘 관리하고 있다.

제16장

NCS 기반 능력중심채용의 이해

그동안 NCS 시스템 및 CPS의 내용에 대해서 살펴보았다. 지금부터는 NCS를 기반한 채용프로세스에 대해서 알아볼 것이다. NCS는 능력중심사회 구축을 위해 구조화되었기 때문에 NCS 기반 채용프로세스는 개인의 직무능력을 구체적이고 합리적으로 평가하기 위한 과정으로 이루어진다. 예를 들어, 직무와 관련된 전용 교과목을 명확하게 표현하는 점, 그리고 NCS 직업기초능력에 근거한 지식과 경험을 기반으로 이력서 및 직무능력소개서를 작성하는 것이 특징이다. 또한 면접에서는 직업기초능력과 직무수행능력을 기반으로 하여 지원자의 직무능력을 면접 질문으로 구성한 것도 큰 특징이다. 'NCS 기반 능력중심 채용'을 준비한다는 것은 자신의 직무역량을 정확하게 알고, 입사 후 직무성과와 직무수행 역량을 갖추는 과정이다.

여기서의 데이터는 NCS 사이트인 www.ncs.go.kr/onspec/main.do에서 제공된 자료를 중심으로 설명하였다. 필기전형과 면접전형은 직업기초능력과 직무수행능력, 두 가지 부분으로 구분된다. 직무수행능력은 NCS의 표준분류상, 857개 세분류로 분류되기 때문에(2015년 7월 기준), 보다 세부적인 자신의 직무수행능력 내용을 알고자 한다면, www.ncs.go.kr의 NCS 관련 자료를 찾고 활용하기를 바란다. NCS 기반 능력중심채용의 간략한 과정과 특징을 알아보고, 전반적 진행과정을 살펴보겠다.

1. NCS 기반 채용공고

NCS 기반 채용공고문의 가장 큰 특징은 직무능력 중심의 평가를 위한 구성이다. 특히 채용분야의 경우 NCS 분류방식에 따라 대분류/중분류/소분류/세분류까지 표현되는 것이 특징이다. 즉, NCS 시스템에서 구현된 분류체계를 중심으로 직무를 구분하여, 그 직무를 위주로 지원할 수 있도록 되어 있다. NCS 기반 채용은 채용공고문에 주요사업이나 직무와 세부사항에 대한 설명을 자세하게 소개하는 것이 특징이다. 그리고 '자질이 우수한 인재(supreme person)'가 아니라 '직무에 적합한 인재(right person)'를 선발하는 것이 목적이다. 따라서 직무영역과 직접적 연관이 없는 스펙은 표기하지 않아도 된다. 예를 들어, 영어를 쓰지 않는 지원직무인 경우에는 '어학점수'를 표기할 필요가 없다. 또한 학교나 학과를 기입할 필요가 없다. 어떤 방식으로든 직무에 필요한 교육을 이수함이 전제조건이다.

NCS 기반의 채용은 지원자의 조건(스펙)을 따지지 않는 무스펙 전형이 아니라, 직무에 반드시 필요한 역량을 평가하여 채용하겠다는 의미다. 이러한 NCS 기반의 채용은 과도한 스펙이나 잉여스펙을 방지하는 효과가 있다. 누구나 자신이 필요한 교육이나 경력을 최적화하여 밟아 나간다면 불필요한 기회비용을 최소화할 수 있기 때문이다. 또한 기업에서도 필요한 능력과 역량을 갖춘 인재를 선별함으로써 현재 기업에서 문제가 되고 있는 소모적 직무교육을 개선할 수 있다. 지원직무를 꾸준히 준비한 지원자를 적시에 채용할 수 있으므로 기업은 경쟁력을 높일 수 있다. 이러한 전반적 요구사항과 특징이 NCS 기반 채용공고문에 반영되어 있다.

NCS 기반 채용공고문에서 인재채용을 위해 중요하게 다루는 이슈는 네 가지로 요약된다. 첫째, 현실적이고 구체적인 기업, 직무에 대한 소개가 이루어진다. 둘째, 구체적이고 명확한 요구역량의 제시로 지원자가 지원직무에 적합한지 스스로 판단할 수 있다. 셋째, 실질적인 기회의 균등이다. 즉, '묻지마 지원'이 아니라 '필요자격요건을 갖춘 사람의 지원'을 추구하고, 자격요건을 갖춘 사람은 그 외의 불필요한 조건으로 입사지원의 제한이나 한계를 두지 않는 '실질적 기회의 균등'을 실현할 수 있다. 예를 들어, 어학 실력이 필요하지 않은 직무에 어학 점수가 입사 당락의 요인이 될 수는 없다. 넷째, 양방의 소통이다. 기업과 지원자의 소통이 채용공고문에서 이루어질 수 있다. 기존의 추상적이고 함축적인 공고문 대신, NCS 분류체계에 따라 정확한 직무설명, 지식, 기술, 태도의 능력단위 설명 등 기업의 인재채용과 관련된 메시지를 전달하고, 이 메시지가 제대로 전달되는지 모니터링하면서 개선하는 것이 NCS 기반 채용공고의 특징이다.

NCS 기반 채용공고문은 NCS 분류체계에 대한 정확한 구분과 직무정의(NCS 표준 세분류에 의한 직무정의) 및 직무능력에 대한 수행준거를 설명으로 제시한다. 각 직무에 제시된 필요한 자격을 설명하고 있으므로, 지원자의 입장에서는 진로와 취업의 분명한 방향을 설정할 수 있다. 물론 'NCS 기반 능력중심채용공고문'은 각 기업의 특성에 따라 다소 상이할 수 있다. 하지만 '능력중심채용공고문'에서 추구하는 것은 결국, 필요한 인재를 채용하기 위한 기업과 필요역량을 꾸준히 준비해 온 지원자가 불필요한 시행착오나 미스매칭 없이 만나기 위한 것이다.

〈표 16-1〉 일반적인 형태의 채용공고문

• 채용 분야

모집분야		인원	관련직무/응시자격
사무	사무	00명	• 경영관리, 공항운영/서비스, 성장사업 • 인문, 사회과학, 상경, 법학 등 이공계열 제외한 학과 전공자
	장애	0명	• 상기 사무와 동일
기술	토목	0명	• 토목관리(공항시설) • 토목공학 관련학과 전공자
	건축	0명	• 건축관리(공항시설) • 건축공학 관련학과 전공자
	기계	0명	• 기계관리(공항시설) • 기계공학 관련학과 전공자
	전기	0명	• 전력관리(공항시설) • 전기공학 관련학과 전공자
	통신전자	0명	• 통신전자관리(공항정보화) • 통신전자공학 관련학과 전공자
	전산	0명	• 전산관리(공항정보화) • 전산학 관련학과 전공자
	장애	0명	• 상기 기술분야 중 1개 관련학과 전공자
합계		00명	

※분야별 인원은 필요시 조정 가능

• 응시자격

공통 자격요건	• 4년제 대학교 졸업자 또는 2015.8월 졸업예정자
	• 공인어학성적 토익 800점이상, 장애인/저소득/다문화 650점 이상
	  −영어 토익 800점 이상(TOEFL-IBT 91점 이상, TEPS 637점 이상)
	  −일본어 JPT 800점 이상, 중국어 新HSK 5급 210점 이상
	  −장애인/저소득/다문화는 토익 650(TOEFL-IBT 74점 이상, TEPS 520점 이상, JPT 650점
	  이상, HSK 4급 255점 이상)
	• 학부 평점평균 4.5만점 3.0이상(4.3만점의 2.86이상)
	• 공고일 현재 만 34세 이하
	• 경력자 제외(고용보험 6개월 이상 가입자, 단 재학 중 아르바이트 기간 제외)
	• 대학(원) 재학 또는 휴학생 지원 불가
	• 합격 후 즉시 근무가 가능한 자

우대사항	• 지방대 우대(35% 채용목표제 실시) • 장애인 별도 전형 • 국가보훈대상자, 다문화가족자녀, 취업보호대상자 및 우대자격증 소지자 가점부여	
	사무	공인회계사, 세무사, 관세사, 법무사, 감정평가사, 변호사, 공인노무사, 변리사 등
	기술	해당직무 관련 기술사, 건축사
		해당직무 관련 기사
	• 자격증 우대가정 현황 참고 • (영어, 중국어, 일어 등) 공인 어학스피킹성적 보유자 우대	

출처: 인천국제공항공사(2015). 인턴채용 발췌(www.airport.career.co.kr/job).

〈표 16-2〉 능력중심 채용공고문

채용분야	행정	**분류체계**	대분류	02. 경영 · 회계 · 사무	
			중분류	01. 기획 · 사무	02. 총무인사
			소분류	01. 경영기획	03. 일반사무
			세분류	01. 경영기획, 02. 경영평가	02. 사무행정

<table>
<thead>
<tr><th colspan="2" style="text-align:center">NCS 기반 채용공고 설명자료의 구성</th></tr>
</thead>
</table>

공단 주요사업	• 능력개발, 자격검정, 외국인고용지원, 해외취업/국제교육협력, 숙련기술진흥/기능경기대회, 국가직 무능력표준(NCS)
직무수행 내용	• (경영기획) 경영목표를 효과적으로 달성하기 위한 전략을 수립하고 최적의 자원을 효율적으로 배분 하도록 경영진의 의사결정을 체계적으로 지원 • (경영평가) 조직의 지속적 성장을 위하여 경영목표에 따른 평가기준을 마련하고, 일정기간 동안 조직 이 수행한 성과를 이 기준에 따라 분석 · 정리하여 보고 • (사무행정) 문서관리, 문서작성, 데이터관리, 사무자동화 관리운용 등 조직 내부와 외부에서 요청하 거나 필요한 업무를 지원하고 관리
전형방법	• 직무능력평가⇒직무능력면접⇒인턴선발⇒인턴근무기간평가⇒최종정규직 전환

일반요건	연령	공고문 참조
	성별	무관
교육요건	학력	무관
	전공	무관

필요지식	• (경영기획) 내 · 외부 환경분석 기법, 사업별 핵심성과 평가기준 및 전략 기술 등 • (경영평가) 경영조직 체계 및 평가방법론, 노사관계법, 인사관련 규정 분석, 일정관리방법론, 정보수 집 및 분류체계 기법 등 • 업무처리 지침 개념, 문서기안 절차 및 규정, 전자정보관리 및 보안 규정, 회의운영 방법 등
필요기술	• (경영기획) 사업기획 및 보고서 작성 기술, 문제예측 및 대응방안 능력, 분석기법 및 통계 프로그램 운 영기술, 의사결정 능력 등 • (경영평가) 경영공시 시스템 사용기술, 공문서 작성능력, 정보수집 기술능력, 평가분석(SWOT) 활용 기술 등 • (사무행정) 데이터베이스 관리능력, 문서분류 및 관리능력, 사무기기 활용능력, 회의내용 이해 및 처 리능력 등
직무수행 태도	• (경영기획) 객관적인 판단 및 논리적인 분석 태도, 사업파악 및 개선의지, 투명하고 공정한 업무수행 의 청렴성, 문제해결의 적극적인 의지, 창의적인 사고노력, 의사결정 판단 자세, 주인의식 및 책임감 있는 태도 • (경영평가) 경영자원전략자세, 수용적 의지 및 관찰태도, 다양한 정보수집을 하려는 태도 등 • (사무행정) 고객지향의지, 데이터특성 및 분석기술, 업무규정준수, 업무협조 노력, 회의처리 능력 등
필요자격	• 경영 및 행정 관련 전문지식 및 경험 보유자
직업기초 능력	• 의사소통능력, 조직이해능력, 수리능력, 문제해결능력, 자기계발능력, 자원관리능력, 정보능력, 대인 관계능력, 기술능력, 직업윤리
참고사이트	• www.ncs.go.kr

출처: NCS 능력중심채용 사이트(www.ncs.go.kr/onspec/main.do).

2. NCS 기반 능력중심 지원서

1) 능력중심 지원의 입사지원서

NCS 기반 이력서는 직무수행에 필요한 교육, 경력, 경험, 성과, 자격 등의 필요한 스펙(On-Spec)을 기재할 수 있도록 구성되어 있다. NCS에서 제시하는 On-Spec의 진정한 의미는 직무수행에 꼭 필요한 요건을 의미한다. 지원직무와 상관없는 항목은 대부분 기술하지 않도록 구성되어 있다. 예를 들어, 컴퓨터그래픽 능력이 필요 없는 직무에 그래픽 관련 자격증을 기술할 필요는 없다는 것이다. 현재 취업시장에 있어 가장 큰 문제는 지나친 스펙경쟁으로 인한 Over-Spec이다. 하지만 NCS 기반 이력서의 구성항목을 보면 이러한 요소를 최대한 줄이는 효과가 있음을 알 수 있다. 즉, 지원하는 직무를 잘 파악하고 그에 맞는 직무능력을 충실히 쌓아 간다면 오히려 기존의 이력서보다 작성이 더 간편하고 명확할 것이다.

NCS 기반 입사서류 양식을 살펴보면 몇 가지 유의할 점이 있다. 첫째, 학교교육과 직업교육을 구분하였다. 기존에는 학교교육 위주의 평가가 이루어졌으나, 실제 직무능력을 판단하기 위한 NCS 기반 이력서는 학교교육에서 이수한 직무 관련 교과목과 평생교육 개념에서 이수한 직업교육 교과목을 균형 있게 판단한다. 개인의 상황에 맞도록 다양한 교육의 기회를 고려한다는 장점이 있다. 둘째, 자격사항으로 지원자가 NCS의 체계적 분류에 따라 제시된 직무영역에 필요한 자격증을 명시하도록 지정되어 있다. 즉, 기존의 채용프로세스처럼 자격증의 개수가 중요한 것이 아니라, 단 하나를 취득하더라도 직무 수행과 관련이 있는 것을 중시한다. 따라서 관련이 없는 자격증은 원칙적으로 기입하지 않는다. 마지막으로, NCS 기반의 채용프로세스의 가장 큰 평가요건 중의 하나는 직무경험이다. 기존의 채용프로세스는 직무경험에 대하여 대체로 추상적인 측면이 많았다. 하지만 NCS 기반의 이력서에서는 직무에 직접 혹은 간접적 경

험의 유무를 직무능력소개서(경력기술서, 경험기술서)에 명시할 수 있도록 구성
되어 있다.

다음은 NCS 기반 능력중심채용 사이트인 www.ncs.go.kr/onspec/main.do에
서 예시한 'NCS 기반 입사지원서' 양식이다. 기업이나 기관마다 약간씩 다를 수
있으나, NCS 기반 입사서류의 예를 통해 그 특징을 파악하도록 하자.

〈표 16-3〉 NCS 기반 입사지원서 예시

1. 인적사항

*인적사항은 필수항목으로 반드시 모든 항목을 기입해 주십시오.

지원구분	신입( ) / 경력( )	지원분야		접수번호	
성명	(한글)	생년월일	(월/일)		
현주소					
연락처	(본인 휴대전화)	전자우편			
	(비상연락처)				

2. 교육사항(모집대상 직무와 연관이 있는 학교교육이나 직업교육 기타교육을 의미하며, NCS 기반 채용공고 직무설명자료의 관련 교과목 참조하여 입사지원자에게 제시)

*학교교육이나 직업교육 혹은 기타교육 등 직무와 관련된 교육사항 내용을 기입해 주십시오.

학교교육이나 직업교육 혹은 기타교육 등		
• (경영기획 업무) 관련 학교교육이나 직업교육 혹은 기타교육 과목을 이수한 경험이 있습니까?	예( )	아니요( )
• (경영평가 업무) 관련 학교교육이나 직업교육 혹은 기타교육 과목을 이수한 경험이 있습니까?	예( )	아니요( )
• (사무행정 업무) 관련 학교교육이나 직업교육 혹은 기타교육 과목을 이수한 경험이 있습니까?	예( )	아니요( )
• (지원기관의 직무 관련 업무) 지원하고자 하는 기관의 주요 업무 관련 학교교육이나 직업교육 혹은 기타교육 과목을 이수한 경험이 있습니까? (예: 도로공사−도로 관련 교과, 소비자보호원−소비자 관련 교과, 인력공단−인력개발 관련 교과 등	예( )	아니요( )
• (사업행정에 필요한 직업기초능력) 직업기초능력 34개 하위영역 중 문서이해능력, 문서작성능력, 정보능력, 사고력 등 관련 학교교육이나 직업교육 혹은 기타교육 과목을 이수한 경험이 있습니까?	예( )	아니요( )

* '예'라고 응답한 항목에 해당하는 내용을 아래에 기입해 주십시오. 해당 직무를 수행하는 데 도움이 되었거나 도움이 될 것이라고 판단되는 교육과목(직업기초능력 포함)을 이수한 경험이 있으면 모두 적어 주십시오.
예시) 과목 1. 문헌정보학 입문☞문서이해능력, 문서작성능력 과목 2. 한국어 의미의 이해☞문서이해 및 문서작성능력, 과목 3. 철학개론☞사고력

학교교육		직업교육		기타교육		직무 관련 교육	
교과목명	학점 (내신 등급)	교과목명	이수시간(h)	교과목명	이수시간(h)	교과목명	이수시간(h)

3. 직무능력 관련 자격사항(NCS 내 환경분석 내 자격현황 참고)

*자격은 직무와 관련된 자격을 의미합니다. 코드를 확인하여 해당 자격증을 정확히 기입해 주십시오.

직무 관련 자격

*위의 자격목록에 제시된 자격증 중에서 보유하고 있는 자격증을 아래에 기입해 주십시오.

코드	발급기관	취득일자	코드	발급기관	취득일자

*그 외 직무 혹은 직무 관련 지식에 관련된 자격증을 아래에 기입해 주십시오.

코드	발급기관	취득일자	코드	발급기관	취득일자

4. 경력 혹은 경험사항(지원하는 직무와 연관성 있는 경력 혹은 경험사항을 제시하도록 안내)

*4-1) 경력은 금전적 보수를 받고 일정기간 동안 일했던 이력을 의미합니다. 아래의 지시에 따라 해당되는 내용을 기입해 주십시오.

• 기업조직에 소속되어 (경영기획 업무)관련 업무를 수행한 경험이 있습니까?	예 ( )	아니요 ( )
• 기업조직에 소속되어 (경영평가 업무)관련 업무를 수행한 경험이 있습니까?	예 ( )	아니요 ( )
• 기업조직에 소속되어 (사무행정 업무)관련 업무를 수행한 경험이 있습니까?	예 ( )	아니요 ( )
• 기업조직에 소속되어 (지원기관의 직무)관련 업무를 수행한 경험이 있습니까?	예 ( )	아니요 ( )

근무기간	기관명	직위/역할	담당업무

*그 외의 경력 사항은 아래에 기입해 주십시오.

근무기간	기관명	직위/역할	담당업무

*자세한 경력 사항은 경력기술서에 작성해 주시기 바랍니다.

*4-2) 경험은 직업 외적인 (금전적 보수를 받지 않고 수행한) 활동을 의미하며, 교육과정 내 수행평가, 과제수행경험, 산학, 팀 프로젝트, 연구회, 동아리/동호회, 온라인 커뮤니티, 재능기부 활동 등이 포함될 수 있습니다. 아래의 지시에 따라 해당되는 내용을 기입해 주십시오.

• (경영기획 업무)관련 교육과정 내 수행평가, 과제수행경험 및 기타 활동경험이 있습니까?	예 (　)	아니요 (　)
• (경영평가 업무)관련 교육과정 내 수행평가, 과제수행경험 및 기타 활동경험이 있습니까?	예 (　)	아니요 (　)
• (사무행정 업무)관련 교육과정 내 수행평가, 과제수행경험 및 기타 활동경험이 있습니까?	예 (　)	아니요 (　)
• (지원기관의 직무 관련 업무)관련 교육과정 내 수행평가, 과제수행경험 및 기타 활동경험이 있습니까?	예 (　)	아니요 (　)

* '예'라고 응답한 항목에 해당하는 내용을 아래에 기입해 주십시오.

교육과정 내 수행평가, 과제수행경험 등		기타 활동경험	
수행평가 내용	과제내용	소속조직	주요역할

*자세한 경험은 경험기술서에 작성해 주시기 바랍니다.

출처: NCS 능력중심채용 사이트(www.ncs.go.kr/onspec/main.do).

2) 능력중심 지원의 직무능력소개서(경험기술서, 경력기술서)

일반기업에서 경력직을 채용할 때, 경력기술서는 평가에 적극 활용되고 있다. 그러나 'NCS 기반 채용프로세스'에서는 신입직 채용부터 경력기술서를 평가의 항목으로 활용하고 있다. 사회경험이 없는 신입지원자의 경우는 경험기술서가 경력기술서의 역할을 대신한다. 이는 NCS 기반 채용시스템이 직무역량을 중심으로 채용이 이루어지기 때문이다. 경력직이 아닌 경우, 직무와 관련하여 입증된 경력이 없으므로 이를 대체하기 위하여 경험기술서를 요구하고 있다. 하지만 개인의 직무능력을 서술하기 위한 목적은 경력 기술서와 동일하다.

실제 노동의 보수를 받고 이것이 서류로 증명되는 것만 인정되는 것이 경력기술서이고, 그 외 직무와 관련된 일시적, 임시적, 경험까지 포함된 것이 경험기술서다. 다시 말하면, 직장경력이 있는 재직자는 경력기술서를 작성하고, 대학졸업생과 같은 신규 취업자들은 대부분 경험기술서를 작성하면 될 것이다. 이와 같은 경력 및 경험기술서는 입사지원서에서 작성한 경력 및 경험사항에 대해 당시 맡았던 역할 및 주요 수행업무, 성과에 대해 자세히 기술하도록 요구한다. 지원자가 작성한 내용은 입사지원서 내의 경력 및 경험항목에서 작성한 내용의 사실 여부 판단 및 면접 시 지원자에 대한 이해자료로 활용된다.

NCS기반 채용프로세스의 큰 특징 중 하나는 직무경험에 대한 경력기술서 또는 직접적 직무경험이 없는 신입직 대상자를 위하여 경험기술서를 작성하는 것이다. 이력서에 표현된 직무경험을 비교적 자유로운 양식으로 구체적이면서도 자세하게 기술해야 한다. 지원자는 단순히 직무경험의 유무나 정해진 유형의 답변이 아니라 자신의 능력과 역량을 극대화할 수 있는 구체적 표현으로 기술해야 한다. 또한 기업은 이력서와 자기소개서, 면접에 이르기까지 일관된 내용인지 사실 여부를 파악하여 직무에 꼭 필요한 인재선발의 구체적 데이터를 확보한다. 경력기술서는 단순히 직무경험의 열거가 아니라 주어진 역할, 수행업무, 성과 등을 일목요연하게 기술하는 것이다. 지원자를 공정하게 평가하기 위해 기존의 채용프로세스보다 더욱 진보한 채용프로세스라고 할 수 있다.

다음은 NCS 사이트에서 제시한 'NCS 기반 경력(경험)기술서' 예시다. 기업의 환경에 따라 다른 기준으로 다양한 양식이 제시될 수 있다. 따라서 이력서나 자기소개서에 기술된 직무경험을 체계적으로 작성하면 된다.

〈표 16-4〉 NCS 기반 경험기술서 예시

경험기술서 예시(주로 신입/초급직 대상)

입사지원서에 기술한 직무 관련 기타 활동에 대해 상세히 기술해 주시기 바랍니다. 구체적으로 본인이 수행한 활동 내용, 소속 조직이나 활동에서의 역할, 활동 결과에 대해 작성해 주시기 바랍니다.

출처: NCS 능력중심채용 사이트(www.ncs.go.kr/onspec/main.do).

〈표 16-5〉 NCS 기반 경력기술서 예시

경력기술서 예시(주로 경력직 대상)

입사지원서에 기술한 경력 및 경험(직무 관련 기타 활동)에 대해 상세히 기술해 주시기 바랍니다. 경력을 기술할 경우 구체적으로 직무영역, 활동/경험/수행 내용, 본인의 역할 및 구체적 행동, 주요 성과에 대해 작성해 주시고, 경험을 기술할 경우 구체적으로 본인의 학습경험 혹은 과제를 수행한 활동 내용, 소속 조직이나 활동에서의 역할, 활동 결과에 대해 작성해 주시기 바랍니다.

출처: NCS 능력중심채용 사이트(www.ncs.go.kr/onspec/main.do).

3) 능력중심 지원서의 자기소개서

NCS 기반 자기소개서는 입사지원서나 직무능력소개서(경험기술서, 경력기술서) 이외에 별도로 자신을 소개할 수 있는 내용 혹은 회사의 핵심가치나 인재상과 관련된 항목을 기입할 수 있다. 즉, 지원하는 직무와 직접적으로 관련이 있는 내용은 직무능력소개서에 작성하고, 직접 연관되는 직무능력은 아니지만 개인의 잠재역량과 관련된 부분 또는 기업이 원하는 가치나 인재상 등을 설명할 때에는 자기소개서에 작성하는 것이 적당하다. 따라서 NCS 기반 채용프로세스에서의 자기소개서는 이력서, 직무능력소개서를 보완하는 역할을 한다.

현재 여러 기업(특히 대기업)을 중심으로 구조화된 자기소개서의 질의문과 비교하여 큰 차이는 없다. 직무능력소개서와 자기소개서는 독립적으로 해석, 평가되는 것이 아니라, 종합적으로 평가된다. 자기소개서의 질의문은 직무능력소개서와 비교하여 상대적으로 포괄적이고 범위가 넓은 것이 특징이다. 앞장의 직무능력소개서는 NCS 분류체계에 의한 직무능력을 중심으로 작성하겠지만, 자기소개서는 반드시 NCS 기반의 요구능력과 일치할 필요는 없다. 따라서 각 기업의 입장에서는 지원자에 대하여 좀 더 다양한 관점에서 이해할 수 있는 자료가 될 것이며, 지원자 입장에서는 '이력서'와 '직무능력소개서'에서 미처 표현하지 못한 내용을 부가적으로 서술할 수 있을 기회가 될 것이다. 또한 기업은 NCS표준분류체계에서는 지정되어 있지 않지만 해당기업에서 요구되는 특화된 가치나 요구를 자기소개서의 질의문에 포함시켜, 지원자의 다양한 생각이나 능력치를 평가하는 데 활용할 수 있다.

다음 자료는 NCS 사이트에서 제시한 'NCS 기반 자기소개서' 예시다. 자기소개서는 독립된 자료가 아니기 때문에, 경력기술서(또는 경험기술서)와 같이 작성하고 전체적인 맥락을 유지해야 한다.

〈표 16-6〉 NCS 기반 자기소개서 예시

NCS 기반 자기소개서 예시

최근 5년 동안에 귀하가 성취한 일 중에서 가장 자랑할 만한 것은 무엇입니까? 그것을 성취하기 위해 귀하는 어떤 일을 했습니까? (A사 예)

예상치 못했던 문제로 인해 계획대로 일이 진행되지 않았을 때, 책임감을 가지고 적극적으로 끝까지 업무를 수행해 내어 성공적으로 마무리했던 경험이 있으면 서술해 주십시오. (B사 예)

현재 자신의 위치에 오기 위해 수행해 온 노력과 지원한 직무분야에서 성공을 위한 노력 및 계획을 기술해 주십시오. (C사 예)

약속과 원칙을 지켜 신뢰를 형성/유지했던 경험에 대해 기술해 주십시오. (D사 예)

출처: NCS 능력중심채용 사이트(www.ncs.go.kr/onspec/main.do).

3. NCS 기반 필기평가

NCS 기반 필기평가는 크게 두 가지로 구분된다. 첫째는 '직업기초능력 필기평가'이고, 둘째는 '직무수행능력 필기평가'다. 직업기초능력 필기평가가 대부분의 산업분야에서 공통적으로 사용되는 능력(core competency, key skills)을 측정하는 것을 목적으로 한다면, 직무수행능력 필기평가는 선발하고자 하는 직무에서 선택적이고 차별적으로 사용되는 수행준거를 측정하는 것이 목적이다.

직업기초능력 필기평가는 이미 2015년 공기업 채용프로세스에 적용 및 활용되고 있다. 직업기초능력은 필기시험, 구술시험, 토론면접, 상황면접, 프리젠테이션 발표 등 다양한 평가방법으로 측정할 수 있다. 초기 입사지원자의 현실적 어려움을 감안하여 여러 평가방법 중 필기시험 형태의 평가방안이 대부분 활용될 것이다. 특히 직업기초능력은 직군이나 직업 이전에 '직업인'으로서 가져야 할 기본적인 능력을 의미한다. 따라서 학교를 졸업하고 신입으로 시작하는 예비 사회인의 평가를 위해서는 직업기초능력을 중심으로 평가할 수밖에 없다.

직업기초능력 필기평가의 구조는 [그림 16-1]과 같이 도식화할 수 있다. 평가 축에서 활동영역과 내용영역으로 나뉘게 된다. 내용영역은 '개인적 상황인가?' '조직 내 상황인가?' '대외적 상황인가?' 등과 같은 주어진 직무상황에 대한 영역의 구분이며, 활동영역은 수행능력의 분류체계에 따른 영역의 구분이다. 따라서 내용영역과 활동영역에 따른 매트릭스 구조가 될 것이고, 각각의 경우에 부합되는 행동지표가 있다. 다시 말하면, 평가는 직업기초능력에서 요구하는 행동지표에 적합한지를 판단하는 것이다.

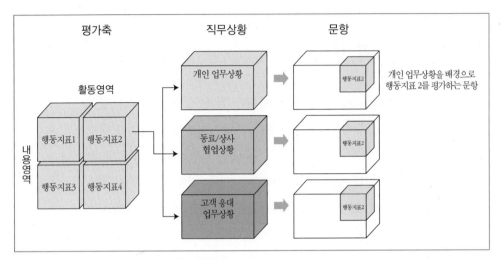

[그림 16-1] **직업기초능력 필기평가 개발&평가 매트릭스**

출처: NCS 능력중심채용 사이트(www.ncs.go.kr/onspec/main.do).

질문의 구성은 '실제 직무를 수행하면서 부딪치는 직무의 상황이나 요구과제를 미션 형태로 제공'하고 NCS 직업기초능력에서 제시하는 수행준거를 기준으로 '지식'과 '지식을 활용하여 맥락에 맞게 대입'하는 능력을 평가하는 것이다. 이를 다시 표현하면 '무엇을 아는가?'가 아니라, '무엇을 알고, 그것을 어떻게 활용하여 상황에 맞게 문제를 해결할 수 있는가?'를 평가하는 것이다. 즉, 평가 기준의 가장 큰 특징은 '직무의 개연성'과 '직무맥락', '문제해결의 수행'을 중점적으로 평가하고 요구한다는 것이다. 직업기초능력 필기시험은 한국HR진단평가센터에서 제공하는 예제로 부록에 실었으므로 참고하길 바란다.

직무수행능력 필기평가는 NCS의 세분류(직무)별 능력단위와 기업(기관)의 환경 및 실제 직무여건을 분석하여 개발된다. 실제 직무수행과 관련한 지식, 기술, 태도를 객관적으로 평가할 수 있는 문항들로 구성된다. 단순히 성향이나 방향을 질문하는 것이 아니라, 입사를 위한 평가도구이므로, 국가직무능력표준(www.ncs.go.kr)의 명확한 기준에 따라 정답이 존재하는 평가시험임을 인식해야 한다. 즉, 주어진 특정한 상황에서 능력(이론적 지식)을 활용하여, 실제적으로 문제를 해결하거나 업무를 수행(실천적 능력)할 수 있는가를 종합적으로 평가함이 목적이다. '직무수행능력 = 이론지식 + 실천능력'으로 간단히 정리할 수 있다. 따라서 직무수행능력의 필기평가 문제를 개발하는 절차를 이해한다면, 필기평 가에 대한 출제자 의도를 좀 더 명확하고 쉽게 이해하며 대응할 수 있을 것이다.

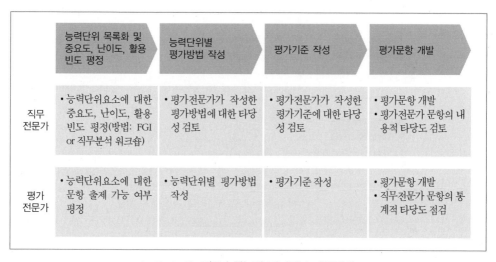

[그림 16-2]　직무수행능력 필기평가 개발절차

출처: NCS 능력중심채용 사이트(www.ncs.go.kr/onspec/main.do).

4. NCS 기반 면접평가

이제 마지막 단계인 NCS 기반 면접평가에 대해서 알아보자. 면접평가 역시 필기평가와 마찬가지로 '직업기초능력 면접평가'와 '직무수행능력 면접평가' 두 가지로 구분된다. 이 두 가지 부분은 중복된 부분도 많겠지만, 누구나 직업인 으로서 갖추어야 할 기본적인 능력 즉, '직업기초능력'을 평가하는 것이 주요 내 용이라면, '직업기초능력 면접평가'에 중점을 두고, 직무의 경험이나 기술을 근 거로 하여 평가하고자 한다면 '직무수행능력 면접평가'를 진행할 수 있다.

  NCS 기반 직업기초능력의 면접평가는 해당직무를 수행할 때, 필요한 기본적
자질을 평가하는 도구다. 따라서 제한된 면접시간에 지원자의 능력과 역량을 객
관적이면서도 명확하게 평가하기 위하여, 실제 기관이나 기업마다 다양한 면접
평가 방법을 개발, 활용하고 있다. 이와 같은 사항을 다음의 그림과 같이 간단하
게 정리할 수 있다.

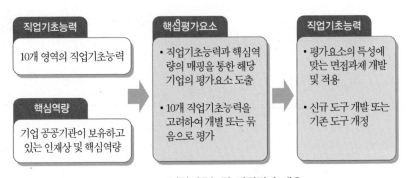

[그림 16-3] **직업기초능력 면접평가 개요**

출처: NCS 능력중심채용 사이트(www.ncs.go.kr/onspec/main.do).

  [그림 16-3]과 같이 직업기초능력기반의 면접평가의 구성은 직업인으로서 공
통적으로 가져야 할 10개 영역의 기초능력을 평가할 수 있는 내용이다. 물론
NCS 기반 채용평가 이전부터 대부분의 기업에서는 각 기업의 인재상이나 직무
능력에 맞는 면접문항을 구조화하여 개발하고, 채용에 적극적으로 활용하였다.
NCS 기반의 면접평가 질문은 기존의 면접전형과 비교하여 아주 새로운 것이 아
니라, 기존의 직무중심의 구조화 면접평가에서 NCS 기반의 구조화된 면접전형
으로 발전, 보완되었다.
  기존 대기업의 구조화 면접에서는 STAR(Situation / Task / Action / Result)방식을
많이 활용하였다. 이와 같은 내용은 〈표 16-9〉를 참고하기 바란다. 주어진 특정
한 상황에서 과업의 수행에 대한 본인의 역할을 확인하여 성과를 내기 위함이
다. 이는 수행의 경험을 중심으로 진행하는 BEI(Behavior Event Interview)와 일맥

상통한다. 참고로 BEI는 실제 경험한 사건(경험담)을 근거로 하여, 그 특정한 사건에 대하여 5W1H 기반(Who, When, Where, Why, What + How)으로 질의와 답변을 하는 면접평가 방식 중 하나다.

　직업기초능력 면접평가는 직업기초능력에서 요구하는 직무기초능력에 대하여 '수행행동과 성과 및 결과'(수행준거)를 중심으로 지원자의 능력과 역량을 평가하는 것이라 할 수 있다.

〈표 16-7〉 **직업기초능력 면접평가문항 예시**

평가영역	수행준거	면접질문
의사소통 능력	직장생활에서 필요한 문서를 확인하고, 읽고, 내용을 이해하여 업무수행에 필요한 요점을 파악하는 능력을 기를 수 있다.	• 문서를 작성할 때, 귀납적으로 작성한 문서와 연역적으로 작성된 문서의 장단점에 대해서 설명해 줄 수 있습니까?
	직장생활에서 목적과 상황에 적합한 아이디어와 정보를 전달할 수 있는 문서를 작성할 수 있다.	• 동료들과 함께 문서를 작성했던 경험에 대해서 설명해 줄 수 있나요?
	다른 사람의 말을 주의 깊게 듣고 적절하게 반응할 수 있다.	• 성공적으로 발표를 했던 경험에 대해서 설명해 주시기 바랍니다.
	목적과 상황에 맞는 말과 비언어적 행동을 통해 아이디어와 정보를 찾고, 이를 효과적으로 전달할 수 있다.	• 귀하는 상대방이 경청을 하고 있는지, 안 하고 있는지 어떻게 알 수 있습니까?
문제해결 능력	직장생활에서 발생한 문제를 해결하기 위해서 창의적, 논리적, 비판적으로 생각할 수 있다.	• 귀하가 아이디어를 내서 어떤 문제를 개선했거나 해결한 사례가 있다면 소개해 주시겠습니까?
	직장생활에서 발생한 문제를 올바르게 인식하고 적절한 해결책을 적용하여 해결할 수 있다.	
자기계발 능력	직장생활에서 다양한 방법으로 자신의 장단점, 흥미, 적성 등을 분석하여 자신의 가치를 설명할 수 있다.	• 귀하가 어떤 조직이나 단체에 들어가서 그 조직에 빨리 적응하기 위해서 했던 활동이나 노력했던 경험을 설명해 줄 수 있습니까?
	직장생활에서 직업인으로서 자신의 역할과 목표를 정립하고, 이를 위하여 자신의 행동과 업무수행을 관리하고 통제할 수 있다.	• 최근에 자기계발을 위해서 어떤 활동이나 노력한 사례에 대해서 설명해 줄 수 있습니까?
	직업인으로서 자신의 경력단계를 이해하고 이에 적절한 경력개발 계획을 수립할 수 있다.	• 우리 회사에 입사하면 어떻게 성장할 것인지 계획에 대해서 설명하실 수 있습니까?

출처: NCS 능력중심채용 사이트(www.ncs.go.kr/onspec/main.do).

'직업기초능력 면접평가'의 간단한 예시를 〈표 16-7〉과 같이 제시한다. 다음 자료에서는 의사소통능력, 문제해결능력, 자기계발능력 세 가지만 예를 들었으나, 언급하지 않은 다른 7개 영역도 직업기초능력 매뉴얼(www.ncs.go.kr)에 제시된 수행준거를 기준으로 예상면접질문을 예측하고 준비해야 할 것이다.

다음으로 '직무수행능력 면접평가'에 대해서 알아보자. 'NCS 기반 직무수행능력 면접평가'는 NCS에서 제시하는 직무수행능력을 평가하기 위한 평가도구다. 따라서 직무수행능력은 지원직무에 대하여 최소한의 요구경력과 요구지식을 가지고 있는지 평가한다. 앞서 '직업기초능력 면접평가'에서도 언급하였지만, '직무수행능력 면접평가' 역시 주어진 직무상황에서 어떠한 문제해결을 할 수 있는지 평가하게 된다. 하지만 단순히 개인의 생각이나 사고의 방향이 아니라, 실제 구체적인 상황이 주어지고 수행직무에 대하여 필요한 지식과 기술을 전제로 해야 한다. 이에 대하여 〈표 16-8〉에서 간단한 예시를 들겠다.

〈표 16-8〉 직무수행능력 (상황)면접평가 예시

상황제시	배경정보	XX공항 여객터미널 내에는 다양한 용도의 시설(사무실, 통신실, 식당, 전산실, 창고, 면세점 등)이 설치되어 있습니다. 금년도에는 소방배관의 누수가 잦아 메인 배관을 교체하는 공사를 추진하고 있으며 당신은 이번 공사의 담당자입니다.
	구체적 문제 상황	주간에는 공항 운영이 이루어지는 관계로 주로 야간에만 배관 교체 공사를 수행하던 중 시공하는 기능공의 실수로 배관 연결 부위를 잘못 건드려 고압배관의 소화수가 누출되는 사고가 발생했으며, 이로 인해 인근 시설물에는 누수에 의한 피해가 발생하였습니다.
문제제시	기본 지식 문항	일반적인 소방배관의 배관연결(이음)방식과 배관의 이탈(누수)이 발생하는 원인에 대해 설명하시오.
	추가 대응 문항	담당자로서 본 사고를 현장에서 긴급히 처리하는 프로세스를 제시하고, 보수완료 후 사후적 조치가 필요한 부분 및 재발방지 방안에 대하여 설명하시오.

출처: NCS 능력중심채용 사이트(www.ncs.go.kr/onspec/main.do).

이와 같은 면접평가문항은 단순히 지식을 암기하여 대답할 수 없다. 경우에 따라 한 가지의 해답이 아닌, 다양한 문제해결방안이 나올 수 있다. 하지만 중요한 것은 해당 직무수행능력의 수행준거를 만족하는 대답을 해야 할 것이다. 해당 직무수행능력에 대한 내용은 www.ncs.go.kr에서 검색하여, 자신의 지원직무에 대한 직무와 능력단위를 잘 파악하고, 면접평가에 대응하는 준비 자세가 필요하다.

예를 들어, 인턴, 신입직, 초급경력직은 '직업기초능력 면접평가'가 중심이 되는 경우가 많을 것이다. 이에 비해 일정한 경험이나 경력 이상이 요구되는 경력직 채용에는 '직업기초능력' 및 '직무수행능력'까지 모두 평가하게 될 경우가 많다. 신입입직자이든 경력자이든 본인의 지속적인 경력개발을 위하여, www.ncs.go.kr에서 직무능력정보를 찾아 스스로 분석하고 개발하길 바란다.

이제 마지막으로 두 가지 자료를 제시하겠다. 첫째는 NCS 기반 면접평가 항목 예시로 〈표 16-9〉이다. STAR기법(Situation/Task/Action/Result)으로 표현하였다. 각 구분에 대응되는 중구분을 참고하여 면접질의문의 예시를 참고하도록 한다. CPS 단계와 연결하여 면접평가 예시문을 살펴보길 바란다. 직무나 기업의 필요에 따라 다양한 평가문형이 있음을 유의한다.

또 하나의 자료는, 행동레벨 5단계에 대한 자료로 〈표 16-10〉이다. 지원자의 답변에 대한 행동방안수준(또는 문제해결방안의 수준)에 대하여 다음 평가기준을 적용할 수 있다. 상황종속과 상황변화로 구분하여 하위행동을 표현하였다. 여기서 행동의 레벨은 아래로 갈수록 높아진다. 즉, 주어진 직무상황에 대하여 종속적인 태도인가? 변화추구의 태도인가?를 구분하였다. 창의적 사고기법을 응용하고 활용하여 주어진 상황에 대하여, 단순히 능동적 행동수준 이상으로 '창의적 행동' '패러다임 전환 행동' 의 수준으로 올리는 것이 매우 중요하다. 이것이 NCS에서 제시하고, 기업과 사회가 원하는 진정한 직무 인재상일 것이다.

〈표 16-9〉 NCS 기반 면접평가 항목 예시

대구분	중구분	면접평가 예시문	CPS 기법 대응
상황 Situation	상황	구체적으로 언제, 어디서 경험한 일입니까?	상황분석(통합)
		어떤 상황이었습니까?	상황분석(통합)
	조직	어떤 조직에 속해 있을 때 경험이었습니까?	상황분석(통합)
		그 조직의 특성은 무엇이었습니까?	상황분석(통합)
		몇 명으로 구성된 조직이었습니까?	상황분석(통합)
	기간	해당 조직에는 얼마나 일하셨습니까?	상황분석(통합)
		해당 업무는 몇 개월 동안 지속되었습니까?	상황분석(통합)
	규칙	조직의 원칙이나 규칙은 무엇이었습니까?	상황분석(통합)

대구분	중구분	면접평가 예시문	CPS 기법 대응
과업 Task	과제	과제의 목표는 무엇이었습니까?	비전, 과제수립
		과제에 적용되는 조직의 원칙은 무엇이었습니까?	비전, 과제수립
		그 규칙을 지켜야 하는 이유는 무엇이었습니까?	비전, 과제수립
	역할	당신이 조직에서 맡은 역할은 무엇입니까?	비전, 과제수립
		과제에서 맡은 역할은 무엇입니까?	비전, 과제수립
	문제 의식	규칙을 지키지 않을 경우 생기는 문제점/불편함은 무엇입니까?	아이디어 탐색
		해당 규칙은 왜 중요하다고 생각하셨습니까?	아이디어 탐색
		해당 규칙으로 인한 불편함이 있었습니까?	아이디어 탐색
		팀원들은 어떻게 생각하고 있었습니까?	아이디어 탐색
		해당 규칙이 어떤 영향을 주고 있었습니까?	아이디어 탐색

대구분	중구분	면접평가 예시문	CPS 기법 대응
역할 Action	행동	업무과정의 어떤 장면에서 규칙을 철저히 준수하셨습니까?	해결책 선택
		어떻게 규정을 적용시켜 업무를 수행하셨습니까?	해결책 선택
		규정을 준수하는 데 어려움은 없으셨습니까?	해결책 선택
	노력	그 규칙을 지키기 위해 스스로 어떤 노력을 기울이셨습니까?	해결책 선택
		본인의 생각이나 태도에 어떤 변화가 있었습니까?	해결책 선택
		다른 사람들은 어떤 노력을 기울였습니까?	해결책 선택

	관계	동료들은 규칙을 철저히 준수하고 있었습니까?	해결책 선택
		팀원들은 해당 규칙에 대해 어떻게 반응하였습니까?	해결책 선택
		팀원들의 규칙에 대한 태도를 개선하기 위해 어떤 노력을 하셨습니까?	해결책 선택
역할 Action		팀원들의 태도는 당신에게 어떤 자극을 주었습니까?	해결책 선택
	추진	자신에게 주어진 업무를 추진하는 데 규칙이 방해되진 않았습니까?	해결책 선택
		그럼에도 규칙을 준수한 이유는 무엇입니까?	해결책 선택
		업무수행 과정에서 규정을 어떻게 적용하셨습니까?	해결책 선택
		업무과정에서 규정을 준수해야 한다고 생각한 이유는 무엇입니까?	해결책 선택

대구분	중구분	면접평가 예시문	CPS 기법 대응
	평가	규칙을 어느 정도나 준수하셨다고 생각합니까?	수용책, 계획수립
		그렇게 준수하실 수 있었던 이유는 무엇입니까?	수용책, 계획수립
		업무의 성과는 어느 정도였습니까?	수용책, 계획수립
		성과에 만족하셨습니까?	수용책, 계획수립
		비슷한 상황이 온다면 어떻게 하시겠습니까?	수용책, 계획수립
결과 Result	성찰	주변 사람들로부터 어떤 평가를 받으셨습니까?	수용책, 계획수립
		그러한 평에 대해 만족하십니까?	수용책, 계획수립
		다른 사람들에게 본인의 행동이 영향을 주었다고 생각하십니까?	수용책, 계획수립
	성취	업무수행 과정에서 중요한 점은 무엇이라고 생각하십니까?	수용책, 계획수립
		이 경험을 통해 배우신 것이 있습니까?	수용책, 계획수립

출처: NCS 능력중심채용 사이트(www.ncs.go.kr/onspec/main.do).

〈표 16-10〉 면접평가 행동레벨 평가기준 5단계

상황 종속	수동적 행동 (수행능력)	부분적이고 단편적인 행동 예) 누군가의 지시 또는 하지 않을 수 없는 상황에 몰렸기 때문에 한 주체 　성 없는 행동
	통상적 행동 (수행능력)	해야만 하는 것을 해야 할 시점에 수행한 행동 예) 나름대로 스스로 의식하여 일으킨 행동에 포함되지만, 이 상황이라 　면 누구라도 이렇게 하는 것이 당연하게 생각될 수 있는 행동
	능동적 행동 (수행능력)	명확한 의도나 판단에 기초한 행동, 명확한 근거로 선택한 최적의 행동 예) 여러 가지 선택 가능한 방안들 중에서 최적이라고 생각되는 것을 선 　택하여 수행한 경우가 이에 해당
상황 변화	창의적 행동 (수행능력)	독자적으로 효과적인 아이디어를 더한 행동, 독창적 행동, 상황을 변화 시키거나 장애를 극복하려는 행동 예) 스스로 생각하고 틀림없는 판단에 의해 실행하며, 그 과정이나 결과 　에 있어서 목적대로 되지 않는 상황이 있으면 그 상황 자체를 변화시 　키는 행동을 통해 성과를 창출해 냄.
	패러다임 전환적 행동 (수행능력)	완전히 새롭거나 주변 사람들 또는 환경에 의미 있는 상황을 만드는 행동 예) 지금 당장 눈앞에 보이는 상황은 그대로 두고 그것과는 전혀 다른 상 　황을 만드는 행동. 현재 상황을 내버려 두더라도 성과가 모두 새로운 　상황 쪽으로 귀속될 수 있도록 새로운 모델을 만드는 행동

출처: NCS 능력중심채용 사이트(www.ncs.go.kr/onspec/main.do).

생각해 볼 문제

1. NCS 기반 능력중심채용의 네 가지 분류로 NCS 기반 채용공고, 능력중심 지원서, NCS 기반 필기평가, NCS 기반 면접평가와 관련하여 기존 채용프로세스와 비교해 보자.

2. NCS 기반 채용공고문에서 제시되어 있는 직무에 대하여, www.ncs.go.kr에서 NCS 분류와 NQF 수준을 확인하고, 자신의 직무능력 분야와 수준이 어떻게 연결되는지 생각해 보자.

3. 이력서, 직무능력소개서, 자기소개서 작성 시 자기분석을 먼저 하도록 한다. 특히 필요역량 중 부족한 부분은 자기계발(또는 경력개발)을 위하여 어떻게 접근해야 하는지 단기, 중기, 장기 경력개발계획(career development planning)을 세우도록 한다.

4. 직무와 관련된 경험을 중심으로 NCS 기반 채용프로세스에서 요구되는 직무능력소개서를 작성하고, 자신의 잠재역량이나 능력에 대해서는 자기소개서를 활용하여 작성해 보자.

5. NCS 기반 면접평가와 관련하여 '행동레벨 평가기준'을 고려하여 답변할 수 있도록 한다. 이전까지 경험하지 못한 새로운 상황에 직면했을 때, 창의적 행동방안과 전환적 행동방안의 수행능력을 답변하기 위해 어떤 노력과 과정이 필요한지 생각해 보자.

NCS 직업기초능력 모의기출문제

[한국HR진단평가센터 제공]

한국HR진단평가센터

    한국HR진단평가센터는 90년대 중반부터 국내 역량 컨설팅을 주도해 온 핵심인력들이 모여, 2011년 이후 현재의 사명으로 HR관련 진단평가 전문 컨설팅 기업으로 성장해 가고 있습니다.

    오랜 동안 다듬어진 독특한 역량이론과 평가센터기법(Assessment Center Method) 등의 방법론을 활용하여 역량모델링 등 인사, 조직분야에서 다양한 컨설팅 프로젝트를 수행하여 왔습니다. 또한, 개인/조직에 대한 정확한 진단평가 역량을 제고하기 위해 HR영역에서 실전 활용도가 매우 높은 진단도구를 꾸준히 개발하여 왔습니다.

    이 밖에 고객사의 요청에 따라 면접관 및 평가사 파견, 면접 질문 및 평가과제 개발, 인재평가 검증서비스를 활발하게 전개하고 있으며, 고객사의 요구수준을 감안한 단계별 면접평가 분야의 교육훈련 프로그램을 개발, 제공하고 있습니다. 면접의 기본기에서부터 평가과제개발 전문가 과정에 이르는 면접평가 프로그램은 이미 많은 기업에서 우수 핵심인재의 선발 평가 과정에서 놀라운 가치를 확인시켜 왔습니다.

    최근 국가직무능력표준(NCS) 관련 채용방법론 및 도구개발에 주력해 왔으며, 공공기관과 민간기업을 대상으로 NCS 기반의 능력중심 채용 교육 및 컨설팅을 진행하고 NCS 직업기초능력 검사 등 다양한 선발도구를 제공하고 있습니다.

    한국HR진단평가센터는 개인과 조직에 관한 진단 평가 전문 컨설팅 기관으로 개인을 특징짓는 다양한 내면적 속성 값을 밝혀내 그의 미래행동을 예측하며, 조직을 차별화시키는 문화적 특성을 찾아내 변화의 방향을 제시하고자 합니다.

문제 1. [대인관계능력/팀워크]

귀하는 연말을 앞두고 '올해의 우수 팀' 선정 실무를 담당하게 돼 여러 팀으로부터 효과적인 팀 운용 사례를 수집하였다. 다음 중 귀하가 우수 팀 사례로 선정, 시상하기에 적절하지 않은 것은 무엇인가?

① 우리 팀은 아무런 의견의 불일치나 갈등이 없다. 팀 리더의 강력한 리더십에 의해 일사불란하게 팀원들이 행동하여 주어진 목표를 초과 달성하였다

② 우리 팀은 팀의 사명과 목표를 모든 팀원들이 참여한 토론을 통해 정하고 이를 명료하게 공유하였다.

③ 우리 팀장은 팀원 개개인을 정기적으로 면담하여 팀원의 강/약점을 이해하고 업무 배분 등에 활용하였다.

④ 필요할 때 필요한 것을 만들어 내고, 원하는 것을 언제나 달성하는 능력이 우리 팀의 장점이다.

해설 = 정답 ①번

팀워크에 대해 개념적인 의미를 알고 있는가를 묻는 질문이다. 그것을 '팀워크는 팀의 목적 달성을 위해서……' 식으로 단순히 정의를 알고 있는가를 묻는 것이 아니라, 실제로 개념적 의미에 부합하는 사례나 행동을 찾아내도록 출제하고 있다. NCS 직업기초능력 평가는 기존의 시험 문제들과는 달리 대인관계능력, 의사소통능력, 자원관리능력 등 다소 생소한 영역을 다룬다. 팀워크능력은 대인관계능력의 하위 능력으로, 조직 생활에서 반드시 요구되는 능력이다. 정답은 ①번 '우리 팀은 아무런 의견의 불일치나 갈등이 없다.'다. 이것은 잘못된 표현으로 2명 이상의 사람이 모여서 만들어진 조직에서 의견의 불일치나 갈등이 없을 수는 없다. 만약 '우리 팀은 초기 의견의 불일치나 사소한 갈등이 있었으나 팀 리더의 강력한 리더십에 의해 원만한 화합을 이뤄내 주어진 목표를 초과 달성하였다.'고 한다면 더할 나위 없이 좋은 팀워크를 발휘한 것이 된다. 다른 선택지의 설명은 좋은 팀워크의 사례나 개념에 해당한다.

문제 2. [대인관계능력/갈등관리]

아래 자료는 상생의 갈등해결을 위한 7단계 프로세스를 간략히 보여 주고 있다. 귀하가 3단계에 해당하는 대화로 선택하기에 적절하지 않은 것은 무엇인가?

[자료]

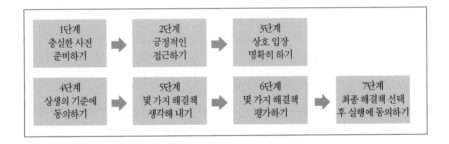

① "네 생각이 바로 이런 것이니?"
② "우리가 서로 이견이 있는 부분을 검토해 보자."
③ "우리가 서로 동의 가능한 부분을 검토해 보자."
④ "나는 우리 모두에게 만족스러운 해결책을 찾고 싶어."

해설 = 정답 ④번
상생의 갈등해결을 위한 7단계 프로세스를 보여 주면서 각 단계의 맥락적 의미를 충분히 이해하고 있는가, 각 단계에서 나올 수 있는 구체적인 언어적 행동을 선택할 수 있는가를 묻는 문제다. 자료를 보면 3단계는 상호 입장 명확히 하기 단계라는 것을 알 수 있다. 따라서 선택지 중에서 입장을 명확히 하기 위한 발언이 어떤 것인가를 알고, 그에 해당하지 않는 것을 선택하면 된다. 정답은 ④번이다. 선택지 ④번의 "나는 우리 모두에게 만족스러운 해결책을 찾고 싶어"라는 발언은 2단계 긍정적으로 접근하기 단계에 부합하는 발언이다. 각 단계를 꼼꼼히 들여다보고, 해당단계에서 나올 수 있는 발언의 형태를 한 번쯤 생각해 보면 도움이 될 것이다.

문제 3. [직업윤리/근로윤리]

귀하는 전자제품 판매점에서 근무하고 있다. 아래와 같은 상황에서 귀하가 취할 행동은 무엇인가?

[상황]

> 항상 판매왕이었던 귀하는 지난 달 타 판매점의 직원에게 1등 자리를 빼앗기고 본인의 자존심에 심각한 상처를 입었다. 연초 목표했던 1등을 탈환하기 위해 적극적으로 영업활동을 하고 있는데, 신혼부부가 혼수품으로 스마트 TV를 구매하기 위해 왔다. 가장 저렴한 스마트 TV를 추천해 달라고 하는 신혼부부에게 재고로 있던 스마트 TV를 추천했다. 순간적으로 그 제품이 다음 달 단종될 것이란 점을 말해야 하는지 애매하다고 느꼈다.

① 추천한 스마트 TV를 고객이 마음에 들어 하는가를 봐서 얘기할까를 결정한다.
② 반품할 수 있는 물건이라는 점을 강조하여 얘기한다.
③ 제일 저렴한 제품이라는 점을 강조하여 한 번 더 얘기한다.
④ 단종될 상품이라는 점을 얘기한다.

해설 = 정답 ④번
직업윤리에 관한 문제다. 아무리 실적 압박에 시달리는 상황이라고 해도 고객이 자신의 그런 입장을 이해해 줄 것이라고 판단하는 것이 적절하지 않다. 고객에게는 정확한 상품이나 서비스 관련 정보를 제공하고, 그 위에서 자신이 판매하는 상품을 선택할 수 있도록 하는 것이 맞다. 따라서 주어진 상황에서 판매원은 고객이 선택하려고 하는 제품이 다음 달 단종될 것이라는 점을 분명히 얘기해 주고 그래서 저렴하게 판매되는 것이라고 밝혀야 한다. 정답은 ④번이다.

문제 4. [자기개발능력/자기관리]

귀하는 미국을 중심으로 물류 배송을 주로 하는 회사에서 영업을 담당하고 있다. 최근 중국 회사들의 저가공세로 인해 회사의 영업 실적이 급격하게 악화되고 있다. 다음 중 이런 회사 상황과 관련하여 귀하가 택할 수 있는 행동으로 부적절한 것은 무엇인가?

① 문제 원인을 찾아본다.
② 성찰 노트를 작성한다.
③ 경력 계획을 수립한다.
④ 업계 세미나에 참석한다.

해설 = 정답 ③번
주어진 회사 상황에서 선택할 수 있는 행동이 어떠해야 하는가를 묻고 있는 문제다. 즉, 회사가 중국 회사들의 저가공세로 영업 실적이 급격하게 악화되고 있는 상황이다. 이럴 때 조직원으로서 문제의 원인을 찾는 것이나 업무수행과 관련된 성찰 노트를 작성하는 것, 업계 세미나에 참석하는 것은 실적 악화의 원인을 찾는 데 도움을 줄 수 있지만 자신의 경력 계획을 수립하는 것은 문제 원인을 찾는 것과는 전혀 다른 일이다. 따라서 정답은 ③이다.

문제 5. [자기개발능력/자아인식]

"모두가 자아(自我)를 발견하는 한 해가 되길 바랍니다." 귀하는 회사 사장의 신년사를 읽던 중 자아에 대해 곰곰이 생각해 보았다. 귀하에게 드는 다음의 생각 중에서 나머지와 성격이 다른 자아에 관한 것은 무엇인가?

① '도대체 지금의 영업 업무가 맞는 것일까?'
② '내 나이가 올해 벌써 30이네.'

③ '아직 내가 부하직원이라서 자율성 같은 가치를 선호하는 것은 아닌가?'

④ '나는 정말 뭐에 강한 흥미를 느끼고 있을까?'

해설 = 정답 ②번

직장인의 자아인식이란 직업생활과 관련하여 자신의 가치, 신념, 흥미, 적성, 성격 등 자신이 누구인지 아는 것뿐만 아니라, 이것이 자신의 행동에 어떤 영향을 미치는가를 아는 개념이다. 자아인식은 자기개발의 첫 단계이며 자신이 어떠한 특성을 가지고 있는지를 바르게 인식할 수 있어야 적절한 자기개발이 이루어질 수 있기 때문에 중요하다. 자아는 크게 외모나 나이 등의 외면적 자아와 적성, 흥미, 성격, 가치관 등의 내면적 자아로 구성되어 있는데, ①번은 자신의 흥미와 적성이 영업 업무와 맞는 것인지에 대한 질문이므로 내면적 자아에 속한다. ②번 내 나이는 외적인 자아이고, ③, ④번은 자신이 좋아하는 흥미와 관련된 표현이다. 흥미는 내면적 자아에 속하므로, 정답은 ②이다.

문제 6. [조직이해능력/업무이해]

아래의 상황에서 귀하가 취한 행동 중 바람직하지 않았던 부분은 다음 중 무엇인가?

[상황]

H유통의 사장은 평소 인사 관리를 매우 중요하게 생각하고 있다. 이에 영업부에서 탁월한 실적을 올리고 있는 귀하를 인사부로 이동시키고 싶어 이에 대한 의사를 물었다. (가) 귀하는 사장의 이야기를 주의 깊게 듣고, 인사부로 가는 경우 자신의 변화될 환경과 이러한 인사 이동의 주된 목적이 어디에 있는지 파악하였다. 이후 귀하는 사장에게 조금만 시간을 달라고 하였고, 이에 3일간의 시간을 부여 받고 고민을 하기 시작했다. (나) 원래 약속한 3일이 지났으나 이런

일은 되도록 진중하고 천천히 결정해야 한다고 생각한 귀하는 이러한 이유를 대면서 오랜 시간 고민을 하였다. 그러나 결과적으로 자신은 외근이 많은 영업이 활달한 자신의 성격에 더 맞고 인사부로 이동하는 경우 능력을 적절하게 발휘할 수 없다는 점을 인지하고, 15일이 경과한 후에 사장을 찾아가 (다) 자신은 성격상 남에 대한 평가를 하는 것을 싫어하며, 외근을 하는 것이 내근에 비하여 자신에게 훨씬 잘 맞는다는 점을 분명하게 설명하고, (라) 대신 평소 다른 사람에 대한 평가가 정확하고 몸이 조금 약해서 외근을 힘들어 하던 영업부 동료를 추천하였다.

① (가)

② (나)

③ (다)

④ (라)

해설 = 정답 ②번

주어진 상황 속에 등장하는 조직 행동 중에서 무엇이 구체적으로 바람직하지 않은 행동이었는가를 가려내도록 하는 문제다. 상황 지문이 길지만, 내용의 핵심은 간단하다. 정답은 ②번이다. '진중하게 천천히 고민해야 한다.'는 생각 자체가 틀렸다고 볼 수는 없지만, 사회 생활은 상대방과의 관계 속에서 발생하는 것이기에 당연히 약속한 날짜보다 늦어지면 그에 합당한 조치를 충분히 취하는 것이 정석이다. 보다 더 신중하게 결정하기 위해 더 시간이 필요하다면 먼저 보고한 후 시간을 할애받아야 한다. 약속한 날짜보다 15일이 지난 후 사장을 찾아간다는 것은 잘못된 것으로 볼 수 있다.

문제 7. [대인관계능력/고객서비스]

귀하는 선배 사원으로부터 아래의 고객 불만처리 8단계 프로세스라는 자료를 받고, 고개가 끄덕여졌다. 다음 중 귀하가 선배 사원에게 할 수 있는 말로 적절한 것은 무엇인가?

[자료]

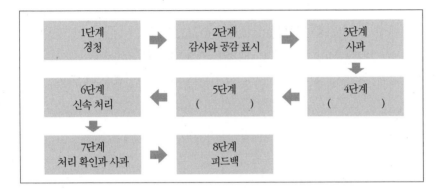

① "4단계에서는 빨리 불만의 핵심이 뭔가 파악해야겠네요."
② "4단계에서는 곧 해결해 드리겠다고 말하는 것이 좋겠군요."
③ "5단계에서는 상대방을 진정시키는 것이군요."
④ "5단계에서는 해결 약속을 하는 것이군요."

해설 = 정답 ②번

고객 불만처리 8단계 프로세스의 내용을 숙지하고 응용할 수 있는가를 묻는 질문이다. 8단계 프로세스는 불만처리 과정을 절차적으로 정리한 것이며, 실제 장면에서는 한 번 응답으로 두 단계 과정이 동시에 실행되는 식으로 전개될 수 있다. 먼저 자료에서 괄호로 표현돼 있는 4단계와 5단계가 무엇을 해야 하는 단계인가를 알 수 있어야 한다. 학습모듈을 보면, 4단계는 해결 약속, 5단계는 정보파악의 단계다. 따라서 고객 불만 사항에 대해 앞서 공감과 사과를 표시한 이후

4단계에서는 "고객의 불편 사항을 최대한 빨리 해결해 드리겠습니다."라는 취지의 발언이 나와야 한다. 이어 5단계에서는 사내의 관련 부서나 규정 등을 통해 해당 사항을 어떤 방식으로 해결해 줄 수 있는가를 확인한다. 정답은 ②번이다. 단지 4단계에 대한 이해뿐만 아니라 전체적으로 고객 불만처리 8단계 프로세스에 대한 이해가 있으면 유사한 형태로 문제가 출제돼도 충분히 맞힐 수 있다.

문제 8. [의사소통능력/문서작성]

귀하는 회사에서 총무 업무를 담당한다. 아래와 같이 사장님께 사무실 계약 건에 대해 보고해야 한다. 다음 중 귀하가 (A), (B)에서 사용해야 하는 말이 적절하게 연결된 것은 무엇인가?

[상황]

"사장님, 이번에 계약이 만료가 되어 가고 있는데, 비용 절감 차원에서 다른 곳의 사무실을 (A)하는 것이 좋을 것 같습니다. 다만, 이전 비용이 소요되므로, 1년 정도만 계약을 (B)하는 것도 방안입니다."

① A=임대, B=경신
② A=임차, B=경신
③ A=임대, B=갱신
④ A=임차, B=갱신

사무실을 빌리는 것은 임차이며, 만료된 기간을 연장하는 것은 갱신이다. 임대는 사무실을 빌려 주는 것을 의미하며, 경신은 기록경기에서 종전의 기록을 깨뜨리는 것을 의미한다. 흔히 임대차 계약을 맺는다는 표현을 쓴다. 이는 사무실을 빌리는 사람은 '임차' 하는 것이고, 소유주는 사무실을 상대방에게 '임대' 해 주는 것이 합쳐진 표현이다. 또 어떤 계약 기한이 만기가 돌아와 다시 그 기한을 연장하는 것은 '갱신' 한다고 한다. 따라서 A에는 '임차', B에는 '갱신' 이란 표현이 들어가는 것이 맞다. 정답은 ④번이다.

문제 9. [직업윤리/공동체윤리]

귀하의 회사는 조직 혁신 차원에서 전사적으로 모든 임직원에게 학습조직 활동을 의무화시켰다. 귀하는 약간 쉬운 테마를 다루고 싶어서 비즈니스 예절 학습 동아리에 들어갔다. 첫날 모임에 갔더니 학습 조장이 자기소개와 함께 비즈니스 예절을 최소 3개 말해야 한다고 압력을 넣는다. 다음 중 귀하가 얘기하기에 부적절한 것은 무엇인가?

① "비즈니스상 소개를 할 때는 통상 여자에게 남자를 소개합니다."
② "받은 명함은 바로 호주머니나 지갑에 넣지 않습니다."
③ "회사 임원에게 내방객을 먼저 소개합니다."
④ "업무 전화라도 퇴근 시간에 임박해서는 걸지 않는 것이 좋습니다.

비즈니스 예절에 대한 것이다. 예절이란 일정한 생활문화권에서 오랜 생활습관을 통해 하나의 공통된 생활 방법으로 정립되어 관습적으로 행해지는 생활규범이다. 회사 임원이 직급상 높은 사람이라고 하더라도 내방객은 손님이기 때문에 예컨대 손님에게 "우리 회사 담당 임원입니다." 라는 식으로 먼저 소개하는 것이 적절하다. 여자에게 남자를 먼저 소개한다거나, 받은 명함을 바로 호주머니나 지갑에 넣지 않는다거나, 퇴근 시간에 임박해서는 전화를 걸지 않는 등의 행동은 비즈니스 예절상 적절하다. 정답은 ③번이다.

문제 10. [조직이해능력/조직체제]

전 사원 한마음 단합대회에 가서 워크숍에 참가했다. 아래 상황과 같이 근면한 직장생활을 놓고 설왕설래하는 가운데 분위기는 약간 험악해지고 있다. 귀하는 다음 중 어떤 이유에서 누구의 발언을 지지해야 하는가?

[상황]

> 김 대리: "저는 어떤 일이 생겨도 항상 상사보다는 1분이라도 일찍 출근하잖아요."
> 이 대리: "근무 중 개인 일을 좀 보긴 하지만 출근시간, 점심시간, 퇴근시간은 철저히 지킵니다."
> 박 대리: "물론 근무 중이긴 하지만, 업무를 완벽히 마치고 개인 일을 하는 것은 능력 아닌가요?"
> 최 대리: "저녁 회식에도 참석하면 좋겠지만, 개인적인 일을 업무 시간 피해서 처리하기 때문에 그런 것이거든요."

① 김 대리를 지지한다. 상사의 눈치를 안 보는 사람은 없는 것이고, 김 대리처럼 먼저 출근하는 것이 중요한 대목이다.

② 이 대리를 지지한다. 회사와 관련된 시간 규정을 정확히 지키는 것이야말로 핵심이기 때문이다.

③ 박 대리를 지지한다. 솔직히 개인 일은 누구나 하는 것이고, 능력이 있어 빨리 끝내 놓고 그러는 것은 이해할 수 있기 때문이다.

④ 최 대리를 지지한다. 회식도 참석하면 좋겠지만, 최소한 업무 시간에 장애가 되지 않도록 개인 업무는 근무 시간을 피해서 하기 때문이다.

해설 = 정답 ④번

조직원으로서 저녁 회식에 참석하면 좋겠지만, 그것은 굳이 구분하자면 개인의 자율에 맡겨야 하는 부분이다. 더 중요한 원칙은 개인적인 일 처리를 업무 시간에 하는 것은 직업윤리상 문제가 된다. 따라서 최 대리를 지지하는 것이 가장 적절하다. 김 대리처럼 어떤 경우에도 상사보다는 1분이라도 일찍 출근한다는 것은, 윗사람에게 잘 보이기 위한 행동으로 그렇게 하는 것을 문제 삼을 필요는 없지만 그렇다고 근면한 직장생활의 양상으로 이해하기에는 무리가 따른다. 이 대리처럼 시간을 철저히 지키는 것은 좋지만 역시 근무 중 개인 일을 보는 것이 문제될 것이 없다는 인식은 잘못된 것이다. 또 박 대리처럼 업무를 빨리 마쳤다고 개인 일을 하는 것도 역시 올바른 조직생활이라고 말할 수 없다. 개인 일은 공식적으로 회사에 월차 등을 신청해서 하는 것이 타당하다. 정답은 ④이다.

문제 11. [조직이해능력/조직체제]

귀하는 입사 후 1년이 가까워지면서 조직 내 사람들의 면면을 대부분 알게 됐다. 어느 날 팀장이 "이제 사람들은 대부분 알 텐데, 우리 조직에 대해서도 충분히 안다고 할 수 있을까?"라고 질문을 던진다. 다음 중 팀장이 귀하에게 조직을 충분히 이해하기 위해 알아야 한다고 얘기하고 있는 항목으로 적절하지 않은 것은 무엇인가?

① 목적
② 위치
③ 구조
④ 환경

해설 = 정답 ②번

조직을 진정으로 이해한다는 것이 무엇을 이해하는 것인지에 대해 묻고 있다. 상황은 입사 1년이 돼 조직 내부 사람들의 면면은 어느 정도 알게 됐다. 팀장은 조직을 충분히 안다고 얘기하기 위해서는 단지 사람 얼굴을 아는 것이 아니라, 그 이상으로 조직에 대해 뭔가를 알아야 한다는 뉘앙스로 반문하고 있다. 정답은 ②번이다. 팀장이 의도하는 바는 겉으로 쉽게 드러나는, 예컨대 회사의 위치 같은 것이 아니라, 조직의 목적이나 구조 혹은 둘러싸인 환경 같은 것을 이해하는 것이 바람직하다는 뜻을 드러내고 있는 것으로 추론하는 것이 적절하다.

문제 12. [조직이해능력/경영이해]

귀하는 팀장과 함께 신규 거래 계약 얘기가 진행되고 있는 고객사를 방문하고 돌아오는 길이다. 팀장은 매우 신중한 성격으로, 거래 회사의 직원들에게 조직원으로서 기본 상식이 갖춰지지 않았으면 나중에라도 반드시 문제가 발생할 수 있다는 생각을 갖고 있다. 운전을 하면서 팀장이 하는 다음 얘기 중에서 거래 계약 진행을 망설이게 하는 부분은 무엇인가?

① "그쪽 팀원들은 조직의 가치관을 잘 공유하고 있는 것 같지."
② "대체로 서로에 대해 존중하는 말투였지."
③ "김 대리라는 사람은 차장이 휴가 중이라고 자기가 나서서 적극적으로 빈 역할을 채워 주고 있더군."
④ "윤 과장이란 사람은 영어 책을 들고 서둘러 퇴근하는 것이 근무시간 외에는 철저히 자기계발을 하는 모양이더군."

해설 = 정답 ④번

바람직한 조직의 모습이나 조직원의 기본 태도 등을 단순 지식이 아니라 구체적 사례를 들어서 설명하고 분별해 낼 수 있는가를 파악하려는 문제다. 팀장은 조직원으로서 기본 상식이 갖춰지지 않았다고 판단되는 곳이면 거래 관계를 트는 데 망설이는 사람이다. 선택지 ①, ②, ③번은 각각 조직 가치관의 공유, 상대방에 대한 존중, 상호 협력 보완 등으로 모두 조직 구성원으로서 기본 상식에 부합하다. 선택지 ④의 경우 근무시간 외에 자기계발하는 것 자체가 틀렸다기보다는 주어진 문제의 맥락적 상황 속에서 보면 가장 적절하지 않으며, 근무시간이 지나면 서둘러 퇴근하는 것은 조직원의 기본 상식과도 무관하다. 정답은 ④번이다.

문제 13. [조직이해능력/업무이해]

갓 입사하게 된 귀하는 기본 연수 과정을 마치고 회계부서에 발령받았다. 앞으로 귀하가 부서 내에서 접할 가능성이 있는 업무와 가장 거리가 먼 것은 다음 중 무엇인가?

① 재무상태 및 경영실적 보고
② 고정자산 관련 업무
③ 법인세 관련 업무자문 및 지원
④ 경영계획 및 전략 수립

해설 = 정답 ④번

본 문항은 조직이해능력에서 업무이해 능력을 알아보려는 문제다. 회계부서의 직무가 어떤 직무로 구성되어 있는지 알아보고 회계부서의 고유직무에 가장 거리가 있는 직무를 찾아야 한다. 선택지 ①, ②, ③번은 회계부서의 고유한 직무이지만 ④번의 경우 경영기획부터 또는 전략기획 부서의 직무이므로, 신입사원의 입장에서 본다면 ④번이 당장 접할 가능성이 낮다.

문제 14. [대인관계능력/리더십]

귀하는 아래와 같이 부장의 의사소통 스타일에 대해 동료 직원과 얘기하고 있다. 다음 중 괄호 안에서 귀하가 꺼내기에 적절하지 않은 발언은 무엇인가?

[상황]

> A: 우리 부장님은 의사소통 스타일이 너무 지배형인 것 같아요.
> B: 그게 무슨 말이야?
> A: 그러니까, (   )

① "좋게 얘기해서 자신감이 넘치는 것 같다는 의미지요."
② "제 얘기는 고집이 상당히 센 분 같다는 얘기지요."
③ "뭐, 자기 주장이 엄청 강하다고 해야 하나!"
④ "다른 부장님들과 달리 가급적 다툼을 피하시는 것 같아서 좋아요."

> **해설 = 정답 ④번**
> 의사소통 스타일에는 어떤 유형이 있는지, 각각의 스타일을 보이는 사람들의 특징적인 행동은 무엇인지 파악하고 있으면 유사한 문제가 출제되더라도 쉽게 맞힐 수 있다. 부장의 의사소통 스타일이 지배형이라는 사실이 드러나 있고, A와 B가 동료 직원이면서 A가 B보다는 연배가 아래일 것이란 추정을 할 수 있다. 정답은 ④번이다. 지배형 의사소통 스타일이 자신감이 넘치는 것은 아니지 않느냐고 반문할 수 있으니, 이는 동료들 간에 팀장의 행동에 대해 "좋게 얘기해서, 그렇다."는 완곡어법으로 말한 것이기 때문에 굳이 틀렸다고 볼 수는 없다.

문제 15. [의사소통능력/문서이해]

귀하는 유아용 학습교재를 제작하는 회사의 교재 연구팀에서 근무한다. 어느 날 팀장이 신문 기사 하나를 건네주며 "자녀 교육에 관해서는 이 분을 따라올 사람이 없으니 잘 연구해서 사례로 써라."라고 하신다. 기사에서 활용 가능한 메시지를 찾아 팀장에게 보고했더니, "그 얘기는 아닌 것 같은데."라고 지적하신다. 다음 중 귀하의 보고를 듣고 팀장이 아니라고 지적하는 내용은 무엇인가?

[자료]

> "저는 '행동이 말보다 낫다.'는 표현을 참 좋아합니다. 잔소리할 시간에 사소한 실천 하나라도 먼저 행하는 것이지요."
> 전 여사 부부는 처음부터 집 안에 책상 18개를 구해 놓고 애들이 보든 말든 거기서 책을 읽었다. 전 여사는 공부 습관을 들이는 데는 '규칙적 학습'이 열쇠라는 평범한 경험담을 강조했다. 엄마는 아이들의 나이와 성향에 맞춰 공부시간과 양을 함께 정했다. 계획에 무리가 없도록 했고, 아이들은 자신이 정한 양을 해낼 수 있었다. 또 하나, 가족은 무슨 일이 있어도 아침 식사를 같이했다. 매주 금요일 밤은 '가족의 밤'으로 TV를 함께 보며 의견을 나누었고, 토요일 아침 식사 후에도 반드시 가족 회의를 열었다(○○일보, 2006. 04).

① 세 살 버릇 여든까지 간다.

② 아이들은 자율을 보장하면 알아서 성장한다.

③ 가화만사성이다.

④ 무리한 계획보다 약속의 실천이 중요하다.

해설 = 정답 ②번

팀장은 교재 개발을 위한 사례로 활용할 것을 지시하고 있으며, 선택지의 내용이 아무리 자녀 교육 차원에서 유익한 설명이라고 하더라도 자료와 맥락적으로 일관성이 없으면 선택될 수 없다. 선택지 ①번 '세 살 버릇 여든까지 간다.'는 속담은 자료의 내용이 어려서부터 공부하는 습관을 길러 주는 것이 중요하다는 메시지를 담고 있기 때문에 맞다. 선택지 ③번 '가화만사성'이란 집안이 화목해야 모든 일이 잘 된다는 의미다. 자료에서 '가족은 무슨 일이 있어도 아침 식사를 같이하고, 매주 금요일은 '가족의 밤'으로 TV를 함께 보며 의견을 나누고'란 내용을 보면 부합하는 메시지라는 것을 알 수 있다. 선택지 ④번도 자료 내용 중 '계획에 무리가 없도록 했다.'거나, '사소한 실천 하나라도 먼저 행하는 것'을 중요하게 생각했다는 등의 대목을 보면 틀리지 않다. 정답은 ②번이다. '아이들은 자율을 보장하면 알아서 성장한다.'는 말은 그 자체로는 굳이 틀렸다고 볼 수 없지만, 자료의 주인공이 얘기하는 바와는 일치하지 않다. 오히려 '아이들의 나이와 성향에 맞춰 공부시간과 양을 함께 정했다.'는 대목을 보면, 자녀가 어렸을 때는 부모가 적절한 개입을 통해 공부하는 습관, 실천하는 자세를 기를 수 있도록 해야 한다는 주장을 하고 있다.

문제 16. [정보능력/컴퓨터활용]

귀하는 IT기기와 컴퓨터 관련 기술이 뛰어난 신세대 사원으로 부서에서 언제나 도움을 요청받는다. 어느 날 고객사를 방문한 후 돌아오는데 부장으로부터 긴급히 연락이 와 "인턴이 와서 컴퓨터 프린터를 연결해 줘야 해서, Windows7이 깔려 있는데 그냥 전화로 설명을 좀 해 달라."고 하신다. 다음 중 귀하가 설치 요령으로 설명하기에 적절하지 않은 것은 무엇인가?

① [프린터 추가 마법사]를 실행하여 새로운 프린터를 로컬 프린터와 네트워크 프린터로 구분하여 설치할 수 있다.

② 한 대의 컴퓨터에는 한 대의 프린터만 설치되어야 하며 한 대의 프린터를

네트워크로 공유하여 여러 대의 컴퓨터에서 사용할 수 있다.

③ 네트워크 프린터를 사용할 때는 프린터의 공유 이름과 프린터가 연결되어 있는 컴퓨터 이름을 알아야 한다.

④ 네트워크 프린터를 설치하면 다른 컴퓨터에 연결된 프린터를 내 컴퓨터에 연결된 프린터와 같이 사용할 수 있다.

> **해설 = 정답 ②번**
>
> 프린터 설치 요령에 대한 것으로, 컴퓨터에 프린터 연결을 시도해 본 사람이라면 누구라도 알 수 있는 문제다. 옳지 않은 설명에 해당하는 정답은 ②번이다. 한 대의 컴퓨터에는 당연히 여러 대의 프린터를 설치할 수 있다.

문제 17. [정보능력/정보처리]

귀하는 회사의 신인사제도 설계 프로젝트 팀원들과 회의실에 모여 조직 진단 결과를 엑셀 작업하고 있다. 작업이 늦게까지 이어지면서 팀원들이 "일단 페이지 나누기 미리 보기를 해서 내용을 점검하자."고 한다. 다음 중 귀하가 할 수 있는 발언으로 적절하지 않은 것은 무엇인가?

① "페이지 나누기 미리보기에서는 차트나 그림 등의 개체를 삽입할 수가 없는데요."

② "그래요. 페이지 구분선을 마우스로 드래그하면 페이지를 나눌 위치도 조정할 수 있고 좋겠네요."

③ "페이지 나누기 미리보기에서는 점선을 무리하게 드래그하면 글씨가 너무 작아질 수 있어요."

④ "페이지 나누기 미리보기에서는 자동으로 표시된 페이지 구분선이 점선으로 표시되는 것이 맞아요."

문제 18. [문제해결능력/사고력]

아래 상황은 귀하가 자신의 팀을 생각하면서 문제라고 여겨지는 현상들을 떠오르는 순서대로 기술한 것이다. 체계적으로 분석하여 팀 회의에서 보고하려고 하는데, 과연 이들 현상들의 인과 관계를 따져 볼 때 귀하가 택할 최종의 근본 원인은 무엇인가?

[상황]

- 팀장이 항상 너무 바쁘다.
- 팀원들의 업무 숙련도가 낮다.
- 팀원들의 업무 의욕이 떨어진다.
- 팀원에 대한 팀장의 코칭이 불충분하다.
- 팀장은 주요 업무를 자신이 직접 하지 않으면 안 된다는 성격을 갖고 있다.

① 팀원들의 업무 의욕과 숙련도가 낮다.
② 팀원에 대한 팀장의 지도가 불충분하다.
③ 팀장이 항상 너무 바쁘다.
④ 팀장은 주요 업무를 자신이 직접하지 않으면 안 된다는 성격을 갖고 있다.

해설 = 정답 ④번

이른바 5why의 사고법에 관한 것이다. 어떤 문제 현상의 원인이 무엇인가, 즉 인과관계를 따지고 들어가기 위해 '왜 그럴까'를 거듭해서 (최소 다섯 번) 고민하는 사고법이라고 볼 수 있다. 상황으로 정리된 내용을 인과관계로 나열하면, [팀원들의 업무 의욕과 숙련도가 낮다](업무 의욕이 낮은 것과 숙련도가 떨어지는 것은 경우에 따라서 서로 원인이 될 수 있다. 즉, 숙련도가 떨어져서 업무 의욕이 낮을 수도 있고, 반대로 업무 의욕이 낮기 때문에 숙련도도 떨어질 수 있다.)의 원인은 [팀원에 대한 팀장의 코칭이 불충분하다]이고, 그 원인은 [팀장이 항상 너무 바쁘다]이고, 그 원인은 [팀장이 주요 업무를 자신이 직접 하지 않으면 안 된다는 성격을 갖고 있다]가 된다. 따라서 정답은 ④번이다. 결국 이 문제에서는 팀장이 자신의 성격을 고칠 필요가 있다는 것을 깨달아야 한다.

문제 19. [자원관리능력/시간자원]

귀하는 출근 길에 좋은 아이디어가 떠올라 회사에 도착하자마자 아래 자료와 같은 메일을 부장에게 보냈다. 급하게 서둘러 메일을 작성하다 보니, 괄호에 해당하는 글자가 누락됐다는 것을 뒤늦게 알았다. 다음 중 귀하가 괄호 부분에서 표현하고자 했던 것은 무엇인가?

[자료]

부장님, 안녕하세요.

다름이 아니라, 아침 출근 길에 신문을 보는데 '최근에 뉴욕에서는 고객이 적어 준 목록대로 쇼핑을 해 주는 쇼핑 대행 서비스가 건당 20달러'라는 기사가 있었습니다. 저희도 이런 서비스를 런칭하면 어떨까 해서요?

예를 들면, 맞벌이 직장생활을 하는 주부들을 대상으로 한 찬거리 배달 서비스 같은 것입니다. 요리법을 잘 모르는 신세대 주부들을 위해 레시피를 넣어 주면 반응이 좋지 않을까요? 저희는 과거 유사 서비스를 실행한 노하우도 갖고 있고

요. 제가 보기에 이것은 본질적으로 (   ) 판매라고 볼 수 있습니다. 현대인들은 시간이 부족하지만 일과 생활의 균형을 추구하는 경향이 강하니까, 향후 고객층은 확대되지 않을까 싶습니다.

부장님이 허락한다면 제가 한번 기획서를 만들어 보겠습니다. 빨리 좋은 서비스 아이템을 찾아서 저희 팀의 단합된 모습을 보여 줬으면 좋겠습니다.

감사합니다.

① 레시피
② 시간
③ 노하우
④ 일과 생활의 균형

해설 = 정답 ②번

자료에서 얘기하고 있는 서비스의 본질적인 속성이 무엇인가를 묻는 문제다. '고객이 적어 준 목록대로 쇼핑을 대행해 주는 서비스' '맞벌이 직장생활을 하는 주부들을 대상으로 한 찬거리 배달 서비스'의 본질은 무엇을 판매하는 것일까? 어렵지 않게 풀 수 있다. 시간이 없는 사람들에게 내 시간 자원을 할애해서 어떤 용역을 수행하고 대가를 받는다는 점에서 기본적으로 시간을 판매하는 것으로 볼수 있다. 정답은 ②번이다.

문제 20. [자원관리능력/시간자원]

귀하는 후배 직원으로부터 "시간 관리가 왜 그렇게 중요한데요?"라는 뜬금없는 질문을 받았다. 당연하게 여겨졌던 것을 콕 집어서 설명하려니 곧바로 떠오르는 말이 없다. 다음 중 귀하가 후배에게 들려주기에 적절하지 않은 것은 무엇인가?

① "시간에 쫓기지 않을 테니 당연히 스트레스가 줄어들겠지."

② "여유를 가지고 균형 잡힌 삶을 살고 싶다면 반드시 필요한 거야."

③ "물론 쉬지 않고 일하는 사람과 비교하면 생산성을 떨어지긴 하겠지."

④ "자신의 바라던 목표를 달성하는 사람은 그런 것에 철저했거든."

해설 = 정답 ③번

시간 관리를 해야 하는 이유가 무엇인가를 제대로 이해하고 있는가를 묻는 문제다. 시간 관리를 잘하면 당연히 스트레스는 줄어들고, 균형 잡힌 삶을 사는 데 도움이 된다. 또 바라던 목표를 달성하는 사람은 대개 시간 관리를 잘한 사람들이라고 보는 것도 무리가 없다. 정답은 ③번으로, 쉬지 않고 일하는 사람보다 시간 관리를 잘해서 일하는 사람의 생산성이 더 높다. 학습모듈을 공부했다면 쉽게 풀 수 있는 문제다.

문제 21. [자원관리능력/물적자원]

　귀하는 본사 총무팀에서 비품 조달을 담당한다. 3사분기 전사 비품 보급계획을 수립하라는 팀장의 지시를 받아, 수요 조사와 보급계획을 세워 요약 보고하였다. 보고서를 읽어 본 팀장은 업무 지도 차원에서 이런 저런 지적을 했다. 다음 팀장의 지적 중 귀하가 받아들이기에 적절하지 않은 것은 무엇인가?

① "어떤 것이 얼마만큼 필요한지 구체적으로 조사를 해야지."

② "현업 부서에서 10개가 필요하다고 하면 10개를 준비해야지."

③ "예산은 한정돼 있는데, 우선순위를 잘 따져야지."

④ "일단 계획을 세웠으면 계획대로 실행에 옮길 생각을 해야지."

해설 = 정답 ②번

비품 조달 업무를 담당하고 있는 사람은 현업 부서에 수요 조사를 한 후 일괄 구매해서 보급하거나 할 텐데, 이때 준비하는 수량은 현업 부서에서 필요로 하는 것보다 약간의 여유를 둬야 한다. 적절하지 않은 지적으로 정답은 ②번이다. 다른 선택지의 내용들은 이상이 없는 팀장의 지적이다.

문제 22. [자원관리능력/물적자원]

갓 입사한 귀하는 회사에서 작은 비품 하나까지 재물 조사를 통해 정확히 보유량과 보관 위치를 파악하고 있다는 것에 놀랐다. 그런데 다시 생각해 보니 '그렇게까지 관리 노력을 기울일 정도로 가치 있는 일인가?' 하는 의문이 들기도 하여, 팀장에게 질문했다. 다음 팀장의 설명 중에서 물적자원관리를 하는 가장 일차적인 이유로 귀하가 받아들이기에 적절한 것은 무엇인가?

① 자산을 확인해서 기업가치를 높일 수 있기 때문이다.
② 필요한 시기와 상황에 맞춰 사용할 수 있기 때문이다.
③ 비용 처리를 하고 회계 장부에 올려야 하기 때문이다.
④ 개인의 행동 패턴이나 조직의 의사결정 패턴을 파악할 수 있기 때문이다.

해설 = 정답 ②번

물적자원을 관리하는 기본적인 목적이 무엇인가를 묻고 있는 문제다. 가장 일차적인 이유를 묻고 있다는 점에 주목해야 한다. 문제 상황에서 얘기하는 물적자원관리의 기본적인 목적은 ②번에서 얘기하고 있는 것처럼 필요한 시기와 상황에 맞춰 사용하기 위한 것이다. 선택지 ①번도 전혀 맞지 않는다고 얘기할 수는 없지만, 문제의 맥락에서 볼 때 더 적절한 대답은 선택지 ②번이다.

문제 23. [문제해결능력/문제처리]

아래 자료는 문제 현상을 기술하는 3대 원칙을 보여 주고 있다. 귀하는 이런 원칙에 따라 뭔가 문제를 기술하고자 한다. 다음 중 적절하게 기술된 것은 무엇인가?

[자료]

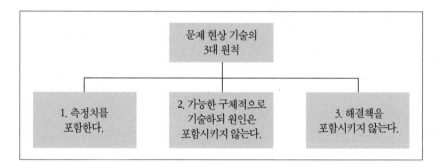

① 우리는 새로운 고객상담 매뉴얼을 만들어야 한다.
② 우리 보고서의 절반은 잘 읽혀지지 않는다.
③ 고객들의 불친절 전화 응대 항의가 대폭 증가했다.
④ 사무실의 꽃들이 죽어 가고 있다.

해설 = 정답 ②번

문제 23은 학생들에게 익숙하지 않은 내용과 형태이기 때문에 어렵다고 느끼는 문제다. 조직에서 어떤 개선을 이루고 그것을 통해 성과를 잘 내기 위해서는 무엇보다 먼저 '무엇이 문제인가?'를 정확히 집어낼 수 있어야 한다. 자료를 보면 문제 현상의 3대 원칙이 주어져 있다. 측정치를 포함해야 하고, 가능한 구체적으로 (문제를) 기술하되 원인을 포함시키지 말아야 하며, 해결책을 포함시키지 않아야 한다는 원칙이다. 이런 원칙에 따라 문제를 정확히 포착해 내야 그것을 해결하는 좀 더 창의적이고 유연한 발상의 출발을 도모할 수 있기 때문이다. 정답은

②번이다. 선택지 ①번에서 '새로운 고객상담 매뉴얼을 만들어야 한다.'는 것은 어떤 문제의 해결책을 얘기하고 있는 것이지, 문제를 기술하고 있는 것은 아니다. 예컨대 '고객상담 불만율이 높아졌다.'와 같은 문제가 있었던 것이고, 그것에 대한 해결책의 일환이 '새로운 고객상담 매뉴얼을 만들어야 한다.'가 될 수 있다. 선택지 ③번은 '불친절 전화 응대'가 곧 포함시키지 않아야 할 문제의 원인이다. '고객의 항의가 증가했다.'고 기술하면 문제 현상의 기술 원칙에 부합한다. 문제를 있는 그대로 정확히 기술한 후 백지 상태에서 그 원인과 해결책을 찾아나서야 올바른 결과를 얻을 수 있다. 선택지 ④번은 측정치가 포함되어 있지 않으므로 역시 정답이 될 수 없다.

문제 24. [수리능력/기초연산]

귀하의 회사에서는 아르바이트 학생을 대거 고용해 출퇴근 시간에만 하루 총 50,000명이 이용하는 서울 시청역에서, 그 시간에 지나가는 20대 남성들에게 신사복 홍보 전단을 배포하려고 한다. 관련 자료를 검색하니 일부 칸이 보이지 않지만, 아래와 같이 출퇴근 시간에 시청역을 통과하는 '성·연령별 비율 통계'가 찾아졌다. 귀하는 모든 20대 남성에게 배포하기 위해 최소 몇 장의 전단지를 준비해야 하는가?

[자료]

(단위: %)

구분	20~29세	30~39세	40~49세	50~59세	60~69세	70세 이상	소계
남성		17	10	8		1	54
여성	17		7	6		1	46
소계		28	17		6	2	100

① 최소 7,500장 이상
② 최소 8,000장 이상
③ 최소 8,500장 이상
④ 최소 9,000장 이상

해설 = 정답 ②번
20대 남성의 비율을 구해서 50,000명 중 몇 명인가를 찾아내는 문제다. 50~59세의 비율 소계는 14가 되기 때문에 20~29세의 비율 소계는 33이며, 이 중 남성은 16이 된다. 즉, 50,000명 중의 16%는 8,000명이므로, 모든 20대 남성에게 전단지를 배포하기 위해서는 최소 8,000장을 준비해야 한다. 정답은 ②번이다.

문제 25. [수리능력/기초연산]

귀하는 생산관리부에 근무하는 사원이다. 생산관리부는 일년 365일 누군가가 근무를 서면서 비상사태에 대비해야 한다. 귀하의 부서는 부장 밑으로 차장 3명, 과장 4명, 대리 2명, 사원 3명이 근무한다. 이번 추석 명절 당일에는 반드시 과장과 사원 한 명씩 짝을 지어 2명이 근무를 서라는 회사의 지시가 내려졌다. 귀하가 이번 추석 명절날 근무를 서게 될 경우는 몇 가지이며, 확률은 얼마인가?

① 4가지, 1/3
② 3가지, 1/3
③ 4가지. 1/4
④ 3가지, 1/4

문제 26. [수리능력/도표분석]

어느 날 팀장이 아래 자료를 던져 주며 '이번에 회사에서 전략 사업으로 자동차 부품 시범 판매점을 직접 운영해 보기로 했다.'며 '일단 자동차가 많이 운행되고 있는 도시에 판매점을 두어야겠다.'고 말한다. 다음 중 귀하는 후보 도시를 어떻게 추천해야 하는가?

[자료]

도시	인구 수(만 명)	도로 연장(km)	자동차 대수(1,000명당)
A	108	198	205
B	75	148	130
C	53	315	410
D	20	175	700

① 무조건 인구가 많은 A – B – C – D시 순으로 추천해야 한다.

② 결국 1,000명당 자동차 대수가 많은 C – D – A – B시 순으로 추천해야 한다.

③ B시는 인구 수는 두 번째이지만 추천 순위에서는 가장 밀린다.

④ 도로가 잘 정비돼 있는 C시를 강력 추천해야 한다.

주어진 자료의 도표를 보면서 팀장이 염두에 두고 있는 자동차가 많이 운행되고 도시의 순서를 찾아낼 수 있는 것이 관건이다. A시는 인구 1,000명당 자동차 대수가 205대이기 때문에 인구 수가 108만 명인 것을 계산해 보면, A시에서 운행되는 자동차는 221,400대라는 것을 알 수 있다. 같은 방식으로 계산하면 B시에는 97,500대, C시에는 217,300대, D시에는 140,000대의 자동차가 운행되고 있다. 정답은 ③번이 된다.

문제 27. [기술능력/기술이해]

귀하는 모 통신회사의 기술연구소에서 근무한다. 연구 역량 강화를 위한 업계 워크숍에 참석해 기조 발표를 하면서 기술 능력이 뛰어난 사람의 일반적 특징을 설명하려고 한다. 다음 중 귀하가 발표 내용에 포함시키기에 적합하지 않은 것은 무엇인가?

① 기술적 해결에 대한 효용성을 평가하고, 실질적 해결을 필요로 하는 문제를 인식한다.

② 인식된 문제를 위해 다양한 해결책을 개발하고 평가한다.

③ 주어진 한계 속에서 제한된 자원을 활용하지만, 기술의 체계와 같은 무형의 기술에 대한 능력과는 무관하다.

④ 실제적 문제를 해결하기 위해 지식이나 기타 자원을 선택하여 최적화시키며 적용한다.

기술능력이 뛰어난 사람의 일반적 특징을 학습모듈을 통해서 숙지하고 있으면 손쉽게 풀 수 있는 문제다. 적절하지 않은 것을 고르는 것이기 때문에 정답은 ③번이다. 기술능력이 뛰어난 사람은 기술의 체계와 같은 무형의 기술에 대한 능력까지를 포함해서 능력을 갖추고 있는 사람이다.

문제28. [기술능력/기술선택]

귀하는 팀장이 불러서 갔더니, 아래 상황과 같이 새로 전입 온 박 대리에게 업무 관련 교육 훈련을 지시했다. 다음 중 귀하가 아래 괄호를 통해서 할 수 있는 표현은 무엇인가?

[상황]

> 팀장: "김 대리, 새로 전입 온 박 대리가 우리 일을 잘 모를 수 있으니 교육 좀 잘 시켜. 그렇다고 신입도 아니니까, 업무수행이 중단되면 안 되는 것 알지?"
> 김 대리: "예, 제가 잘 알아서 (   )시키겠습니다."

① OJT
② JIT
③ LMS
④ e-Learning

해설 = 정답 ①번

주어진 상황에 등장하는 '업무수행이 중단되지 않게'란 문구에 주목하면 된다. 기업에서 교육을 시킬 때는 일정한 장소에 모여 집합 교육을 할 때도 있지만, 직무와 관련된 실무적인 경험의 전수는 OJT(On the Job Training)의 방식을 취하게 된다. 정답은 ①번이다. JIT는 Just In Time의 약어로, 재고를 쌓아 두지 않고서도 필요한 때 적기에 제품을 공급하는 생산 방식(팔릴 물건을 팔릴 때에 팔릴 만큼만 생산하여 파는 방식)이라고 설명할 수 있다. LMS는 Learning Management System의 약어로, 교육훈련 일정이나 프로그램 등의 관리 시스템을 의미한다. e-Learning에 대해서는 부연설명이 필요하지 않다.

문제 29. [정보능력/정보처리]

귀하는 모 기업의 IT담당으로 일한다. 최근 갑자기 컴퓨터 악성코드가 유행하고 있어서 전사 직원들에게 주의를 당부하는 메일을 띄우려고 한다. 다음 중 귀하가 메일 내용에 포함시키기에 적절하지 않은 것은 무엇인가?

① 악성코드는 악의적인 용도로 사용될 수 있는 유해 프로그램을 말합니다.

② 악성코드는 외부 침입을 탐지하고 분석하는 프로그램으로 잘못된 경보를 남발할 수 있습니다.

③ 악성코드는 때로 실행하지 않은 파일을 저절로 삭제하거나 변형된 모습으로 나타나게 합니다.

④ 악성코드에는 대표적으로 스파이웨어, 트로이 목마 같은 것이 있습니다.

해설 = 정답 ②번

악성코드에 대해 잘못된 해설을 묻고 있는 문제로, 정답은 ②번이다. 외부 침입을 탐지하고 분석하는 프로그램은 악성코드에 대한 설명으로는 부적절하며, 보안 프로그램에 대한 설명으로 볼 수 있다.

문제 30. [정보능력/컴퓨터활용]

귀하는 중소기업에서 컴퓨터 등 IT지원 업무를 병행하고 있다. 어느 날 사장이 "직원들이 컴퓨터 용어라고 하면 영어가 막 나오니까, 어려워한다."며 직원 보급용으로 쉽게 컴퓨터 용어집을 만들어 회사의 인트라넷 자료 공유방에 올리라고 한다. 다음 중 귀하가 만드는 용어집에 넣기에 맞지 않는 설명은 무엇인가?

① Open Software = 특정한 하드웨어나 소프트웨어를 구매하였을 때 무료로 주는 프로그램

② Shareware = 정상적인 프로그램을 구매하도록 유도하기 위해 사용기간이나 기능 등을 제한하여 배포하는 프로그램

③ Demo Version = 정식 프로그램을 홍보하기 위해 사용기간이나 기능을 제한하여 배포하는 프로그램

④ Patch Version = 이미 제작하여 배포된 프로그램의 오류 수정이나 성능 향상을 위해 프로그램의 일부 파일을 변경해 주는 프로그램

해설 = 정답 ①번

IT 기술이 발달하면서 쏟아지고 있는 새로운 용어 중에서 고전적이고 모두가 알고 있어야 하는 정도의 간단한 용어에 대한 이해를 묻는 문제다. 다만 IT 관련 용어는 기술 발달 속도를 못 따라가 공식화된 표준 정의가 만들어지기 이전에 관련 업계나 소비자들 사이에서 사실상 표준적으로 받아들여지는, 일반적으로 통용되는 설명이 될 수도 있다. 정답은 ①번이다. 이 설명은 흔히 번들 프로그램이라고 불리는 프로그램에 대한 설명이다. Open Software는 일반적으로 소스를 공개해서 누구라도 자유롭게 사용하도록 허용하는 소프트웨어를 말한다.

참고문헌

강순희, 나승일, 강경종, 정향진, 어수봉, 이효천, 박환수, 김주섭, 조세형, 김진실, 조정 윤(2015). NCS정책전문가 고급과정. 경기대학교평생교육원.

고용노동부 직업능력정책국(2015). 2015년 직업능력정책 방향.

고용노동부(2015). 능력중심사회구현과 직업능력정책.

고용노동부, 기획재정부,한국산업인력공단(2015). NCS기반 능력중심 채용방안.

고용노동부, 한국산업인력공단(2015). NCS기반 능력중심 채용가이드북.

고용노동부, 한국산업인력공단(2013). 국가직무능력표준 개발매뉴얼.

교육부, 한국직업능력개발원(2013). NCS학습모듈 개발 매뉴얼.

김영채(2006). 토란스 창의력 FPSP 분석적 고찰. 사고개발, 1(1), 1-21.

나승일(2012). 직업능력평가 허브역할을 위한 NQF 구축전략. 울산: 한국산업인력공단

나승일(2013). 학벌이 아닌 능력중심사회를 위한 NCS 구축과 활용. 교육개발 통권 185호.

대통령 직속 청년위원회(2014). 2030 정책참여단 스펙조사팀 모니터링 자료.

이경화, 최윤주(2014). 창의적 리더십. (Creative Leadership), Gerard J. Puccio, Mary C. Murdock, Marie Mance. 서울: 학지사.

이선구(2015). 역량평가, 역량면접. 서울: 리드리드출판사.

정향진, 이민욱, 문한나, 추연우, 현지훈(2014). 국가직무능력표준(NCS) 학습모듈 활용 방안 연구. 세종: 한국직업능력개발원

조정윤, 오혁제(2013). 국가자격체계(NQF)의 도입방향과 추진방향/The HRD Review. 한국직업능력개발원

한국산업인력공단(2011). 직무능력표준 개발매뉴얼.

한국산업인력공단(2013). 국가직무능력표준 개발추진현황.

한국산업인력공단(2015). IPP형 일학습병행제 기본계획.

Battelle, J. (2005). The 70 percent solution: Google CEO Eric Schmidt gives us his golden rules for managing innovation. *Business 2.0 Magazine.* Retrieved February 1, 2010, from http://money.cnn.com/magazines business2/ business2_archive/2005/12/01/8364616/

Bennis, W., & Nanus, B. (1985). *Leaders: Strategies for taking charge.* New York: Harper & Row.

Bennis, W., Spreitzer, G. M., & Cummings, T. G. (2001). *The future of leadership: Today's top leadership thinkers speak to tomorrow's leaders.* San Francisco: Jossey-Bass.

Coget, J. F., & Keller, E. (2010). The critical decision vortex: Lessons from the emergency room. *Journal of Management Inquiry, 19,* 56-67.

Davis, G. A. (1986). *Creativity is forever* (2nd ed.). Dubuque, IA: Kendall-Hunt.

Florida, R. (2002). The rise of the creative class··· and how it's transforming work, leisure community, 7 everyday life. New York: Basic Books.

Forsha, H. I. (1995). *Show me: The complete guide to storyboarding and problem solving.* Milwaukee, WI: ASQC Quality Press.

Garber, A. (2005). Fast feeders scramble to serve breakfast and flip sales upward. *Nation's Restaurant News, 39*(8), 4.

Gordon, W. J. J. (1961). *Synectics.* New York: Harper & Row.

Guilford, J. P. (1977). *Way beyond the IQ: Guide to improving intelligence and creativity.* Buffalo, New York: Creative Education Foundation.

Hesselbein, F., Goldsmith, M., & Beckhard, R. (Eds.). (1996). *The leader of the future: New visions, strategies, and practices for the next era.* San Francisco: Jossey-Bass.

Higgins, J. (1994). *101 creative problem solving techniques.* Winter Park, FL: New Management Publishing Company.

Isaksen, S. G., & Treffinger, D. J. (1985). *Creative problem solving: The Basic course.* Buffalo, New York: Bearly Limited.

Isaksen, S. G., Dorval, K. B., & Treffinger, D. J. (1994). *Creative approaches to problem solving.* Dubuque, IA: Kendall/Hunt.

John Lesperance reports on the Transnational Qualifications Framework at OERu meeting(www.col.org).

Kaplan, P. J. (2002). *F'd companies: Spectacular dot-com flameouts.* New York: Simon & Schuster.

Levs, J. (2008). *Big three auto CEOs flew private jets to ask for taxpayer money.* Retrieved March 24, 2010, from http://articles.cnn.com/2008-11-19/us/autos.c대.jets_1_private-jets-auto-industry-test-vote?_s=PM:US

Majaro, S. (1991). *The creative marketer.* Oxford: Butterworth-Heinemann.

Miller, B., Vehar, J. R., & Firestien, R. L. (2001). *Creativity unbound* (3rd ed.). Evanston, IL: Thinc Communications.

National Center on Education and the Economy. (2008). *Tough choices or tough times: The report on the new commission on the skills of the American Workforce.* San Francisco: Wiley.

Osborn, A. F. (1963). *Applied imagination: Principles and procedures of creative problem-solving* (3rd ed.). New York: Scribner.

Puccio, G. J., Murdock, M. C., & Mance, M. (2005). Current developments in creative problem solving for organizations: A focus on thinking skills and styles. *The Korean Journal of Thinking & Problem Solving, 15,* 43-76.

Ruggiero, V. R. (1998). *The art of thinking: A guide to critical and creative thought* (5th ed.). New York: Longman.

Runco, M. A. (2007). *Creativity: Theories and themes: Research, development, and practice.* New York: Academic Press.

Schwarz, R. M. (1994). The skilled facilifator: Practical wisdom for developing effective groups. San Francisco: Jossey-Bass.

Senge, P. M., Kleiner, A., Roberts, C., Ross, R., Roth, G., & Smith, B. (1999). *The dance of change: The challenge of sustaining momentum in learning organizations*. New York: Doubleday.

Sternberg, R. J. (2002). Successful intelligence: A new approach to leadership. In R. E. Riggio, S. E. Murphy, & F. J. Pirozzolo (Eds.), *Multiple intelligences and leadership* (pp. 9-28). Mahwah, NJ: Lawrence Erlbaum Associates.

Swartz, R. J. (2001). Thinking about decisions. In A. L. Costa (Ed.), *Developing minds: A resource book for teaching thinking* (3rd ed., pp. 58-66). Alexandria, VA: Association for Supervision and Curriculum Development.

Torrance, E. P. (2004). Predicting the creativity of elementary school children (1958-1980)- and the teacher who "made a difference." In D. J. Treffinger (Ed.), *Creativity and giftedness* (pp. 35-49). Thousand Oaks, CA: Corwin Press.

Treffinger, D. J. (1992). Searching for success zones. *International Creativity Network, 2*, (pp. 1, 2, 7).

기업일학습사이트 (www.bizhrd.net)

국가직무능력표준사이트 (www.ncs.go.kr).

능력중심채용 홈페이지 (www.ncs.go.kr/onspec).

한국산업인력공단 / 일학습병행제도 소개 (www.hrdkorea.or.kr/3/1/6/1)

Scottish Credit and Qualifications Framework(SCQF) Web Site (www.scqf.org.uk/framework-diagram).

저자 소개

최윤주(Choi Yun-Ju)
숭실대학교 평생교육학 박사
NCS 정책전문가 수료
前 창의학습전략 연구소 소장
現 한국HR진단평가센터 NCS T/F 전문위원
　　한국교육연구소 연구위원
　　숭실대학교 외 출강

〈주요 역서 및 논문〉
『창의적 리더십』(공역, 학지사, 2014)
「성인학습자의 창의적 리더십 교육모형 개발」(숭실대학교 박사학위 논문, 2014)

E-mail: rebekah730@naver.com

안성수(Ahn Syung-Soo)
직업상담사 1급
NCS 정책전문가 수료
前 제대군인지원센터 기업협력팀장
　　코리아써치 경력개발연구소 이사
現 한국HR진단평가센터 NCS컨설팅 사업본부 수석컨설턴트
　　좋은일연구소(잡코리아) 파트너 컨설턴트
　　연세대학교, 성균관대학교 외 다수 대학교 진로상담

E-mail: ssahn02@daum.net

NCS 창의적 사고기법으로 접근하기

NCS Access to creative thinking technique

2015년 9월 10일 1판 1쇄 발행
2016년 8월 20일 1판 2쇄 발행

지은이 • 최윤주 · 안성수
펴낸이 • 김진환
펴낸곳 • (주) **학지사**
         04031 서울특별시 마포구 양화로 15길 20 마인드월드빌딩
대표전화 • 02-330-5114   팩스 • 02-324-2345
등록번호 • 제313-2006-000265호

홈페이지 • http://www.hakjisa.co.kr
페이스북 • https://www.facebook.com/hakjisa

ISBN 978-89-997-0738-4 03370

정가 18,000원

이 도서의 국립중앙도서관 출판시도서목록(CIP)은 서지정보유통지원
시스템 홈페이지(http://seoji.nl.go.kr)와 국가자료공동목록시스템
(http://www.nl.go.kr/kolisnet)에서 이용하실 수 있습니다.
(CIP 제어번호: CIP2015022549)

교육문화출판미디어그룹 **학지사**

심리검사연구소 **인싸이트** www.inpsyt.co.kr
원격교육연수원 **카운피아** www.counpia.com
학술논문서비스 **뉴논문** www.newnonmun.com